가장
보통의
육아

아빠
임석재
지음

가장
보통의
육아

PROLOGUE

프롤로그

　문득, 생각한다. 아이의 성장만큼 아빠도 성장할까? 아이는 무럭무럭 자라는데 아빠는 그 속도, 그 방향을 따라갈 수 있을까? 곁에서 지켜보는 아이는, 곁에서 함께하는 아이는 어김없이 꼬박꼬박 부지런히 잘도 큰다.

　어제는 오늘과 달랐고 내일은 오늘과 다를 것이다. 하루는 몰랐는데 한 달이 가고, 두 달이 가서, 반 년이 지나, 일 년이 되어 문득 돌이켜보면 생각지도 못할 만큼 훌쩍 자랐다. 오래되지 않은 사진 속 아이는 아이의 동생처럼 느껴진다.

　앞니 하나가 빠진 게 뭐가 그리 신나는지 개구지게 웃는 아이는, 버스 창가에 앉아 산들 바람에 머리카락을 날리며 곤히 잠든 아이는, 헐떡이는 숨을 거칠게 몰아쉬면서도 커다란 운동장을 한 바퀴 더 내달리는 아이는, 엄마가 즐겨 부르는 팝송을 한음 한음 최선을 다해 흥얼흥얼 노래하는 아이는, 어린이집 졸업공연을 위해 손짓, 발짓, 몸짓으로 신나게 춤추는 아이는, 거실 가득 장난감을 쏟아놓고 무슨 놀이를 할까 한참을 고민하는 아이는, 기르던 장수풍뎅이 한 쌍이 죽었다고 큰 절을 해가며 목 놓아 서럽게 우는 아이는 어제와 같은 듯 했지만 또 다른 모습이었다.

'육아', 잘 알지 못하는 일이라 생각했고 많이 배우며 더 많이 성장할 수 있는 일이라 생각했다. '아빠'라는 이름으로 내 몸과 내 마음을 온전히 내어주어야 한다고 생각했다. 그렇게 해보고 싶었고 그렇게 할 수 있다고 다짐했다. 재작년, 작년에 이어 2020년 1월 1일부터 2020년 12월 31일까지 다시금 보통의 아빠로 일곱 살 아들의 보통의 하루를 하나, 둘 함께 했고 다시 그것을 하나, 둘 글로 옮겼다.

처음에는 '육아일기'라는 주제에 걸맞게 아이만의 이야기를 담았다. 아이의 말, 아이의 기분, 아이의 행동, 아이의 친구, 아이의 장난감, 아이의 어린이집 등. 그렇게 아이는 주인공이었다. 그러다 슬슬 아이의 주변을 둘러봤다. 당연히 엄마, 아빠는 매번 등장했고 아이와의 감정, 아이와의 대

PROLOGUE

화, 아이와의 놀이, 아이와의 여행 등을 옮겼다.

그리고 조금 더 범위는 넓어졌다. 아이의 할아버지, 아이의 할머니, 아이의 외할아버지, 아이의 외할머니, 아이의 고모들까지. 자연스레 그들의 이야기도 담았다. 아이를 통해 아이의 할아버지가 생각났고, 아이로 인해 아이의 외할머니가 느껴졌다. 그렇게 아이를 둘러 싼 말과 행동 그리고 감정들이 때로는 한껏 겹쳐졌고 때로는 제 나름의 거리를 두었다.

가끔은 아이와 관련한 사회적 제도, 국가적 정책 등도 눈에 띄었다. 그렇게 아이와 관련한 모든 것들이 머릿속에 잠시 스쳤고 마음속에 오래 머물렀다. 일단 썼고, 다시 생각했다. 한 번 더 고민했고, 여러 번 고쳐 썼다. 욕심내지 않았다. 더도 말고 덜도 말고 딱 11줄만 썼다. 기분이 좋은 날도, 그렇지 않은 날도 11줄만.

언젠가 '칼의 노래'로 유명한 김훈 작가가 '필일오(必日五)'라고 해서 '반드시 하루에 원고지 5장은 쓴다'라는 자신과의 다짐을 소개한 것이 기억났다. 유명작가가 5장을 쓴다면 그 절반만 써도 충분하다 생각했다. 보통의 회사원, 보통의 아빠니까. 그렇게 아이의 하루는 원고지 2.5장, 11줄이 되었다. 숫자 11처럼 아이와 아빠는 나란히 곁에 있었다.

아이가 잠들면 30분 내외로 썼다. 그러다 1월말부터 갑작스러운 정부부처 파견으로 한 달에 한 번씩 2주는 타 지역 출장, 2주는 사무실 근무를 했다. 생활이 불규칙해지면서 몸은 피곤했고 마음은 급해졌다. 글쓰기에 집중하기 어려웠다.

이런저런 시행착오 끝에 일정한 시간(아침 7시)을 찾았고 다시 편안한 마음으로 글을 쓰게 되었다. 그렇게 하루 한 번, 366개의 글로 아내와 또 일곱 살 아들과 함께했다. 많은 일들이 있었지만 그때마다 아이는 어김없이 무럭무럭 잘 자랐다.

일곱 살 아들과 함께했던 날들을 스포츠에 비유하면 어느 종목이 적당할까? 축구? 농구? 배구? 골프? 그도 아니면 맨몸으로 서로 치고 받는 권투? 어떻게 이 복잡 다양한 버라이어티한 삶을 한 종목에 비유할 수 있으랴. 어떤 날은

PROLOGUE

격렬한 축구의 전반전이, 어떤 날은 이미 승부가 기운 농구의 4쿼터가, 어떤 날은 끝없는 공격과 수비를 반복하는 배구의 3세트가, 또 어떤 날은 이제 겨우 시작된 골프의 1번 홀이 아니었을까 생각한다.

2020년, 한 해는 '잘' 끝났다. 1월부터 시작된 전 세계적인 코로나19의 확산으로 전혀 다른 차원의 세상을 경험했고 언제, 어디서, 무엇을 하든 마스크를 써야 했다. 가족을 제외한 다른 사람들과의 만남은 자제했고 동시에 제한될 수밖에 없었다. 어린이집은 긴급보육을 운영했고 중간중간 등원과 휴원을 반복했다. 그럼에도 2월이 여느 때와 달리 29일까지 있어 하루를 더 살아야만 했던 2020년, 366일을 '잘' 마무리했다.

우리 부부에게 아직은 마냥 아기 같은 아이가 곧 '학생'이라는 이름표를 가슴에 달고 또 다른 삶에 첫 걸음을 내딛으려 한다. 앞으로 아빠라는 이름으로 아이와 함께 하는 일들은 언제나처럼 고민과 선택의 연속이겠지만 그때마다 결론은 단순하고 다짐은 분명할 것이다. '나는 한 명의 아이를 더 잘 키워야 한다.' 세상의 모든 아빠들이 나와 같은 마음이라면 세상의 모든 아이들이 지금보다 조금 더 살기 좋은 세상을 함께 할 것이라 믿어 의심치 않는다. 그 마음이 변하지 않기를 글로 기록하여 글로 기억하려 한다.

모든 사람들이 행복하길. 특히 아이와 함께 하는 아빠들이 조금 더 행복하길 잠시 마음을 모아 소망한다. 대한민국 모든 보통의 아빠들이 일상처럼 육아일기를 쓰고 아이의 성장을 함께 하며 자신의 삶을 되돌아 볼 수 있기를. 이 책을 읽는 아빠들이 어쩌면 엄마들까지 아주 작은 단어 하나, 아주 짧은 문장 하나라도 마음속에 간직하고 그로 인해 잠시라도 위로받을 수 있기를 희망한다.

마지막으로 언제나 우리 부자를 믿어주고, 아껴주고, 살펴주는 아내에게 고마움과 사랑의 마음을 전하며 일곱 살 아들과 함께 한 마흔두 살 회사원 아빠의 가장 보통의 육아 이야기를 시작한다.

2021년

역시나 볕이 좋은 어느 날, 아빠 임석재

차례

004　　　프롤로그

013　　　첫 번째 계절

109　　　두 번째 계절

207　　　세 번째 계절

305　　　네 번째 계절

402　　　에필로그

첫 번째 계절

1월
2월
3월

첫 번째 계절

1월

"글쎄, 뭘 제일 좋아하는데?
아빠는 잘 모르겠는데"

"아빠, 그런데 파리지옥이
제일 좋아하는 게 뭔지 알아?"

아들! 일곱 살이다!

　　어제가 가면 오늘이 되고 오늘이 가면 내일이 되는 것처럼 아들도 길고 길었던 여섯 살이 지나 어느덧 일곱 살이 되었다. 하루 전 여섯 살이던 아들이 하루 지나 일곱 살이 되었다고 눈에 띄게 달라진 것은 없다. 며칠 전부터 녀석에게 "아들아. 이제 며칠만 있으면 일곱 살이야. 일곱 살은 또 조금만 더 있으면 학교를 가야 하는 여덟 살 형아가 되는 것을 의미하는 거야"라는 얘기를 가끔(꽤 자주) 했다. 나이를 생각하지 말고(물론 생각해야 하지만) 아이를 동심 가득한 천진난만한 꼬마로 키워야지 생각했지만, 막상 아이와 함께하니 그게 생각처럼 쉽지 않다. 아이가 또래와 함께하는 모습을 볼 때마다 어떤 행동을 더 빨리 어떤 동작을 더 잘 하는 것까지는 바라지 않지만, 그래도 평균 정도는 했으면 하는 것이 부모(아빠) 마음이다. '그러지 말아야지'하는 마음과 '그래도 내 아들은'이라는 욕심과 기대가 번번이 교차한다. 또 내년 이맘때가 되면 '어쩌다 보니 꼬꼬마 같던 녀석이 벌써 학교를 갈 나이가 되었구나. 더 많은 시간을 함께할 걸'이라 생각할 것이다. 후회는 언제나 하겠지만 단지 조금 더 적었으면 좋겠다.

첫 번째 계절

다시 일상으로 돌아왔다

작년이라고 해봐야 며칠 전이지만, 그래도 작년 말부터 금년 초까지(그래봐야 또 며칠 전이지만) 나름 길고 길었던 휴가는 처음의 바람과는 달리 아들의 감기와 함께 했다. '감기'라고 하면 '그 정도야'라고 할 수 있으니 정확히는 '독감'이었다. 이럴 때 참 난감하면서 또 한편으로 참 아쉽다. 아빠는 너무나 오랜만에 길고 긴 휴가를 냈는데(회사일을 생각해서 연말에 하루 정도는 나갈까 말까 잠시 고민했었다), 단순 감기라 생각하고 함께 했던 병원에서 독감임을 알게 되었을 때는 '녀석이 고생이 많았겠네. 어째 그동안 잘도 참았네. 그럼, 그동안 다른 병원은 오진을 한건가'라는 생각과 '감기면 아주 조금이나마 희망은 있지만, 독감이면 적어도 5일은 경과를 관찰해야 하니, 꼼짝없이 집에서 지내야겠구나'라는 생각이 교차했다. 그렇게 6일을 보내고, 7일째 새해 첫 출근을 하고, 8일째 두 번째 출근으로 정신없는 일과를 마치고 돌아오니 다행히 녀석은 생기발랄한 모습으로 어린이집을 다녀왔다. 그렇게 다시 일상으로 돌아왔다.

글자딱지 1

아이가 한 살씩 나이를 더 먹을수록(취학 연령에 가까워질수록) 가끔 생각한다. 녀석에게 어떤 방법으로 공부라는 것을 알려주어야 할까. 그저 시간이 지나면 녀석이 스스로 그 방법을 알게 될까. 학교(선생님)를 무조건 믿고 따르면 될까. 이도 저도 아니면 보통의 엄마, 아빠들처럼 학원을 보내고, 학습지를 하고, 과외를 시켜야 할까. 그 밖에 다른 방법들도 많겠지만 그 어떤 것이라도 공부에 대한 고민은 계속될 것이다. 공부라면 정말 원 없이 해본 아빠지만 딱히 어느 것이 정답이라 할 수는 없다. 그러다 요 며칠 녀석이 혼자 '글자딱지'를 만들고, 그것을 엄마, 아빠에게 설명하며 신나하는 모습을 보면서 '이것도 느리지만 괜찮은 방법이구나'라고 생각했다. 요즘 들어 부쩍 글자에 관심을 가지는 녀석은 거실 한쪽 벽면에 세워둔 칠판에(6개월 이상 공룡 캐릭터 그림들만 잔뜩 붙어 있었다) 자음과 자음, 모음과 모음 또는 자음과 모음을 조합해 네모난 딱지처럼 만든 후 그것을 엄마, 아빠에게 읽어보라 한다(아직 녀석은 한글을 잘 읽지 못한다. 자신의 이름을 읽고 쓰며, 익숙한 한 글자 정도만 읽는 정도다).

첫 번째 계절

글자딱지 2

예를 들면, 자음 'ㅈ'과 'ㅊ'을 두 개씩 조합해서 왼쪽 위가 'ㅈ', 오른쪽 위가 'ㅊ', 왼쪽 아래가 'ㅊ', 오른쪽 아래가 'ㅈ' 이렇게 사각형을 만든다. 이것이 녀석이 말하는 '글자딱지'다. 이런 방식으로 'ㅇ', 'ㅋ'도, 'ㄱ', 'ㄷ'도, 'ㅣ', 'ㅐ'도 조합한다. 이런 방법으로 자음 14개, 모음 10개를 활용하면 상상도 못할 만큼 무수한 글자딱지가 만들어진다. 그러다 자신이 만든 것이 마음에 들면 "아빠, 이거는 잘 생겼어"라며 씩 웃고, 조금 어색하면 "이거는 못생겼어. 그래도 아빠가 한 번 읽어봐"라고 한다. 이럴 때 처음에는 "아들, 이걸 어떻게 읽어. 이건 읽을 수가 없어"라고 했지만, 이제는 엄마가 슬쩍 알려준 것처럼(아이들은 자신이 글자를 만들 수 있다는 것 자체를 그냥 즐기는 것) 크게 읽어본다. "즈츠즈츠." "우쿠우쿠." "그드그드"... 다소 우스꽝스럽긴 하지만 그냥 같이 웃으며 글자딱지 놀이를 유쾌하게 즐겨 본다. 공부에 정답은 없지만(글자딱지 놀이가 공부는 아니지만) 그것이 일단 즐거우면, 그것은 좀 더 친숙해지고, 그렇다면 그것을 마침내 가지게 될 것이다.

흰색 화장지와 갈색 화장지 이야기

먼저 항상 쓰던 흰색 화장지 이야기다. 녀석은 각종 과일 모양 장난감(진짜 그럴듯하다)으로 부지런히 요리를 한다. 이럴 땐 편안한 마음으로 곁에서 책을 읽으며 중간중간 녀석의 물음에 맞장구쳐준다. 조금의 시간이 지나, 이번에는 무엇을 하는 걸까 슬쩍 쳐다보니 커다란 접시에 이런저런 과일(장난감)을 반쪽씩만 잔뜩 올려놓는다. 그러더니 "아빠, 여기에 화장지를 하나씩, 하나씩 (동그랗게 뭉쳐둔 것) 올려서 섞어야 해. 이건 엄마가 매일 먹는 요플레거든"이라며 의기양양한 표정으로 미소 짓는다. 다음은 새로 산 갈색 화장지(친환경 제품) 이야기다. 녀석은 응가를 하고 벽에 걸린 갈색 화장지를 보더니 조금 어리둥절한 표정이다. 그러더니 "아빠, 이상해. 화장지가 갈색이야"라며 사뭇 진지하다. 녀석에게 항상 흰색이던 화장지가 갈색으로 변했으니 아마도 도저히 일어날 것 같지 않은 일이 일어나는 것을 의미하는 '블랙스완(Black Swan, 검은 백조)'처럼 신기했을 것이다. 그렇게 서로 다른 화장지가 서로 다른 느낌으로 녀석과 함께했다.

첫 번째 계절

다시 야근을 하고

새해가 시작된 지 며칠 되지 않았지만 야근이다. 직장인으로 살아가면서, 또 앞으로 살아갈 것이기에, 주어진 일을 처리하는 과정에서 경험하게 되는 일들(야근 등)에 대한 거부감이 그렇게 많지는 않다. 그렇지만 잠시 작년 일년간 육아휴직을 했던 아빠의 시선으로 본다면 그래도 정해진 일과를 무탈하게 마무리하고 약속된 시간에 집으로 돌아와 아들과 함께하고 싶은 것은 지극히 자연스러운 마음이다. 야근을 하고 9시가 조금 덜 된 시간(신입사원 시절을 생각하면 그렇게 늦은 시간도 아니지만) 집에 도착하니 아들은 아빠를 기다리고 있다. '지금 퇴근하고 집으로 걸어가는 중'이라는 문자에 '응, 지금 아이랑 자러 가려다가 얼굴 보고 자려고 기다라고 있어'라는 아내의 문자를 받았기에 예상은 하고 있었지만, 현관문을 열고 들어섰을 때 마주하는 녀석은 역시나 반갑다. 백 번 양보해도 이 정도라면 좋겠다. 야근을 하더라도 녀석과 서로 웃으며 눈을 마주칠 수 있고, 몇 권의 책을 읽은 후, "아들, 오늘도 좋은 날이었어. 잘 자"라고 말할 수 있는.

입에서 불나는 김치

저녁을 준비하는 엄마, 그것을 도와주는 아빠와 아들, 이렇게 세 명이서 나름대로 역할 분담을 한다. 엄마는 이것저것 열심히 만들고, 아들은 엄마가 만든 음식들을 부지런히 식탁으로 나르고, 아빠는 아들이 나를 수 없는 음식을 나르거나 이미 나른 음식을 먹기 좋게 정리한다. 그러니 아들은 숟가락, 젓가락, 나물 반찬, 김 반찬 등을, 아빠는 뜨거운 국 등을 옮기거나 녀석이 좋아하는 생선구이의 가시 바르는 것 등을 담당한다. 오늘도 각자 주어진 역할에 맞게 부지런히 움직이고 있는데, 녀석이 "아빠, 이거는 입에서 불나는 김치야. 나 이거 어린이집에서 먹어 봤어"라고 한다. 가만히 듣고 있자니 '입에서 불나는 김치'라는 표현이 재미있어 잠시 웃는다. 어른들이 너무나 당연하게 먹는 일반적인 김치(고춧가루가 들어간 것)가 일곱 살 아들에게 아직은 입에서 불이 날 정도로 맵다는 의미일 것이다. 가끔은 아이들이 건네는 말 하나가 너무 솔직하고, 정직해서 그 표현을 담아내는 마음을 살짝 훔쳐보고 싶다.

첫 번째 계절

파리지옥

아들과 나란히 양치를 하고 있는데 거울을 빤히 쳐다보던 녀석이 "아빠, 그런데 파리지옥이 제일 좋아하는 게 뭔지 알아?"라고 묻는다. (어린이집 갈 시간이 다 되어 마음은 급하지만) "글쎄, 뭘 제일 좋아하는데? 아빠는 잘 모르겠는데"라고 답한다. 그랬더니 "응, 아빠 내가 알려줄게. 그건 말이지 '파리'야"라고 답한다. 속으로 '맞네. 파리겠네'라고 생각하며 부지런히 다시 양치를 하고 있는데, "아빠, 그런데 왜 파리를 제일 좋아하는지 알아?"라고 또다시 묻는다. 정확한 이유를 알지 못하기에 "글쎄, 아마도 파리가 제일 맛있어서 그런 것 아닐까?"라고 답한다. 녀석은 아빠가 모르는 걸 알려준다는 것이 신나는지 "응, 그건 말이야, 이름에 파리가 있잖아. 그러니까 파리를 제일 좋아하는 거야"라고 답한다. 생각해보니 그렇다. 다른 곤충이나 벌레들도 먹겠지만 이름에 굳이 '파리'가 들어가는 것을 보면 의미(이미지) 전달을 떠나, 설령 제일까지는 아니어도 분명 아주 많이 좋아하는 것이라 추측해 본다. 그렇게 양치를 마무리한다.

엄마 선물

대부분 엄마가 녀석에게 이런저런 선물을 준다. 비록 크지도, 비싸지도 않지만 '저런 선물 받으면 정말 기분 좋겠네'라는 생각이 드는 것들이 제법이다. 선물이라기보다 아들을 사랑하는 엄마의 마음이라 그렇겠다. 그런데 아주 가끔, 요즘은 꽤 자주 녀석도 엄마에게 진심이 가득 담긴 선물을 한다. 어린이집을 마치고 집으로 돌아오는 길, 엄마는 병원에 들러 감기약을 더 받아오기로 한다. 그렇게 둘이서 집으로 들어오니, 녀석은 식탁 위의 귤 다섯 개가 눈에 들어온다. "아빠, 책상 위에 귤 엄마 선물로 주자. 그리고 색종이로 박스 하나 만들자. 리본도 만들어서 붙이고"라며 비밀 프로젝트를 준비하는 것처럼 신나한다. 감기에 걸린 엄마를 생각하는 녀석의 마음이 참 따뜻하다. 그러다 문득 "그런데 아빠 선물은 없어?"라고 물으니, 녀석은 "응, 난 엄마가 좋거든"이라 답하고 서둘러 씻으러 간다. "아들, 다음에는 아빠 선물도 하나 만들어줘"라고 말하며 욕실로 향한다. 어쨌든 엄마는 좋겠다. '엄마 선물' 챙기는 귀염둥이 아들이 있으니.

첫 번째 계절

그냥 맛있게 먹자

나름 최선을 다해 부지런히 놀았다 생각하며 슬쩍 시계를 보니, 겨우 1시간 30분이 지났을 뿐이다. 이런저런 놀이를 했는데 시간이 이렇게 더디게 갈 줄은 몰랐다. 모처럼 맞이하는 평온한 주말 아침. 녀석과 즐겁고, 유쾌한 시간을 보내고 점심을 먹은 후 계획해 둔 일들을 하려 했는데, 점심까지 아직 1시간 정도 남았다. 그때 녀석이 외할머니가 사주신 젤리를 잔뜩 가져온다. "아들, 우리 이거 먹으면서 10분 쉬었다 다시 놀자"라고 하니, 녀석은 "응, 나 이거 다섯 개 먹을 거야"라며 신나한다. 그러더니 젤리통에서 부지런히 색깔별로 하나씩 골라낸다. "아빠도 하나 줄까?"라고 하기에, "응, 아빠가 눈 감고 하나 뽑을 거니까 무슨 색인지 힌트를 줘. 그럼 아빠가 맞춰볼게"라고 답한다. 녀석이 "과일이 있어"라고 하기에, "아니, 그런 힌트 말고, 색깔을 맞출 수 있게 알려줘야지"라고 되받는다. 그랬더니 이번에는 "핑크색이야"라며 대놓고 답을 알려주기에, "응, 그냥 맛있게 먹자"라고 말하며 소파에 나란히 앉아 따뜻한 볕을 쬐며 잠시 여유를 즐겨본다. 이런 주말도 좋다.

어른도 그렇게 못하면서

할 수 있는 것은, 그리고 해야 할 것은, 어쩌면 하고 싶은 것은 다 해본다. 마음에 여유를 충분히(?) 가지고 기다리면(사실 조급한 마음이다) 녀석은 한다. 쉬하기가 그랬고, 양치하기가 그랬다. 그렇게 녀석의 능력을 충분히(?) 봤기에 조금 더 기다리면 되는데, 밥 먹기를 바라보는 마음은 그렇게 여유롭지 않다. 겉으로는 녀석을 편안한 마음으로 바라보고 있지만, 속으로는 이래저래 신경이 쓰인다. 예전과 달리 곧잘 먹는데(특히 오늘은 잘 먹었는데) 아직 숟가락, 젓가락을 잘 쓰려고 하지 않는다. 그래도 아빠로서 한 가지 다짐한 것은 있다. 밥 자체를 먹어야만 한다고 강요하지 않는다. 그리고 녀석의 앞자리에 항상 숟가락, 젓가락 거기에 포크까지 놓아둔다. 사용 방법과 이유를 알려주고 나머지는 선택에 맡겨둔다. 어른이 된 지금도 남들은 쉽게 하는 일들이 어려울 때도, 하기 싫을 때도 있다. 그렇게 생각하면 될 일인데, 아이에게는 남들이 쉽게 하는 것은 쉽게 하기를, 남들이 어렵게 하는 것은 어렵게 하지 않기를 바란다. 어른도 그렇게 못하면서…

첫 번째 계절

재우고 영화나 보자

저녁을 먹으며 거실 벽에 걸린 시계를 슬쩍 보니 7시가 조금 지났다. 녀석과 놀이를 하고, 동화책을 몇 권 읽어도 9시면 충분히 잘 수 있는 시간이다. 녀석은 잠을 자기 전 행동들이 습관화되어 있다. 어린이집에서 돌아오면 씻고, 저녁밥을 먹고, 장난감 놀이(어제부터는 축구 놀이)를 하고, 동화책을 몇 권 읽고(3~5권), 쉬를 하고, 물을 한 모금 마신 후 잔다. 이제는 너무도 익숙한 것들이라 뻔히 예상된다. 그런 것을 알기에 녀석의 곁에 있던 엄마가 슬쩍 다가와 "재우고 영화나 보자"라며 귓속말을 한다. "응, 그러자"라고 작은 소리로 답을 하는데, 부지런히 밥을 먹고 있던 녀석이 한 마디 보탠다. "엄마, 다 들었어"라고. 녀석이 들었을 리 없다 생각하지만 혹시나 하는 마음에 물어보니 "응, 그건 비밀이야"라고 답한다. 알듯 말듯 한 녀석의 표정이 순간 재미있지만, 어쨌든 영화 한 편 보기가 쉽지 않다. 오늘도 녀석과 엄마는 정해진 시간에, 정해진 것들을, 정해진 순서대로 하고, 정해진 잠자리로 향한다. 아무래도 엄마는 내일 아침에나 만날 것 같다.

기회비용

　　세상 모든 일에는 '기회비용'이 있다. 지금 어떤 것을 선택하면 다른 그 무엇인가는 선택하지 못한다. 이미 그 선택하지 못함을 알고 있는 경우와 그 선택 가능한 것이 무엇인지 모른 채 지나가는 경우도 있다. 물론 얼마간의 시간이 지난 후 어떤 선택이 되었건 '그때 참 잘했어'라고 생각하는 경우도 있겠고, '그때 다른 선택을 했어야 했는데' 또는 '적어도 그때 그 선택만은 하지 말았어야 했는데'라고 생각하는 경우도 있겠다. 기회비용 이야기를 이렇게 장황하게 하는 것은 아들의 바람직한 습관 형성을 위한 기회비용이 생각났기 때문이다. 녀석에게 쉬를 하면 꼭 화장실 변기의 물을 내리라고 한다. 그런데 많은 경우 녀석이 쉬를 한 이후에 아빠도 연이어 화장실을 사용하게 된다. 그때마다 문득 '그냥 물 내리지 말라고 할까'라는 작은 유혹이 있지만, 그래도 한참 성장 중인 녀석의 바람직한 습관 형성을 위해 '좀 아깝긴 하지만' 아주 조금 쉬하고, 많은 물을 사용하는 것을 그저 바라본다. 삶이란 이렇게 작은 것 하나, 둘 배워가며 조금씩 성장하는 것이니까.

첫 번째 계절

알고 있어. 알고 있다니까

　　진짜 그래서 그런지, 아니면 그렇지 않은데 그런지, 요즘 들어 녀석은 부쩍 "아빠, 알고 있어. 알고 있다니까"라는 말을 자주 한다. 밥을 먹다가 "아들, 반찬도 골고루 먹어야지"라고 해도 "알고 있어"라고 답하고, 색칠 놀이를 열심히 하고 있기에 "아들, 색깔이 너무 예쁜데. 엄마 닮아서 그림에 소질이 있나 봐"라고 해도, 역시나 "알고 있어"라고 답한다. 그렇게 자주 듣다 보니, '일곱 살 정도 되면 이제 슬슬 그렇게 말하는 단계인가?'라는 생각도 든다. 나이를 한 살, 두 살 더 먹어가면서 당연히 "알고 있어"라고 할 수 있는 작은 상식 또는 작은 지식은 자연스럽게 점점 더 늘어난다. 그렇게 작은 것들이 하나, 둘 쌓이면 커다란 덩어리가 되고, 상식과 지식이 서로 버무려져 지혜로 변화하는 순간도 온다. 언제부터 어른이라 해야 할지 요즘은 명확히 답하기 어렵지만, 어쨌든 어른이 되어가면서 어느 순간부터는 자신 있게 "알고 있어"라고 말하기 전에 한 번 더 고민한다. 진짜 자신 있게 "알고 있어"라고 할 수 있는지.

인형극 놀이

아침부터 바쁘다. 녀석은 밥을 먹는 둥 마는 둥 한다. 그러더니 뜬금없이 "엄마! 아빠! 저녁에는 인형극 놀이를 할 거야"라고 한다. 역할도 자신이 마음대로 정해서 "나랑 엄마는 주인공이야. 그리고 아빠는 관객이야"라고 한다. 엄마에게 어젯밤에 색칠한 20장 이상의 요괴메카드(만화) 캐릭터 종이들을 달라고 하더니, 인형극 놀이를 할 수 있는 도구를 만들자고 한다. 어린이집을 제시간에 가려면 부지런히 움직여야 하는데, 느닷없이 저녁에 할 인형극 도구를 만들자니 당황스럽기도, 어처구니가 없기도 하지만 엄마는 나무젓가락과 투명테이프를 가져와 빠른 손놀림으로 인형극 도구(나무젓가락 윗부분에 캐릭터 종이를 붙여, 아랫부분은 손으로 잡을 수 있도록 한다)를 만든다. 저녁을 먹고 나니 녀석은 잊지 않고 인형극 무대를 꾸민다. 거실 테이블 위 가장자리에 작은 상자 두 개로 무대 벽을 만들고 그 뒤에서 엄마와 함께 상황극을 펼친다. 아빠는 맞은편에 앉아 관람한다. 그렇게 각자의 역할에 충실한 인형극 놀이가 1부, 2부, 3부에 걸쳐 진행된다.

첫 번째 계절

마음속에 책

장장 2시간이 걸렸다. 저녁을 먹고 나니, 녀석이 동화책을 만든다고 하기에 무슨 소린가 했는데, 진짜 녀석만의 동화책을 한 권 만들었다. 먼저 스케치북 종이 세 장을 가위로 자르고, 각각의 종이를 다시 반으로 자른다. 책을 만든다기에 당연히 기념 카드 형태가 될 것이라 생각했는데, 종이를 얇고 길게 오리더니(책등까지 만든 것이다) 양옆에 미리 잘라둔 종이를 각각 붙인다. 그렇게 여섯 장의 종이를 투명테이프로 모두 붙인다. 이후 부지런히 종류도 다양한 그림들(갈매기, 파도, 신호등, 기차 등)을 정성스럽게 그리고, 아직은 글씨를 쓰지 못하기에 그림에 어울리는 내용을 말해주면 엄마가 대신 써준다. 그렇게 '신호등 같은 기찻길을 기차가 건너고 있어요' 등의 글과 그림이 있는 책으로 변신한다. 아빠는 맨 뒷장을 할당받았기에 우리 가족이 다정하게 손을 잡고 있는 그림을 그린다. 마지막으로 제일 앞장에는 녀석의 제안으로 글/그림 아들 OOO, 도와준 사람 엄마 OOO, 맨 뒷장 그림 아빠 OOO, 이렇게 쓴다. 녀석이 지은 제목은 <마음속에 책>이다.

소원을 빌다

어제 저녁, "내일 어디 놀러 가자"라고 아들과 약속했다. 즉흥적으로 한 말이기에 엄마는 부지런히 인터넷을 검색해 대전에서 1시간 내외로 녀석이 좋아하는 곤충도 구경할 수 있는 '청양군목재문화자연사체험관'이 좋겠다고 한다. 아침으로 간단히 샌드위치를 먹고, 점심으로 먹을 꼬마김밥, 컵라면, 과일 등을 챙겨 집을 나선다. 목재문화와 곤충표본 등을 간단히 구경하고, 주말이라 인형극도 관람한다. 녀석이 좋아하는 '왕사슴벌레' 목재 조각도 하나 구입한다. 그렇게 구경과 체험(놀이)를 마치고 집으로 돌아오는 길, 인근의 장곡사를 둘러본다. 역사가 오래된 사찰을 방문하니 불교신자는 아니지만 정성스레 소원을 빌어본다. 아빠는 '가족의 건강과 안녕, 그리고 작은 시련 또는 역경이 오더라도 슬기롭게 극복할 수 있는 힘과 지혜를 달라'라고 빌어본다. 주차장으로 돌아오는 길에 녀석에게 "무슨 소원 빌었어?"라고 물으니, "응, 그건 비밀이야"라고 답하며, "그런데 방금 또 하나 더 빌었어"라고 보탠다. 아들! 그 소원들 꼭 이루어졌으면 좋겠다!

첫 번째 계절

부디 아니온 듯 다녀가세요

　　책을 읽을 때마다 적어도 한 문장 이상은 기록하고, 기억해 두려 한다. 가끔은 그 문장들을 정리한 파일을 열어 책을 읽는 것처럼 차분히, 조용히 되뇌어본다. 그렇게 정리한지 벌써 20년이 지났고, 첫 번째, 두 번째, 세 번째 책을 쓸 때 차곡차곡 쌓아 둔 문장들을 옮겨보기도 했고, 언론사에 보낼 기고문을 작성할 때도, 회사일로 기관장의 인사말을 준비할 때도 아주 요긴하게 활용했다. 책뿐만 아니라 길을 가다가 문득 생각나는 좋은 말, 마음에 닿는 말, 느낌이 다른 말도 메모장에 기록한다. 주말에 아들과 함께 했던 청양 장곡사 입구의 '부디 아니온 듯 다녀가세요'라는 글귀가 오랫동안 마음에 남는다. 비단 장곡사 경내에 한정된 것이 아니라, 잠시 삶을 돌아보게 한다. 그리고 작은 연못 앞에서 부지런히 돌탑을 쌓고 있는 아들 곁의 '연못에 돌 넣지 마세요. 제...발...'이라는 글귀도 달리 다가온다. '제발'이 아니라 '제...발...'이라니. 앞으로 아들이 어떤 직업을 가지더라도 '글 잘 쓰는'이라는 수식어가 붙을 수 있는 사람이면 좋겠다. 글은 마음의 얼굴이다.

다리를 베고 누워

　　토요일은 청양군을, 일요일은 계룡시를 다녀왔더니 딱히 무엇을 많이 한 것 같지는 않은데 세상 피곤했다. 자동차로 청양군까지는 1시간 20분 정도, 계룡시까지는 40분 정도 거리였다. 평상시 자주 다니는 녀석의 할아버지, 할머니가 계시는 영주시까지는 2시간 10분 내외, 외할아버지, 외할머니가 계시는 인천시까지는 2시간 30분 내외니 비교적 짧은 거리라 할 수 있는데, 모처럼 주말 이틀 동안 연이어 외출을 했기 때문이라 추측한다. 청양군으로 가는 길, 대전집으로 오는 길, 녀석은 드르렁, 드르렁 코를 골면서 단잠을 잤다. 어찌나 달게 자는지 '어디 잠시 휴게소에 차를 세워놓고 같이 잤으면 좋겠다'라는 생각까지 들었다. 겨우 유혹을 참아내고 집으로 돌아오니 아직 저녁을 먹기까지는 조금의 여유가 있었다. 무엇을 할까 잠시 고민하다 거실 소파에서 녀석의 다리를 베고 누워 꿀맛 같은 단잠을 자기로 했다. 혹시 녀석이 다리가 저리지는 않을까 걱정되기도 했지만, 그 따뜻함, 그 포근함, 그 편안함이 좋았다. 내 집 같았고, 내 아들 같았다.

첫 번째 계절

하트날개 피자가게

요즘 대부분의 일들은 저녁을 먹고 나서 시작된다. 오늘은 녀석이 저녁을 먹기 전부터 피자가게 놀이를 예고한다. 저녁을 먹으며 대충 상상해보니 '장난감으로 피자 비슷한 것을 만들어서 아빠나 엄마에게 팔겠구나' 정도가 예상된다. 그런데 막상 놀이가 시작되니 생각보다 그럴듯하다. 먼저 <하트날개 피자가게>라는 가게 이름이 있다. 다음으로 피자의 종류도 다양하다(만두가 들어 있는 것, 감자가 들어 있는 것 등). 거기에 나름 정교한 촛불 장식이 있는 케이크, 주스와 감자튀김까지 있다(물론 대부분의 것들은 아이들도 쉽게 모양을 만들 수 있는 아이클레이를 활용한 것이다). 이제 준비가 다 되었나 했더니, 엄마가 슬쩍 "아들, 손님이 오면 물건을 팔아야 하는데 가격표가 없잖아. 그것도 만들어야지"라고 말한다. 녀석은 부지런히 종이 팻말에 10,000원(케이크), 1,000원(감자튀김), 450원(주스)이라 쓴다. 그렇게 시작된 가게 놀이는 "아빠! 엄마! 오늘 너무 재밌었어!"라는 녀석의 말과 함께 내일 한 번 더 하기로 했다. 오늘 <하트날개 피자가게>는 그야말로 대박 났다.

방패

녀석은 오늘도 무엇인가 부지런히 만든다. 색종이, 가위, 투명테이프만 있다면 멋진 집이라도 한 채 만들 기세다. 자신만만한 표정으로 무엇을 만들고 있나 지켜보니 이번에는 '방패'다. 먼저 색종이의 위쪽 두 귀퉁이를 안쪽으로 접어서 뾰족한 삼각형이 되게 한 후, 다음은 미리 잘라둔 얇고 긴 또 다른 색종이를 투명테이프로 중간 부분 양쪽 끝에 붙인다. 녀석은 "아빠, 그냥 붙이면 안 돼. 한쪽을 먼저 붙이고, 나머지 한쪽은 가운데 부분이 볼록 나오게 해야 돼. 왜냐하면 그래야 방패 손잡이처럼 잡을 수가 있거든"이라고 강조한다. 마치 자신만의 특별 노하우를 아빠에게만 살짝 알려주는 것처럼. 그러다 옆에서 지켜보던 엄마에게 방패를 하나 건네더니 "엄마, 막고 싶은 것 있을 땐 이걸로 막아"라며 의기양양한 표정이다. "그리고 마지막으로 캡틴 아메리카 방패를 만들 거야"라고 하더니, 조금 더 복잡한 제작 과정을 거쳐 또 하나의 방패를 뚝딱 만든다. 무엇이 되었건 아들이 엄마, 아빠를 지켜준다니 아빠, 엄마도 아들을 잘 지켜내야겠다.

첫 번째 계절

우리 둘이

　　퇴근길이 바쁘다. 막 사무실을 나서려는데 낯선 번호의 전화다. 부재중으로 넘어가더니, 연이어 또 온다. 혹시나 해서 받아보니 "집에 올 때 어린이집 들러서 휴대폰 좀 찾아줘. 그리고 동네 병원으로 바로 와"라는 엄마의 전화다. 내일부터 설 연휴니 녀석과 함께 동네 병원에서 휴일 동안의 약처방을 받은 것이다. 사실 휴대폰보다 신용카드가 없어 결제를 하지 못해 기다리는 중이다. 그렇게 3층 병원에서 1층 약국으로, 다시 옆옆 건물 잡화점으로, 그리고 다시 그 옆 건물 아이스크림 가게로 순차적으로 필요한 볼 일을 본다. 집으로 돌아와 녀석과 둘이서 저녁을 먹고 있는데 요 며칠 속이 안 좋은 엄마는 "아들, 밥 다 먹으면 오늘 산 아이스크림 먹자. 우리 둘이"라고 말한다. (아빠는 아이스크림을 그다지 좋아하지 않는다.) 그랬더니 녀석은 "아빠랑 나랑, 우리 둘이"라고 답한다. 아이스크림을 좋아하는 엄마는 "그럼 엄마는?"이라며 재차 확인하지만, 녀석은 "엄마는 배 아프니까. (잠시 후) 그럼 쪼금만 먹어"라고 말한다. 아빠는 "우리 아들 진짜 효자네"라며 슬쩍 칭찬해 준다.

나쁜 전화

정확히 기억나지 않지만 며칠 전 온 가족이 아침에 부지런히 움직이다가(녀석은 어린이집 등원 준비로, 아빠는 회사 출근 준비로, 엄마는 아침 식사 준비로) 얘기가 나왔다. "요즘 문자 받으면 별의별 일들이 다 있데. 예전에는 보이스 피싱이 단순했는데, 요즘은 주의에 주의를 해도 잠시 방심하면 사기당하고, 그 손해도 엄청 크데"라는 아내의 말에, "그러게. 예전에는 대부분 어르신들이 무선전화나 스마트폰을 처음 써보셔서 그런 사기가 많았는데, 요즘은 젊은 사람들도 사기를 많이 당하나 봐"라고 답했다. 사실 이렇게 말은 하지만 스마트폰을 사용한 지가 아직 2년이 되지 않았고, 하루에 문자 1~2개(엄마에게), 전화 5통 미만 받는 것이 전부다. 그때 옆에서 엄마와 아빠의 얘기를 가만히 듣고 있던 녀석이 "아빠, 그거 나도 알아. 그거 나쁜 전화야. 선생님이 그랬어"라며 대화에 참여했다. 문득 생각해보니 '보이스 피싱(Voice Phishing)'이라 하는 것보다 녀석의 말처럼 '나쁜 전화'라고 하면 좀 더 솔직하고, 좀 더 직설적으로 와닿는 느낌이다. 그래, 나쁜 전화다.

첫 번째 계절

딱 보면 모르겠어

그 말이 참 재미있다. 곰곰이 생각할수록 더 재미있다. 일곱 살이 된 녀석은 부쩍 자아가 강해진 느낌이다. 사실 일곱 살이라고 해봐야 아직 한 달도 채 지나지 않았지만 어딘지 모르게 여섯 살과는 많이 다르다. 요즘 들어 부쩍 무엇을 물어보면 "아빠, 왜 자꾸 나한테 물어. 그 얘기 아빠가 지난번에도 물어봤잖아. 또 내가 방금 대답했잖아"라고 답한다. 또 장난감을 조립하다가 "아들, 그런데 이거는 어떻게 하는 거야? 아빠 생각에는 서로 서로 조립하라는 것 같은데"라고 물어보면, "아빠, 딱 보면 모르겠어. 나는 딱 보면 아는데. 잘 봐"라고 답하며 혼자 이렇게 저렇게 조립한다. 물론 녀석의 말처럼 진짜 잘 알고 있는 경우도 있지만, 절반 정도는 녀석도 그다지 잘 알지는 못한다. 아이가 성장하면서 알게 되는 것들은 자연스럽게 많아진다. 때로는 쉽게, 때로는 어렵게, 또 영원히 알 수 없는 것들도 있을 것이다. 어쩌면 세상에는 딱 보면 모를 수 있는 것들이 더 많을 수도 있다(당연히 더 많다). 아느냐, 모르느냐 보다는 '딱 보면'이라는 녀석의 말처럼 어떤 상황에서도 정직하게 대면하면 좋겠다.

아이 힘으론 안 돼요

　　　　　녀석의 외할아버지, 외할머니가 계시는 인천으로 가는 길, 명절 전날이지만 대전에서 인천으로 가는 길은 예상 밖으로 막힘이 없다. 녀석은 쿨쿨 자고, 엄마는 슬슬 존다. 그렇게 부지런히 달리다가 마지막 휴게소에 잠시 멈춘다. 2시간 이상을 운전하니 몸은 찌뿌둥하고, 화장실도 가야 하고, 주유도 해야 하니 이래저래 할 일이 많다. 마침 녀석도 깼으니 잠시 휴게소 구경을 한다. 사실 녀석은 휴게소에서 뽑기를 하려고 집에서 500원짜리 동전을 숫자에 맞추어(2,000원) 준비해왔다. 여러 종류의 뽑기 중 하나를 선택한 녀석이 무엇이 나올까 잔뜩 기대하는 표정으로 손잡이를 돌리는데 '드르륵', '드르륵' 소리가 나더니 아무것도 나오지 않는다. 혹시나 하는 마음에 아빠가 더 세게 돌려보지만 꼼짝하지 않는다. 휴게소 관계자에게 문의하니 "그거, 아이 힘으론 안 돼요. 어른이 힘을 주어서 한 번에 돌려야 해요"라며 아무 일 아니라는 듯(이미 그런 일이 많은 듯) 2,000원을 돌려준다. 아이들 뽑기가 아이 힘으로 안 된다니, 이럴 때 '참 어처구니가 없다'라고 해야겠다.

첫 번째 계절

조금 변했고, 조금 편해졌다

고속도로의 차량 정체가 있건, 없건 어김없이 달렸다. 아니 대부분 기어서 갔다. 녀석이 태어나고 너무 갓난아기였기에 어쩔 수 없이 대전에 있어야 했던 첫해를 제외하면 할아버지, 할머니가 계시는 영주를 거쳐 외할아버지, 외할머니가 계시는 인천까지 명절 연휴 앞뒤를 활용하여 꼭 방문했었다. 그러나 이번 명절에는 외할아버지, 외할머니가 계시는 인천만 다녀왔다. 녀석의 할아버지, 할머니가 2주 전 대전을 다녀가셨기 때문이기도 하지만, 앞으로도 가능하면 명절에는 한 곳만 가려 한다. 명절에 양가를 모두 다 방문하는 것이 도리라 생각하고 살았는데, 마음이 조금 변했고, 마음이 조금 편해졌다. 꼭 그렇게 하지 않아도(물론 어른들은 명절 당일에 보지 못함을 조금 또는 많이 서운해 하실 수도 있지만) 시간이 될 때 자주 찾아뵙는다면 충분히 서로 반갑고, 나름의 예를 다할 수 있으리라 생각한다. 녀석에게 긴 시간 차에서 꼼짝없이 갇혀 힘들고, 지치는 명절보다 누가 되었건 조금 더 기쁘게, 조금 더 즐거운 마음으로 함께 할 수 있는 명절이면 좋겠다.

나 혼자 놀게

　　창밖을 보니 바람도 많이 불고, 오후에는 비가 온다는 뉴스도 있다. 하루 종일 집에서 보내야 하는데, 아침 일찍 일어난 녀석은 벌써부터 같이 놀자고 한다. 이럴 때 무엇을 하면 서로 즐겁게 놀고, 내일 즐거운 마음으로 출근과 등원을 함께 할 수 있을지 잠시 고민한다. 실내에서 몇 시간 보낼 수 있는 몇 곳을 얘기해 보지만 녀석은 "아빠, 오늘은 집에서 그냥 놀아"라고 답한다. 아빠의 속마음도 모르고. 그렇게 조금 놀다가 아침 먹고, 다시 또 조금 놀다가 점심 먹고, 다시 또 저녁 먹기까지는 시간이 많이 남았기에 "아들, 우리 낮잠이나 잘까? 잠깐만 자고 아빠랑 같이 놀고, 만화 하나 볼까?"라고 물으니, 녀석은 "그러면 아빠 혼자 자. 나 혼자 놀다가 만화 볼게. 알겠지?"라고 말한다. 작년 같았으면 다시 정신을 차리고 무엇이라도 함께 할 텐데, '그래, 지금 놀아봐야 재미도 없을 테니, 아들 말 한번 믿어보자'라는 마음에 "아들, 그럼 아빠 잠깐 잘 거니까 잘 놀고 있어"라고 말하며 문을 활짝 열어두고 눈을 감아본다. 그렇게 아들은 조금 크고, 그렇게 아빠는 곁에 있다.

첫 번째 계절

제대로 하고 있는 것 맞죠

　　오늘도 녀석은 늦잠이다. 아니 엄마의 표현에 따르면 제 나이에 맞는 충분한 잠을 잤다. 이유야 어쨌건 지금부터라도 서두르면 되는데, 녀석은 천하태평, 엄마는 여유만만이다. 녀석은 아침으로 계란볶음밥을 하려는 엄마에게 "오늘은 내가 요리할 거야"라고 말한다. 곁에서 지켜보다 설마 했는데, "응, 그럼 의자 가지고 와"라는 엄마의 말에 살짝 놀랐다. 뻔히 시간이 많지 않다는 것을 알지만 아이를 서둘러 어린이집에 보내는 것보다 잠깐이라도 함께 음식 만드는 재미를 경험하게 하려는 것이다. 그러더니 의자에 올라선 녀석에게 "계란 줄 테니 이걸 프라이팬에 살며시 부어. 그리고 뒤집개로 타지 않게 잘 요리해줘"라고 주문한다. 신이 난 녀석은 "알았어. 엄마"라고 답한다. 그렇게 시작된 요리는 계란볶음밥이 되고, 다시 깨가 더해지고, 다시 또 치즈가 추가된다. 녀석은 "제대로 하고 있는 것 맞죠?"라고 몇 차례 물으며 길지 않은 시간에 나름대로 멋을 낸 요리를 완성한다. 괜히 조바심 냈다. 요리를 다 하고, 그 밥을 다 먹고, 그렇게 어린이집으로 가도 충분한 시간인데.

집 떠나 보니

정말 급작스럽게 모든 일이 일어났다. 1년간의 육아휴직 후 작년 4월에 복직을 하고, 이제 업무에 어느 정도 익숙해졌으니 새해에는 좀 더 여유를 가지고 살아야겠다 다짐하던 차에 정부부처 파견 통보를 받았다. 정확히는 명절 연휴 전날 알게 되었고, 연휴 다음날 정부부처로 파견 인사를 갔다. 그리고 다음 날 그러니까 오늘, 새벽같이 서울로 출장을 왔다. 이번 주는 2박 3일, 주말에 잠깐 쉬고 다음 주는 4박 5일, 또 주말에 잠깐 쉬고 그다음 주는 1박 2일 출장이다. 그렇게 쉼 없는 2주를 보내고, 다시 2주는 정부부처에 마련된 사무실에서 근무하는데, 앞으로 이런 생활을 6개월 동안 지속할 예정이다. 신입직원 때 출장을 너무 다녔기에, 복직 전·후 출장이 없는 팀이 너무나 좋았는데, 다시 또 감당하기 벅찰 만큼의 출장을 다녀야 한다. 숨 가쁜 하루 일과를 마치고 숙소로 돌아와 겨우 정신을 차리고 아내와 녀석과 영상통화를 하니 기분이 좀 이상하다. 녀석도 아내도 그냥 막 보고 싶다. 진짜 오랜만에 업무로 집을 떠나 보니 알겠다. 낯설고, 힘들 때 '가족'의 의미를…

첫 번째 계절

'흠~', '흠~'

녀석에게 한번씩 성장의 도전과제가 있다. 물론 앞으로도 또 다른 과제들이 있겠지만, 이번에 경험하고 있는 것은 '코 풀기'다. 사실 이번이라고 하기는 좀 그렇고, 꽤 되었다. 감기에 걸린 녀석에게 "코가 막혀서 그러니, 콧물이 쏙 나오도록 한쪽 코를 막고 힘차게 흥 풀어 봐"라고 하면, 녀석은 알려준 것처럼 화장지로 한쪽 코까지는 잘 막는데, 그다음부터는 '흠~', '흠~'이라며 실제 코를 푸는 것이 아니라 입으로만 소리를 낸다. 자기 딴에는 최대한 크게 소리를 질러보지만 콧물은 전혀 변화가 없다. 곁에서 지켜보다 안타까운 마음에 "다시 한번 해 봐"라고 응원해 보지만, 역시나 입으로만 '흠~', '흠~'이라 말할 뿐이다. 녀석에게 혼자 양치하기가 그랬고, 혼자 쉬하기가 그랬고, 혼자 응가하기가 그랬다. 그 무엇이 되었건 '혼자'라는 꾸밈말이 있는 것들은 시간이 필요했다. 그래도 가끔씩 '흠~'이라고 말하면 콧물이 살짝 흘러나오기도 하니, 이러다 조만간 혼자 코 풀기도 성공할 것이라 믿는다. 녀석은 그렇게 한뼘 더 자랄 것이다.

할머니 마음

출장지 호텔에서 맞이하는 둘째 날 아침, 별다를 것은 없다. 녀석과 아내가 같은 공간에 존재하지 않는 것을 제외한다면. 호텔에서 제공하는 아침밥을 간단히 챙겨 먹고, 약속된 시간에 일행들을 만나 다시 또 출장지로 향한다. 아직 낯설긴 하지만 조금은 익숙해진 모습으로 어제와 같은 일들을 계속한다. 그렇게 익숙하지 않은 상황에 조금씩 적응해 가고 있는데, 시골에 계신 녀석의 할머니의 전화가 왔다. 생각해보니 며칠간 연락도 못 드렸는데, 출장 간 아들 걱정에 전화를 하셨구나 생각하며 반가운 마음에 전화를 받으니, 다짜고짜 "신종 코로나로 전국이 난리니, 아이를 생각해서 대전 집에 내려가지 말고, 서울 호텔에서 혼자 계속 지냈으면 좋겠다"라고 하시기에, "그래도 아이랑 아이 엄마도 보고 싶고, 다음 주 출장에 필요한 옷가지도 챙겨와야지"라고 답하니, "그럼, 집에 들어가서 바로 잘 씻고, 웬만하면 아이 물건은 만지지 마라"라고 보태신다. 신종 코로나 바이러스로 온 나라가 난리지만 할머니 마음은 오직 한 사람, 손자 걱정뿐이다.

첫 번째 계절

2월

아직 생생한데, 벌써 까마득한

출장지로 출발하기 전까지 10분 정도의 여유가 있어 호텔방에서 이리저리 텔레비전 채널을 바꿔보다 <2002 한일 월드컵> 다시보기에서 멈췄다. 축구를 좋아하기도 하지만, 2020년에 접하는 '2002'라는 숫자가 친근했고, 화면 속 장면들이 너무 생생했기 때문이다. 한국과 포르투갈의 16강 예선 경기였는데 홍명보, 김남일, 박지성, 이영표, 안정환, 이운재 등등의 한국 선수들을 보니 세월이 참 많이도 흘렀다. 피구, 콘세이상 등등의 포르투갈 선수들 또한 한 시대를 풍미한 선수들이니 월드컵을 떠나 그 자체로도 의미 있는 경기였다. 그 당시 경기장에 있던 대부분의 선수들이 은퇴를 했으니 그들 또한 조금은 편안한 마음에 2002 월드컵을 추억하겠다. 그날이 아직 생생한데, 벌써 까마득한 18년 전 일이다. 그러고 보니 아들 녀석이 태어난 날이 아직 또렷한데, 벌써 6년 전 일이다. 시간 참 빠르다. 녀석과 함께 한 날들을 하나, 둘 떠올리니 순간 뜨거운 감정이 솟아오르기도 하고, 강렬한 몇 장면에 멈추기도 한다. 그렇게 18년이, 6년이, 10분이 지나갔다.

첫 번째 계절

그런데

　　인터넷으로 검색하니 국어사전에서는 '앞의 내용과 상반되는 내용을 이끌 때 쓰는 접속 부사', 영어사전에서는 '화제를 바꿀 때'라고 한다. 일곱 살 아들이 부쩍 자주 쓰는 말 '그런데'의 설명이다. 아빠랑 한참 블록놀이를 하다가 갑자기 "그런데, 아빠 자동차 놀이도 할까?"라고 말하고, 그러다 또 잠시 후 "아빠, 그런데 우리 밥 먹고 씨름놀이도 할까?"라고 말하고, 동화책을 몇 권 읽고 "아들, 너무 늦었으니까 자야지"라고 말하면, "아빠, 그런데 딱 한 권만 더 보고 잘까?"라고 말하기도 한다. 그렇게 녀석에게는 '그런데'가 참 요긴하게 쓰인다. 하고 싶은 것들을 모두 다 한 번씩 하기에는 '그런데'만큼 적당한 말이 없다. 녀석이 이 말을 어떻게 알게 되었을까 곰곰이 생각해보니, 엄마와 아빠가 녀석과 함께하며 여러 가지 일들(회사일, 집안일, 주변 사람 이야기, 세상사는 이야기 등등)을 동시에 얘기하다 보니 자연스럽게 '그런데 말이야', '그런데 있잖아', '그런데 그거 알아'라고 사용했기 때문이다. 아이들은 딱 필요한 만큼 잘도 배운다. 그러니 바른 말만 해야겠다.

비누 만들기

토요일, 하루 종일 집 안에서 아들과 함께했다. 다소 무료하고, 심심할 것이라 걱정했는데, 녀석이 엄마에게 비누 만들기를 하자고 하면서부터 오후가 후다닥 지나갔다. 엄마는 비누 만들기 자격증(정확히 무엇이라 부르는지 알지 못한다)이 있기에 거실 바닥에 각종 재료를 잔뜩 준비해 놓고, 녀석과 아빠에게 적당한 역할을 나눠주었다. 아빠에게는 비누 만들기에 필요한 원재료를 작은 조각으로 자르는 일을, 녀석에게는 작은 조각들이 액체로 변한 것을 각종 모형틀에 붓는 일을 주었다. 처음에는 조금 어려워하던 녀석도 엄마의 설명대로 몇 차례 반복하더니 이내 점점 더 신나했다. 녀석과 함께 모형틀에서 비누를 하나, 둘 제거하며 완성품을 확인하는 과정은 최고로 재미있었다. 솔직히 처음 시작할 때는 그렇게 큰 기대가 없었는데, 만들어진 것들을 보니 실제 판매를 해도 될 정도였다. 녀석도 많은 것을 알게 된 하루였기를 바란다. 처음부터 어렵다 생각하고 포기하면 아무것도 이룰 수 없지만, 차근차근, 집중해서, 최선을 다하면 무엇인가 된다는 것을.

첫 번째 계절

공산성 나들이

　　대전에 인접한 도시 공주, 그리고 그곳에 있는 공산성. 인터넷에 '공주 가 볼 만한 곳'이라 검색하면 나오는 바로 그곳. 주말에 녀석과 아내와 함께 정말 가벼운 마음으로 다녀왔다. 시작은 동네 도서관 나들이였다. 그러다 이왕 나온 김에 어디를 갈까 잠시 고민하다 오래지 않아 '공산성'으로 이동했다. 공산성 도착 후, 처음에는 항상 다니던 익숙한 길을 잠시 걸어보려다 이번에는 조금 색다르게 산성 전체를 한 바퀴 둘러보기로 했다. 녀석이 중간에 걷기 싫다며 안아 달라고 하면 어쩌나 걱정했는데, 무려 2.5km라는 둘레길(오르막, 내리막이 제법 많았다)을 씩씩하게 잘도 걸었다. 또 하나 알게 된 사실은 녀석의 한글 읽기가 부쩍 늘었다. 딱히 가르친 것도 아닌데, 둘레길 곳곳의 안내판을 보더니 "엄마, 이거는 '으로'야. 여기도 있고, 여기도 있어"라고 하더니, 잠시 후 "이거는 '이', 이거는 '우', 이거는 '공주'야"라고 말했다. 그동안 다른 건 몰라도 동화책 읽기는 정말 열심히 함께 했는데 어쩌면 이제 슬슬 그 효과를 보는 것 같아 나름 기분 좋은 하루였다.

서로 생각하며 열심히 산다

정말 오랜만이라는 표현을 쓰려고 생각해보니 어쩌면 처음이다. 결혼 이후에도, 아들이 태어난 이후에도 입사 이래 이렇게 오랜 기간 집을 떠나 출장지에서 생활했던 기억은 없다. 그런 까닭에 입사 15년 차가 된 지금, 이 상황이 많이 낯설고, 어색하다. 요 며칠 출장지에서 잠시 쉬는 시간에 아내와의 통화는 서로의 안부를 확인하고, 아들의 안부를 재확인하는 정도다. 숙소로 돌아와서도 첫날은 영상통화를 했지만, 다음 날부터는 사진만 한 장 찍어 문자와 같이 보냈다. 이유인즉, 녀석이 아빠 얼굴을 보면서 통화하면 기분이 조금 이상하다고 엄마에게 얘기했기 때문이다. 그러니 아쉽지만 사진 한 장 보내면, 아내 또한 녀석과 함께 한 사진 몇 장으로 답할 뿐이다. 어제 아내가 "아들, 아빠가 늦게까지 일하느라 밥은 잘 먹고 있는지 모르겠다"라고 했더니, 녀석은 "나도 아빠 생각하면서 어린이집에서 열심히 놀아"라고 답했다고 한다(항상 문자에 '아들! 잘 놀고, 잘 자'라는 말을 함께 보냈다). 그렇게 각자의 자리에서 서로 생각하며 열심히 산다. 그게 가족이다.

첫 번째 계절

칭찬과 격려

눈으로는 백 번, 천 번 이해되는데, 특히나 남들에게 말하기는 더 쉬운데, 막상 직접 하려니 쉽지 않다. 아들이 아빠에게 무엇인가를 자랑하면 먼저 칭찬하고 격려해주면 되는데, 대부분의 경우 답을 구하듯 되묻는다. 그림 그리기를 좋아하는 녀석이 "아빠, 이거 무지개 그린 거야. 그 옆에는 아빠랑 엄마랑 나랑 있어"라고 말하면, "응, 잘 그렸네. 엄마랑 아빠랑 다 같이 있으니까 정말 좋다"라고 하면 될 것을, "그런데 아들, 무지개 색깔이 네 개 밖에 없는데?"라고 먼저 말하고, 잠시 후 "그런데 그림 잘 그렸는데"라고 보탠다. 가만히 지켜보니 똑같은 상황에서 엄마는 "아들, 진짜 잘했네. 정말 잘했어"라고 항상 칭찬을 먼저 한다. 녀석이 성장하면서 받게 될 칭찬 또는 격려를 가장 먼저, 가장 자주 할 수 있는 사람도 엄마, 아빠이고, 어쩌면 비난 또는 질책을 가장 먼저, 가장 자주 할 수 있는 사람도 아빠, 엄마일 수 있다. 많이 노력하고 있지만 아직은 마음만큼 행동이 따라주질 않는다. 녀석에게 칭찬과 격려의 씨앗을 듬뿍 심어줄 수 있는 아빠이고 싶다.

아들이 만든 동화책

늦은 밤까지 출장지에서 한참 일을 하고 있는데, 아들이 만든 동화책을 페이지마다 찍은 사진 몇 장과 함께 '이제 같이 자러 가려고. 이거 보면서 기분 전환해'라는 아내의 문자 메시지가 도착했다. 「한 아이가 있었습니다. 이 아이의 이름은 'OOO'이었습니다. OOO은 여섯 살, 다섯 살 때 공룡과 공룡 화석을 무척 좋아하는 어린이였습니다. 한 아이가 있었습니다. 이 아이의 이름은 'OOO'이었습니다. OOO은 일곱 살, 여섯 살 때 곤충과 곤충 화석을 아주 많이 좋아하게 되었습니다. 그러던 어느 날, 2020년 2월 4일 '무엇이 될까' 생각했습니다. 2020년 2월 4일 저녁 9시 엄마에게 말했습니다. "엄마, 내가 커서 뭐가 되고 싶은지 알아? 난 과학자가 될 거야. 곤충이랑 화석을 연구하는 과학자가 될 거야. 연구 책을 많이 읽을 거야."」 이렇게 출장 중인 아빠를 위해 아들이 만든 짧은 동화책인 <OOO 과학자의 화석 이야기>는 끝났다. 문자를 보며, '오늘도 출장 중인 아빠에게 힘을 주려고 함께 노력하고 있구나'라는 생각을 잠시 했다. 녀석과 아내의 그 마음이, 그 정성이 고맙다.

첫 번째 계절

집으로 돌아오는 길

지난주는 정말 어마어마했다. 서울 출장지에서 대전 집으로 돌아오는 길을 잠시 설명하면 다음과 같았다. 먼저 출장지에서 10분 정도 걸어 지하철을 탔고, 환승을 한 번 해서 40분 정도 이동해 서울역에 도착했다. KTX를 타고 오송역까지 50분 정도 이동했고, 다시 5분 정도 걸어, 오송역을 출발하는 BRT(간선급행버스체계)를 40분 정도 타고 종점인 대전 반석역(지하철역)에 내렸다. 반석역에서 집으로 가는 버스를 타기 위해 10분 정도 걸었고, 다시 10분 정도 버스로 이동해 집 근처에 내려 5분 정도 걸어서 집에 도착했다. 산 넘고, 물 건넌 것처럼 고생을 했기에, 이번 주는 함께 출장을 다니는 정부부처 감사관의 자동차로 3시간 정도 이동해 대전에 도착했고, 다시 택시를 20분 정도 타고 집으로 돌아왔다. 시간은 1시간이 더 걸렸지만, 훨씬 편하고 좋았다. 집에 도착하니 10시가 조금 넘었고, 아들 녀석이 아빠 얼굴을 보고 잔다며 졸린 표정으로 기다라고 있었다. "아빠, 안녕~ 안녕~"하는 녀석의 기분 좋은 목소리를 들으니 역시 집이 최고였다.

MBC 스페셜 <특집 VR 휴먼 다큐멘터리 너를 만났다>를 보고

주말 아침, 부스스한 얼굴로 정신을 차리기 위해 모처럼 텔레비전을 켰다. 아무런 생각 없이 조금은 멍한 마음으로. 그런데 잠시 후 먹먹한 마음에 조금씩 흐르는 눈물을 훔쳐야만 했다. 이제 막 잠에서 깬 아빠 곁에 앉은 녀석이 없었다면 어쩌면 소리 내어 울거나, 눈물을 뚝뚝 흘렸을 것이다. 텔레비전에서는 MBC 스페셜 <특집 VR 휴먼 다큐멘터리 너를 만났다>가 방송되고 있었다. 병으로 어린아이를 잃은 엄마와 그 가족들의 이야기. VR이라는 가상현실을 통해 다시 한 번 딸과 만나는 엄마와 그것을 지켜보는 아빠, 오빠, 언니들. 또래의 아이가 있어 눈물이 더 났을 수도 있다. 그런데 방송이 끝나고 곰곰이 생각해보니 누군가의 아빠로 살아가고 있음과 동시에 누군가의 아들로도, 막내동생으로도 살아가고 있다(아내에게는 남편으로도). 녀석에게는 아빠로, 녀석의 할아버지와 할머니에게는 아들로, 녀석의 큰고모와 작은고모 그리고 큰아빠에게는 막내동생으로. 그렇게 서로 살아가며 만나고, 그렇게 서로 살아가다 이별한다. 영원한 삶은 없기에 순간순간 최선을 다해볼 뿐이다.

첫 번째 계절

너무 욕심내면 안 되겠어

　　최근에 녀석은 부쩍 열심히 요리를 한다. 사실 요리라 하기는 좀 뭣하지만, 엄마가 재료를 잘 정리해서 건네면 순서에 맞게 제 딴에는 정성껏 만든다. 아내에게 전해 들으니 '샌드위치', '피자', '계란프라이' 정도는 자신 있게 '그거 내가 해볼게'라고 한단다. 오늘 아침도 어김없이 녀석의 샌드위치를 마냥 기다린다. 어제 저녁에 맛있게 먹었던 육개장이 더 먹고 싶지만, 어젯밤 녀석이 엄마에게 '내일 아침에는 샌드위치 만들어 줄게'라고 했다니, 어쩔 도리가 없다. 그저 묵묵히 지켜볼 뿐이다. 아내는 샌드위치에 필요한 빵과 계란, 치즈, 햄, 사과, 토마토, 양파를 순서대로 준비해 녀석에게 건넨다. 녀석은 자신의 것에는 계란, 치즈, 햄까지만, 나머지(양파 등)는 아빠 것에 잔뜩 넣는다. 그렇게 잘 먹고 있는데, 녀석이 "엄마, 이런 색깔 계란은 맛이 없어"라며 쓱 쳐다본다. 나중에 알았다. 이때다 싶어 엄마가 계란 속에 녀석이 잘 먹지 않는 팽이버섯 등 각종 야채를 잘게 잘라서 듬뿍 넣은 것이다. 아내가 "너무 욕심내면 안 되겠어"라고 살짝 말하며 기분 좋게 웃는다.

좋은 생각이 났어

몇 년간 녀석을 지켜보며 아이들의 상상은 참으로 기발하다는 것을 새삼 느낀다. 녀석이 태어나기 전, 텔레비전 등을 통해 몇몇 천재들만이 이런 특성을 보일 것이라 막연히 생각했다. 며칠 전 거실 한쪽에서 온갖 종류의 놀이를 함께 하고 있는데, 녀석이 "아빠, 작은 책상은 경찰서야. 그리고 엄마 (요가) 블록은 소방서야"라고 말했다. 그러더니 "왜냐하면 경찰이 출동할 때 소방차도 같이 출동하면 좋거든"이라 보탰다. 그러다 또 잠시 후 "아빠, 좋은 생각이 났어"라며 주변에 온갖 장난감들을 가져오더니, "이걸 빙 둘러서 쌓아야 해. 왜냐하면 경찰서랑 소방서에는 담이 있어야 하거든"이라 말하며 씽긋 웃었다. 녀석은 처음부터 머릿속에 전체적인 모습을 상상하고, 그것을 하나하나 끼워 맞춰 나가는 것이 아니라, 각각의 모습들을 하나, 둘 완성해가며 그것들 사이의 관계를 생각하고, 서로 연결하기도, 때로는 더하고, 빼는 과정을 반복해가며 전체적인 모습을 완성해갔다. 이러한 놀이를 통해 아이는 무한한 상상을 펼쳐 나가고 있었다.

첫 번째 계절

두 번은 없다

지난주에 무료할 뻔했던 주말 오후를 공산성 나들이와 호텔 사우나에서의 물놀이로 너무나 알차게 보냈기에 내심 이번 주에도 동네 야채가게에 잠시 들렀다가 똑같은 장소들로 움직이면 되겠다고 생각했다. 볕이 적당히 좋은 오후에 집을 나섰다. 첫 번째 방문지인 싸고 싱싱한 채소가 많다는 야채가게는 아쉽게도 쉬는 날이다. 문틈으로 슬쩍 보니 제법 장사가 잘 되는 것 같다. 두 번째 방문지인 공산성으로 향한다. 녀석이 차에서 좀 자야 산성 나들이를 할 수 있으니, "아들, 30분 정도면 도착하니까 좀 자도 돼"라고 말한다. 녀석은 조금 뒤척이더니 이내 곯아떨어진다. 그러더니 공산성에 도착해서도 일어날 기색이 없다. 그렇게 주차장에서 30분을 더 자고, 끝내 한 발짝도 차에서 내려 보지 못한 채 세 번째 방문지인 호텔 사우나로 출발한다. 이동 중에 혹시나 해서 녀석에게 "아들, 지난번처럼 아빠랑 물놀이하러 갈까?"라고 물으니, 녀석은 "그냥 집에 가"라고 짧게 답하고 창밖만 쳐다본다. 지난주에는 참 좋았는데, 두 번은 없다. 어쨌든 이번 주는 운전만 실컷 했다.

무서운 꿈

잠에서 깬 듯 그렇지 않은 듯한 녀석이 엉엉 운다. '왜 그럴까?', '어디가 아픈가?' 머릿속이 바쁘다. 전날 저녁, 잠자리에 들기 전까지는 괜찮았으니 다행히 아프지는 않은 것 같고, 그 이후에는 아무것도 하지 않았다. 단지 잠만 잤다. 그러니 녀석의 울음 원인은 꿈이다. 무슨 꿈인지 녀석의 머릿속에 들어가 볼 수는 없지만 이유는 찾았다. 녀석을 꼭 안아 눈물을 닦아주며 "아들, 꿈꿨어? 꿈에서 슬픈 일 있었어?"라고 묻는다. 녀석은 울음이 섞인 목소리로 "응, 아빠랑 엄마랑 잃어버리는 꿈꿨어. 꿈에서 엄마랑 아빠가 없어졌어"라고 답한다. "응, 진짜 무서웠겠네"라고 말하고, 달리 더 해줄 말이 없어 여전히 흐르는 눈물을 닦아주고 한 번 더 꼭 안아준다. "아빠랑 엄마는 항상 곁에 있을 거야"라고 말하며, 어릴 적, 지금의 녀석보다 조금 더 컸지만 무서운 꿈이나 이상한 꿈을 꾸고 하루 종일 기분이 이상했던 날들이 생각났다. 엄마, 아빠라고 아이의 머릿속에서, 마음속에서 일어나는 일들까지 정확히 알 수는 없다. 그저 그 마음, 그 생각 곁에 잠시 함께 할 뿐이다.

첫 번째 계절

겨우 아빠입니다

최근에 점심시간을 이용해 <TV 책방 북소리>에 소개된 영상들을 자주 본다. 작가와 그(그녀)의 책을 소개하는 프로그램이라 이미 잘 알고 있는 작가들이 나오는 경우가 대부분이지만, 가끔은 전혀 예상하지 못했던 작가와 그의 책이 소개되는 경우가 있어 흥미롭다. 오늘은 영화배우(본인은 연예인으로 소개하고 있지만) 봉태규와 그가 쓴 '개별적 자아'라는 책이 소개되었다. 예상 밖으로 글 좀 쓴다는 저자 소개처럼 인용된 몇몇 글들은 감성이 충만한 감각적 글이었다. 특히 '겨우 남편입니다'라는 글과 그 속에 담긴 작가의 생각이 좋았다. '남편'이라 하면 되는데, 굳이 '겨우 남편'이라 표현한 까닭이 인상적이었고, 이런 이유라면 '아빠'라 해도 되지만, 아직은 '겨우 아빠'라 표현하면 적당하겠다 생각했다. 아이와 함께 하는 시간이 늘어 가면서, 자연스레 녀석의 성장을 바짝 곁에서 지켜보며 겨우, 겨우, 겨우 아빠가 되어가고 있다. 언제쯤 '겨우'라는 꾸밈말 없이 자신 있게 '아빠'라 할 수 있을지 알 수는 없지만 어쨌든, 무엇이 되었든 '아빠'는 '아빠'다.

어쩌면, 대충 살아도 돼

항상 옳다고 생각하던 것들을 한 번쯤은 그렇지 않다고, 그렇지 않을 수도 있다고 생각해본다. 인생은 열심히, 부지런히, 성실히, 노력하며, 최선을 다해 살아야 한다고 얘기한다. 누가 그렇게 얘기했는지 꼭 집어서 말할 순 없지만 그것이 진리라도 되는 것처럼 그렇게 믿고, 그렇게 살아보려 한다. 그런데 곰곰이 생각해보니 '열심히' 살고 있다는 것을 누가 측정하고, 누가 판단할 수 있을까. '부지런히' 살고 있다는 것도, '성실히' 살고 있다는 것도 모두 마찬가지다. 지극히 주관적인 이유와 논리로(물론 다수의 사람들에 의해 판단되는 경우겠지만) 어쩌면 그렇게 살아야 한다고 등 떠밀려 살고 있는 것은 아닐까 생각한다. 시골에 계신 녀석의 할아버지와 할머니를 보면 '열심히, 성실히, 부지런히, 노력하며, 최선을 다해'라는 표현이 부족할 만큼 지난한 삶을 사셨고, 여전히 그렇게 살아가고 계신다. 아직은 세상살이 고민 없어 보이는, 천진난만하게 놀고 있는 녀석을 보며, 문득 '어쩌면, 대충 살아도 돼'라고 얘기하고 싶지만, 사실 아빠도 무엇이 삶의 정답인지 알지 못한다.

첫 번째 계절

분심술(分心術)

　　미루어 짐작하건대 분명히 발음의 문제다. 여느 때와 마찬가지로 저녁을 먹고 기분 좋게 불사조 놀이(그저 특정 물건을 불사조라 외치면 그것은 천하무적이 된다)를 하던 중 "아빠, 분심술이야. 분심술"이라 크게 외치는 녀석에게 "응, 분심술?"이라 짧게 되물어 보지만, 이내 '응, 그것도 말은 되네'라는 생각을 한다. 사전에서는 분신술(分身術)이란 한 몸이 여러 개의 몸으로 나타나게 하는 술법(術法)이라 설명한다. 기억을 떠올려 보면 주로 만화영화에서 원숭이 등이 동시에 몸을 똑같은 모양으로 여러 개로 변화시켜 진짜가 무엇인지 알 수 없게 상대방을 혼란스럽게 하여 마침내 승리했다. 그렇게 몸을 나누어야 하는데, 녀석은 마음을 나누는 분심술(分心術)이라고 한다. 상대방이 예상 또는 예측하고 있는 몸이 아니라 마음을 나누어 버리니 꼼짝없이 당한다. 생각해보니 발음은 지극히 비슷하지만 뜻은 전혀 엉뚱한 것들이 있다. 대표적으로 '님'과 '남'이 그렇다. 삶도 아주 작은 점 하나의 변화를 통해 깜짝 놀랄 결과를 만들어내기도 한다. 그러니 예측불가, 기대만발이다.

어른 젓가락 쓸 수 있는데

그것 참 신기하다. 녀석이 어른 젓가락을 쓸 수 있다니. 저녁을 먹고 있는데, 녀석이 자신의 젓가락(아이들이 사용하는 것으로 길이는 짧고, 중간에 검지를 넣을 수 있는 구멍이 있으며, 무엇보다 화려한 캐릭터가 그려져 있는 것)으로 음식을 꼼지락꼼지락하기에 "아들, 밥 열심히 먹어야지. 젓가락이 불편해?"라고 물으니, 녀석은 잠시 아빠의 젓가락을 쳐다보더니 "나 어른 젓가락 쓸 수 있는데"라고 답한다. "그래, 그럼 이걸로 한 번 해 봐"라고 말하며 녀석에게 젓가락을 건네 본다. 녀석은 식탁에 젓가락을 작게 탕탕 치더니(나름 수평을 맞추는 것), 고구마도, 고기도 집어먹는다. 순간 신기해서 "아들, 어떻게 할 수 있게 된 거야?"라고 물으니, 녀석은 "응, 어른이 하는 것 봤어"라고 답하며, "처음부터 다시 해볼까?"라고 더한다. 이번에는 밥을 집어 보는데 생각처럼 쉽지 않은 눈치다. "아빠, 이건 어렵네. (한 덩어리로) 딱 붙어 있어서 그런가 봐"라고 말하며 씩 웃는다. 아이들이 할 수 없을 것이라 미리 짐작하고 기회조차 주지 않는 것, 한 번 더 생각해 볼 일이다.

첫 번째 계절

군대 다시 가는 꿈

　　잠에서 깨어 화들짝 놀랐고, 서늘한 기분이 들기까지 했다. 주말이라고 푹 잤는데, 군대 다시 가는 꿈을 꾸었다. 제대를 한 지 20년이 다 되어 가는데, 그동안 군대 비슷한 꿈을 꾼 기억도 없는데, 갑자기 어쩐 일인지 생각할수록 어이가 없고, 실없는 웃음만 났다. 꿈에서는 초등학교 친구들과 군 입대 통지를 나란히 받고(꿈에서도 이미 군에 한 번 갔다 온 상황이었다), 주섬주섬 군복을 갈아입고 있었다. "그런데 우리는 왜 다시 군대를 가는 거야?"라는 물음과 "글쎄, 난들 아냐? 오라니 가야지"라는 대답 정도만 오갈 뿐이었다. 주변을 둘러보니 회사의 여자 후배들은 좀 색다른 군복을 입고 있었다. 그리고 저 멀리에는 녀석의 할머니와 큰아빠도 보였다. 그들은 "그저 잘 다녀와"라고 말할 뿐 별다른 얘기도 없었다. 이유야 어쨌건 느낌이 참 묘한 꿈이었다. 농담처럼 말한다. 군대와 육아 중 어느 것이 더 힘든지. 남자와 여자를 대변하는 일이라 그렇겠지만, 어느 날 문득 일곱 살 녀석을 다시 갓난쟁이부터 키워야 한다면 그 또한 화들짝 놀라고, 간담이 서늘한 일임은 분명하다.

뭐가 중요하냐

저녁식사 후, 가장 편하고, 손쉽고, 재미있게 놀 수 있는 퍼즐 맞추기 게임을 한다. 녀석이 다섯 살 때 즐겨 하던 (사실 하루 종일 했었다) 공룡놀이나, 여섯 살부터 일곱 살이 된 지금까지 즐겨 하는(거의 하루 종일 한다) 곤충놀이는 어른이 함께 하기에는 솔직히 유치하거나, 지루하거나, 지겹거나, 어색하다. 결론은 그다지 재미있거나, 흥미롭거나, 신이 나는 것은 아니다. 그저 아빠이기에 아들의 눈높이에서 나름 최선을 다해 함께 할 뿐이다. 그에 비해 퍼즐 맞추기는 다섯 살 때는 10조각, 여섯 살 때는 30조각, 일곱 살이 된 지금은 50조각 내외의 게임을 함께 한다. 그러니 어른도 쉽게 맞추기 어려운 것이 있어 상대적으로 집중하게 된다. 그렇게 퍼즐 조각을 맞추려고 최선을 다하고 있는데, 아내가 옆에서 같이 하려고 손을 내밀기에 "퍼즐 안 보이니까 팔 좀 치워줘"라고 말하니, 녀석은 "아빠, 뭐가 중요하냐. 사람이 중요하지"라고 거들며 묵직하게 한방 먹인다. 재미있자고, 흥미롭자고, 신나자고 한 게임인데, 아빠가 정작 무엇이 중요한지 깜빡했다. 고맙다! 아들!

첫 번째 계절

눈에 자꾸만 눈이 간다

아침에 일어나 혹시나 해서 창밖을 슬쩍 보니, 눈이 내린다. 길에 쌓일 만큼은 아닌 것 같고, 그저 제법 날리는 정도다. 아직 꿈나라 여행 중인 녀석은 눈이 많이 와서 길가에 수북이 쌓이기를 바라겠지만, 아빠는 이 정도면 그나마 다행이라고 생각한다. 영하의 날씨에 눈까지 내리면 출근길 운전하기가 영 불편하기 때문이다. 그렇게 생각하며 간단히 아침을 먹고 있는데, 창밖에 날리는 눈에 자꾸만 눈이 간다. 작년 이맘때, 모처럼 눈이 많이 온 날, 녀석과 아파트 뒷산에서 눈사람도 만들고, 눈썰매도 탔다. 그때 "아들, 내년에도 눈 많이 오는 날 아빠가 회사 휴가 한 번 낼 거니까 같이 눈사람도 만들고, 눈썰매도 타자"라고 얘기했고, 녀석은 "아빠, 그럼 눈 많이 오면 좋겠다. 그리고 눈 오는 날 우리 또 이렇게 신나게 놀자"라고 답했다. 겨울 같지 않게 따뜻했던 날들이 가고, 모처럼 추운 날씨가 되었는데, 모처럼 눈까지 왔는데, 눈사람도 만들지 못하고, 눈싸움도 할 수 없으니 아쉽다. 어쩌면 올해 마지막 눈일 수도 있지만, 다음에는 펑펑 함박눈이 내리길 기대해 본다.

습관이 무섭긴 무섭다

여느 회사원처럼 점심시간에 무엇을 할까 잠깐 망설이지만 그것도 잠시, 보통은(구내식당을 이용한 경우는 대부분) 사무실 책상 앞에 앉아 컴퓨터를 켠다. 열에 아홉은 좋아하는 글쓰기 강의나 새로 나온 책소개 영상을 보지만, 오늘은 모처럼 글쓰기를 한다. 책을 읽다가, 길을 걷다가, 녀석이랑 놀다가, 그리고 또 스치는 사람들 속에서 짤막하게 메모해 둔 몇 글자에(맞춤법도 맞지 않게 마구 써 둔) 사실과 생각, 거기에 느낌을 더해 원고지 2.5장 내외의 글을 쓴다. 재작년 육아휴직 중 하루에 한 번, 녀석이 잠든 새벽에 하루를 정리하는 혼자만의 의식처럼 글을 쓰기 시작한 것이 복직 후에도 습관처럼 지속되고 있다. 언제까지 글을 쓰겠다는 정확한 계획은 없지만 가능하면 계속 쓰려 한다. 그런데 역시나 습관이 무섭긴 무섭다. 자판을 부지런히 두드려 보지만 익숙하지 않은 시간이라 썼다 지웠다만 반복한다. 그렇게 10여 분의 시간만 보내고 여느 때처럼 글쓰기 강의를 듣는다. 육아휴직을 통해 글쓰기 습관 하나는 제대로 만들었다. 아들! 또 한번 고맙다!

첫 번째 계절

여행 가는 날

　　어감이 좋다. 느낌이 좋다. 그러니 기분도 좋다. 녀석의 입에서 "아빠, 오늘은 '여행 가는 날'이야"라는 이야기를 들으며, 문득 '참 좋은 말이구나'라고 생각한다. 아침부터 부지런히 움직인다. 그렇다고 새벽같이 일어난 것은 아니고, 단지 아침밥을 먹고 무엇인가 할 일들이 머릿속에 하나, 둘 떠오르기에 그것들을 차곡차곡 순서대로 한다는 의미다. 일단 엄마는 아침밥을 준비하고, 아빠는 녀석의 옷을 챙긴다. 날씨를 확인하니, 많이 춥다고는 하지 않지만, 혹시나 하는 마음에 따뜻한 옷으로 외투를 하나 더 준비한다. 엄마와 아빠는 말없이 눈짓만으로 서로 알아서 움직인다. 그렇게 1차 준비를 마치고, 다시 또 2차 준비를 시작한다. 이런저런 이유로 여행지의 식당 이용이 불편한 아빠, 엄마, 아들인지라 샌드위치, 음료수, 과일 등등 간단한 먹거리를 챙긴다. 그렇게 모든 준비를 마치고, 집을 나서, 차를 타며, "아들, 오늘도 엄마랑 아빠랑 재밌고, 신나게 놀다 오자"라고 말한다. 1년, 365일이 항상 즐거울 수 없지만 짧은 여행이 주는 잠깐의 여유만으로도 삶은 반짝반짝 빛난다.

불편을 감수하는 자

사람의 기질, 성향, 성격 등 천성은 쉽게 변하지 않는다. 어쩌면 태어나는 순간부터 삶을 다하는 날까지 원형을 유지한 채 살아가는 것인지도 모른다. 순간순간 조금의 변화만으로도 그 삶의 주인공은 마치 그것을 인생 궤도의 거대한 전환이라 생각하며 착각 속에 살아가는 것일 수도 있다. 주말에 서천 여행을 다녀오며 다시 한번 생각했다. 천성적으로 엄마는 '불편을 감수하는 자'이지만, 아빠는 '안정을 추구하는 자'라는 것을. 녀석이 좋아하는 다양한 해양자원이 있는 '서천국립해양자원박물관' 관람을 마치고 집으로 돌아올까 하다가 모처럼 서해 근처로 왔으니 바다를 봐야겠다고 생각했다. 다행히 맞은편에 '서천장항스카이워크'라는 산책길도 있었다. 기분 좋게 이동했지만, 갑자기 비가 추적추적 내리기에 아빠는 아쉽지만 집으로 돌아가자고 했고, 엄마는 비를 좀 맞더라도 스카이워크도 올라가고, 갯벌도 구경하자고 했다. 못 이기는 척 엄마를 따랐고, 약간의 불편 정도는 기꺼이 감수하는 엄마가 있었기에 녀석은 더 높은 곳에서, 더 넓은 바다를 볼 수 있었다.

첫 번째 계절

코로나19

　설마 했는데, 진짜가 되어버렸다. 지지난 주 서울 출장 중에도 녀석의 할머니가 코로나19로 온 나라가 난리니 웬만하면 대전집에 내려가서도 조심 또 조심하라고 했을 때, '손주 생각하는 마음이 대단하시네'라고 생각했다. 그런데 대전에서도 코로나19 확진자가 나왔고, 그 확진자는 그리 멀지 않은 곳에 살고 있었다. 또한 확인된 동선을 보니, 자주 이용했던 대형마트, 지하철역, 은행 등이 있었다. 이제는 실감 난다. 지난주 아니 어제까지만 해도 이렇게까지 확산될 것이라 예상하지 못했다. 다만 일곱 살 아이가 있으니 조심해야겠기에, 녀석에게 "아들, 코로나가 유행하니까 집에 돌아오면 잘 씻어야 돼"라고 말하는 정도였다. 그때도 녀석이 "아빠, 그냥 손만 씻을 거야"라고 하면, "응, 그럼 다음에는 다른 곳도 꼭 씻는 거야"라고 답할 뿐이었다. 이제는 당장 어린이집부터 휴원이니, 녀석은 하루 종일 집에서 엄마와 함께 지내야 한다. 아빠도 회사를 출근해봐야 알겠지만, 일단 힘을 합쳐 슬기롭고, 지혜롭게 잘 이겨내 보자. 우리 가족뿐만 아니라 대한민국 국민 모두.

사재기가 시작되었다

'값을 치르고 어떤 물건이나 권리를 자기 것으로 만들다'라는 '사다'와 '물건을 차곡차곡 포개어 쌓아 두다'라는 '재다'가 합쳐져 '사재기'가 되면 세상은 조금, 어쩌면 걷잡을 수 없을 만큼 무서워진다. 사재기, 그 자체도 일상적인 것은 아니지만 그런 행동을 하는 사람들의 마음이, 무엇보다 그 마음이 느껴져 '혹시나' 했던 다수의 마음들이 '역시나'로 급격히 변화하는 속도가 두렵다. 코로나19로 대부분의 활동이 불편을 넘어, 제약을 받고 있다. 그래도 일상적인 생활은 해야겠기에 녀석의 요구르트와 쌀 등을 사려고 아파트 단지 내 마트에 들렀더니 이미 대부분의 간편식품과 아이들이 좋아하는 유산균 제품은 바닥이다. 혹시나 해서 쌀도 살펴보니, 이렇게까지 사람들이 쌀을 많이 사갔나 싶을 정도로 남겨진 종류 자체도 많지 않고, 그나마 대용량 밖에 없다. 사재기가 시작되었다. 사람들은 이미 나름의 생존 준비를 하고 있다. 오래지 않아 모든 것들이 일상으로 돌아오면 좋겠다. 아이는 여느 때처럼 어린이집에 가고, 아빠는 여느 때처럼 회사에 가는 그런 삶으로.

첫 번째 계절

한 명이에요

출근 후, 인사를 나누고 막 일을 하려는데 모르는 번호로 전화가 왔다. 혹시나 해서 받아보니, "아버님, 안녕하세요. 여기 어린이집인데요. 어머님이 전화가 안 돼요. 코로나19 긴급공지 받으셨죠? 혹시 아이가 어린이집 등원을 하는지 확인하려고 전화 드렸어요"라며 어린이집 선생님이 말했다. 그래서 "네, 그러셨군요. 안 그래도 저희도 어제 문자로 연락을 받아서 상의를 했습니다. 저희는 문자 주신 것처럼 이번 주에는 아이를 어린이집에 보내지 않고, 아이는 엄마와 함께 집에 있으려고 합니다"라고 답했다. 그렇게 전화를 끊으려고 하다가 혹시나 해서 "그런데 선생님, 어린이집에 오는 친구들도 있을까요? 제가 문자를 받았을 때는 정말 불가피한 경우가 아니면 등원이 어려운 것 같아서요"라고 물었더니, 선생님은 "네, 아이 반에는 한 명이에요. 부모님이 두 분 다 맞벌이를 하셔서 어쩔 수 없다고 하네요"라고 답하셨다. 예상치 못한 '한 명이에요'라는 말에 이런저런 생각이 들었지만, 그저 "네, 알겠습니다. 수고 많으시네요"라고 답하며 전화를 끊었다.

한국을 빛낸 100명의 위인들?

아무 생각 없이 그냥 듣자니 자꾸만 귀에 거슬린다. 요즘 들어 녀석이 즐겨 부르는 <한국을 빛낸 100명의 위인들>의 노래 가사는 생각할수록 이상하다. 아이들 노래니까 그저 흥얼흥얼 신나고, 즐거우면 되는 거지 했는데, 그래도 이상한 건 이상한 거다. 특히 3절 첫머리에 나오는 '황금을 보기를 돌같이 하라 최영 장군의 말씀 받들자 황희 정승 맹사성 과학 장영실 신숙주와 한명회'라는 부분이 어색하다. '맹사성', '신숙주', '한명회'는 어떤 일이나 말을 한 것인지에 대한 소개가 전혀 없다. 그리고 4절 중간에 나오는 '황진이'가 위인인지도 의문이고, 연이어 나오는 '이완용은 매국'이라는 가사도 앞부분의 '안중근은 애국'을 강조하려는 것이겠지만, 노래 제목과는 전혀 어울리지 않는다. 마지막으로 5절에서 '이수일과 심순애'가 위인은 아니라 생각되고, '장군의 아들 김두한' 또한 위인이라 하기에는 한계가 있다. 아이들 노래 가지고 웬 시비냐 하겠지만, 어린이집에서 녀석과 또래 친구들이 하루에도 몇 번씩 부르고, '초등 교과서 음악'이라고 소개까지 되니 적당한 시비는 필요하다.

첫 번째 계절

2등이 더 좋은 거야

　　코로나19의 전국적인 확산으로 어린이집까지 휴원하여 하루 종일 집에 있는 녀석과 저녁 식사 후, 레고블록 놀이를 한다. 사실 아빠도 정부부처 파견으로 대전에서 세종까지 아침, 저녁으로 왕복 1시간 20분을 차로 이동하니 조금 피곤하다(파견을 가지 않았다면 집에서 5분이면 회사에 도착한다). "아들, 오늘은 누가 더 높이 탑을 쌓나 게임하자"라고 말하니, 녀석은 "응, 그러자"라고 답한다. 나름 대결이라는 생각에 정성껏 높이, 높이 블록 탑을 만들고 있는데, 녀석이 슬쩍 자신의 것과 비교하더니 "아빠, 2등이 더 좋은 거야"라고 말한다. 그러더니 "1등은 중요한 거 아니야. 책에서 배웠어"라고 보탠다. 결과보다 과정이 더 중요하다는 의미라 생각하며 "응, 그래. 최선을 다해서 열심히 만들자"라고 답한다. 그런데 잠시 후, 녀석은 "내가 훨씬 높다. 아싸. 세상에서 제일 높은 탑이다. 내가 이겼다"라며 신나한다. 녀석도 2등이 더 좋은 것은 아니었다. 문득 생각해보니, 솔직히 잘 모르겠다. 성인이 된 지금도 1등이 언제나 좋은 것인지, 어쩌면 2등이 더 좋은 것인지...

어머님은 짜장면이 싫다고 하셨어

어릴 적 그렇게까지 살았던 것은 아니지만, 생각해보니 그보다 잘 살았다고 하기도 그렇다. 그렇지만 몰랐다. 주변을 둘러보면 다들 고만고만하게 살았으니. 잘 살고 있는지, 그렇지 않는지. 결혼을 하고 아내와 대화를 나누다 알았다. 부자에는 어림도 없고, 중간도 아닌 가난한 삶이었음을. 2000년대 초 god라는 남성 5인조 그룹의 <어머님께>라는 노래가 있다. 노래 중반부에 '어머님은 짜장면이 싫다고 하셨어 어머님은 짜장면이 싫다고 하셨어'라는 가사가 너무나 가슴 아린. 아들 녀석이 좋아하는 대구구이의 가시를 발라주다 보니, 어느덧 아빠는 자연스레 가시가 붙은 것들만 먹고 있다. 딱히 의도한 것은 아니었는데, 또 그렇게 먹을 만큼 딱히 형편이 어려운 것도 아닌데. 어째 녀석에게는 살이 두툼하니 먹음직스러운 것들만 잔뜩 주고(먹고 남을 만큼), 그 나머지 몇 점만 주섬주섬 먹고 있다. 그러다 생각났다. 노래 속에서 짜장면이 싫다고 하신 어머니가. 그 어머니의 마음이. 그리고 그 어머니를 떠올리고 있는 아들이. 먹고 살만 한데, 대구구이 참 맛있는데...

첫 번째 계절

3월

"아들, 아빠는 믿어.
다음번에는 (장난감) 가져오지 말고,
(밥) 부지런히 먹기로 약속하는 거야"

"아빠,
엄마한테는 말하지 마"

예측불가, 조심조심

일곱 살이 되고 많이 활발해진 녀석과 놀이를 하다 보면 예측불가다. 신나게 공놀이를 하다가도 전혀 엉뚱한 방향으로 던질 수 있으니 신경을 바짝 쓰고, 서로 몸으로 장난치다가도 돌발 행동을 할 수 있으니 주의한다. 다섯 살일 때도, 그리고 여섯 살일 때도 녀석과 놀이를 하다가 정말 엉뚱하게 응급실 구경을 한 번씩 했다. 처음에는 욕조에서 나란히 앉아 물놀이를 하다가 너무 신이 난 녀석이 휘두른 플라스틱 장난감에 눈두덩이 살짝 찢어져서, 다음에는 거실에서 줄다리기 게임을 하다가 역시나 너무 신이 난 녀석이 반대편으로 힘껏 당긴 줄을 갑자기 놓아버려 플라스틱 손잡이에 엄지손가락을 맞아서였다. 요즘은 그 정도는 아닌 것 같은데, 그래도 조심 또 조심한다. 이제 녀석이 힘도 제법 세져서 아빠 손에 든 것을 뺏으려고 바짝 힘을 주면 순간 손가락이 휘청 젖혀질 때도 있고, 몸무게도 제법 늘어서 막 달려와서 아빠 무릎에 갑자기 앉으면 다리를 펴고 있는 경우 순간 움찔한다. 녀석이 예측불가니 아빠는 조심조심이다. 그래도 갈수록 같이 할 수 있는 것들이 많아져 좋다.

첫 번째 계절

'타잔 줄타기'와 '부풀리지 않은 때 밀기'

책에서 읽었는지, 그렇지 않으면 방송에서 들었는지 정확히 기억나지 않는다. 그리고 한꺼번에 두 가지를 동시에 알게 된 것인지, 그렇지 않으면 하나씩 각각 알게 된 것인지도 뚜렷이 기억나지 않는다. 그저 그 표현이 좋아서, 어떤 의미를 전달하기에 적절하고, 적당하다 생각되어서 순간 메모해 두었다. 먼저 '타잔 줄타기'라는 표현이다. 녀석도 그렇지만 사실 어른인 아빠도 무엇인가를 하려면, 다른 무엇 하나는 포기(한 손을 놓아야)해야만 한다. 그렇지 않고 다 해보겠다고 두 줄을 동시에 잡고 있으면 끝내는 한 발짝도 나갈 수 없다. 다음은 '부풀리지 않은 때 밀기'라는 표현이다. 이것 역시나 녀석도 그렇지만 어른인 아빠도 무엇인가를 하려면, 사전에 충분한 준비가 되어 있어야 하고, 적어도 최소한의 여건 정도는 마련되어야 한다. 생각해보면, 부풀리지 않은 때를 밀면 때는 고사하고 애먼 살갗만 벗겨질 수 있다. 처음에는 녀석에게 알려줘야지 정도로 생각했는데, 막상 옮기고 보니 녀석에게만 알려줄 것들은 아니다. 아이도, 어른도 함께 고민해볼 내용들이다.

옷을 뒤집어 보듯

한 번도 보지 못한 것, 한 번도 듣지 못한 것, 한 번도 먹어보지 못한 것, 한 번도 생각하지 못한 것 등등 그것이 지식이 되었건, 그렇지 않으면 지혜가 되었건, 인식 또는 자각의 세계 밖에 존재하는 것들이 있다. 그것의 존재 자체를 모를 수도 있고, 존재는 알지만 그것에 닿을 수 있는 방법을 모르는 경우도 있겠다. 세상에 분명히 존재하지만 인간에게 알려지지 않은 식물, 동물 등이 있고, 삶 이전과 죽음 이후의 세상이 존재하는지 알 수 없는 것 등이 그것이다. 녀석의 옷을 건조기에서 꺼내어 정리하다가 옷 하나가 뒤집혀 있는 것을 보았다. 건조 이전 단계부터 그렇게 세탁되었을 것이다. 아내가 가끔 일부러 그렇게 세탁하는 경우도 있으니. 이번에 뒤집힌 옷을 보면서 '아, 이건 안쪽이 전혀 상상하지도 못할 색깔과 소재로 되어 있구나'라고 생각했다. 지금까지 녀석이 수십 번은 입었을 텐데, 이렇게 안쪽을 보기는 처음이다. 크게 관심 가질 이유조차 없는 곳이지만, 생각보다 아름다웠다. 옷을 뒤집어 보듯, 가끔 생각을 뒤집어 보는 것도 나름 괜찮겠다.

첫 번째 계절

그건, 조금 느린 거야

아내는 아이가 열심히 했지만 조금 힘들거나 많이 어렵다고 생각해 "나는 이거 못해"라고 할 때면, "아들, 그건 못하는 게 아니야. 그건 조금 느린 거야"라고 말하며 살짝 보듬어 준다. 그렇게 말하는 모습을 곁에서 몇 번 지켜보며, '아내는 참 좋은 엄마구나. 저렇게 좋은 말을, 저렇게 차분하게 해줄 수 있으니'라고 생각했다. 그렇게 '그건 조금 느린 거야'라는 말을 마음속에 살짝 간직하고 있었는데 아내가 전해준 얘기를 들으며, '음, 역시나 아이도 엄마, 아빠의 이야기를 마음속에 간직하고 있구나'라고 생각했다. 어린이집에서 친구들과 영어수업을 하던 중 어떤 아이가 수업에 나오는 영어를 하지 못했고, 그 모습을 지켜보던 몇몇 친구들이 '영어 못해!'라고 그 아이에게 핀잔 아닌 핀잔을 주었다고 한다. 그때 녀석은 친구들에게 '아니야. 그건 못하는 게 아니야. 엄마가 그랬어. 그건, 조금 느린 거야'라고 말했다고 한다. 시간이 지나면 별다른 차이도 없었던 일들이 그때는 왜 그리 힘들고 어렵다 느껴졌는지 알게 된다. 그건, 조금 느린 것이었을 뿐인데…

둘만의 운동회 날

딱히 그렇게까지 부를 건 없지만, 그렇다고 딱히 달리 부를 이유도 없다. 운동으로 몇 가지 게임을 하니 '운동회'다. 녀석이 일주일째 집 밖을 벗어나지 않고(어쩌면 못하고) 있다. 코로나19의 확산으로 온 나라가 심상치 않으니 일곱 살 꼬마는 가능하면 집에서 지낸다. 아주 가끔, 감기에 걸린 엄마가 병원에 갈 때 아빠가 회사에 가고 없으니 어쩔 수 없이 따라나서는 정도다. 그 밖의 경우는 녀석도 집을 나서는 것을 그다지 좋아하지 않고(성향 자체가 집을 좋아하는 아이다), 주변에서도(녀석의 할머니 등) 외출 자제를 수시로 권하기 때문이다. 이런저런 이유를 종합해서 집 안에서 운동회를 한다. 선수는 아빠와 아들, 이렇게 달랑 둘이다. 첫 번째는 달리기 게임으로 거실 한 쪽 끝에서 반대쪽 끝까지 10바퀴를 이어 달린다. 두 번째는 오르기 게임으로 대형(1m 50cm 정도) 펀치볼을 아빠가 잡고 있으면 녀석은 최선을 다해 기어오른다. 세 번째는 따라하기 게임으로 녀석이 먼저 발레 동작, 태권도 발차기 등을 하면 아빠가 부지런히 따라 한다. 그렇게, 오늘은 '둘만의 운동회 날'이다.

첫 번째 계절

액체괴물(슬라임)

처음엔 '이게 뭐 그리 재미있다고 아이들이 난리지'라고 생각했고, 거기에 '녀석은 이런 거 재미있어 하지 않을 거야. 왜냐하면 너무 유치하니까. 그런데 녀석은 그렇게 유치한 아이가 아님이 분명하고, 아빠는 그것을 확신하니까'라는 생각이 보태졌다. 그렇게 잊고 지냈는데(1년도 더 전의 일인데), 며칠 전 퇴근 후 집에 와보니 녀석이 액체괴물이라는 슬라임을 가지고 놀고 있었다. 그것도 너무 즐겁고, 너무 재미난 표정으로. 혹시나 하는 마음(일종의 가벼운 배신감?)에 슬쩍 만져보니 예상과는 전혀 다른 느낌이었다. 정확히 표현하기는 어렵지만, '조물조물' 만졌을 때, '쫀득쫀득'하고 '말캉말캉'한 것이 색다른 묘미였다. 더 신기했던 것은 사람을, 로봇을, 자동차를, 산을, 바다를, 얼음을 만든다고 그것을 조각, 조각 뜯을 때 그 결을 보는 오묘한 재미였다. 어쩌면 옆에서 신나게 놀고 있는 녀석보다 이미 아빠가 더 푹 빠져 버렸다. 아이들이 왜 액체괴물, 액체괴물 하는지 알았다.

'미니맥스 원리(minimax principle)'의 이해

길게 옮기면 좀 복잡하지만, 간단히 요약하면 '미니맥스 원리(minimax principle)'는 '게임이론 원리의 한 가지로 어떤 계획의 성공을 중심으로 자신의 이익을 최대한으로 하는 전략 또는 실패를 중심으로 손실을 최소로 하는 전략을 취하는 행동 원리'라고 정의된다. 이렇게 4줄로 줄여도 사실 그 의미를 정확히 이해하기는 쉽지 않다. 그래서 녀석과의 이야기로 이해를 돕고자 한다. 저녁에 녀석과 구운 팬케이크를 먹기로 했다. 녀석은 3개를 만들어서 이미 2개는 엄마와 먹었고, 1개는 아빠와 먹기 위해 남겨두었다. 더 먹고 싶지만, 아빠를 생각해서 먹고 싶은 마음을 몇 번이나 참았다고 아내가 얘기했다. "아들, 아빠 팬케이크 좀 줘"라고 말하니, 녀석은 잠시 고민한다. 동그란 덩어리에서 얼마만큼을 주어야 할지 난감하기 때문이다. 적게 주기도(아빠 몫으로 남겨둔 것이니), 많이 주기도(자신의 몫이 적어지니) 둘 다 곤란하다. 그러더니 "아빠가 알아서 해. 먹고 싶은 만큼 가져가. 너무 많이 가져가면 안 돼"라고 말한다. 그렇게 결정의 곤란함은 고스란히 아빠에게 남겨졌다.

첫 번째 계절

극피동물?

　　그대로 옮겨본다. '극피동물은 바다에서만 발견되는 동물이다. 기본적으로 오방사대칭 구조로 석회성 내골격을 가지고 있다. 완전한 소화관, 잘 발달된 체강과 수관계를 가지고 있으며, 수관계는 관족과 연결되어 이동과 먹이포획에 이용된다. 초식자, 여과섭식자, 육식성 포식자 등 다양한 섭식형태를 갖고 있다. 전형적인 저서생물로서 산호초에서 연안 및 심해저에 이르기까지 거의 모든 해저에 서식한다. 바다나리류, 불가사리류, 거미불가사리류, 성게류, 해삼류 등이 극피동물에 속한다.' 이상은 국립해양생물자원관의 '극피동물'에 대한 안내글이다. 대부분의 경우 아이와 함께하는 엄마, 아빠들이 방문하는 곳인데, 극피라는 단어부터 낯설다. 물론 지식이라는 것이 익숙하지 않음에서 시작됨을 백번 이해한다. 그렇다면 소개글에서 이를 좀 더 쉽게 풀어주어야 하는데, 읽으면 읽을수록 더 어렵다는 생각뿐이다. 일곱 살 아이에게 처음에는 자세히 알려줘야지 생각하다 중간쯤부터 한계를 느끼고 마침내는 설명하기를 포기한다. 조금 더 쉽게 쓰면, 조금 더 이해할 수 있을 텐데.

자꾸만 졸려서 눈이 감기네

아들과 거실에서 야구를 한다. 물론 진짜 야구는 아니고, 녀석이 플라스틱 장난감 방망이를 들고 있으면, 반대편에서 물렁물렁한 아이들 미니 농구공을 던져주는 정도다. 처음에는 시시할 것이라 생각했는데, 몇 번 하다 보니(어제도, 그제도 했다) 나름 재밌다. 헛스윙만 하던 녀석도 제법 받아친다. "아빠, 자꾸만 졸려서 눈이 감기네(진짜 잠이 오는 것은 아니고, 날아오는 공을 쳐다보기가 겁이 나 눈을 감았지만, 아빠에게 그렇게 말하고 싶지 않은 일곱 살 꼬마의 자존심을 반영한 표현)"라던 녀석은 "아우, 진짜 하나도 안 맞네"로 시작하여, "어제는 잘 맞았는데"로 이동하고, "아빠, 이번에는 맞을 뻔했어"로 발전한다. 그러다 "아싸, 성공이다. 맞았다"로 계속되고, "아빠, 계속 맞고 있어. 행운인가?"로 흥분되어, "네 번 맞았어"로 마무리한다. 며칠 전 처음 놀이를 시작할 때는 공을 던지면 두 눈을 질끈 감고 겨우 방망이만 휘둘렀는데, 이제는 제법 자세를 잡고 나름 집중한다. 조금 더 커서, 손이랑 발에 힘이 조금 더 생기면 진짜 야구도, 진짜 축구도 신나게 할 수 있겠다.

첫 번째 계절

마술 같은 일들, 마술 같은 날들

어릴 적, 그럴 때가 있었다. 텔레비전 앞에 딱 붙어 앉아 뚫어져라 마술을 보던 날이. 아마도 추석이나 설날 또는 크리스마스 정도로 기억한다. 특집 방송도 많이 하고, 특히 마술 같은 좀처럼 보기 힘든 것들도 접할 수 있었다. 눈앞에서 헬리콥터가 사라지고, 사람의 몸이 둘로 나뉘고, 수갑을 차고 물속에 갇혀 있다가도 '짜잔' 하면서 다시 나타나는. 그런 기적 같은 일들이 눈앞에서 펼쳐질 때면 '세상에는 별 마술 같은 일도 다 있구나'라고 생각했다. 조금씩 자라고, 조금씩 나이 들면서, 그때 그 마술이, 사실은 그렇게 거창하거나 신비로운 것이 아님을 알았다. 그저 '특수한 분야에서 반복된 연습을 통한 숙련된 기술' 정도로 생각됐다. 조금 과장하면, 보통의 회사원들도 일정 기간 이상 일을 하면 자신의 분야에서 전문성을 갖는 수준 정도. 녀석이 "아빠, 눈 감아 봐. 마술을 보여 줄게"라고 말한다. 눈을 감았다 뜨니, "짜잔~"하며 붙어 있던 두 개의 자석이 양손에 각각 있음을 보여준다. 마술 같은 일들, 마술 같은 날들. 이제는 언젠지 기억조차 흐릿한 그때가 문득 생각난다.

힌트를 줄까?

"아빠, 우리 퀴즈놀이할까? 내가 문제를 내면 아빠가 정답을 말하면 돼." "첫 번째 문제는 피라미드가 있는 나라는 어디일까요?" "보기 있어?" "응, 1번 중국, 2번 라오스, 3번 이집트, (4번 건너뛰고) 5번 이집 여기." "알겠어. 3번 이집트." "딩동댕~ 그럼, 다음 문제야. 암모(나이트)의 촉수는 몇 개일까요?" "아들, 그건 너무 어려운데. 보기를 주거나 힌트를 줘야 할 거 같아." "응, 아빠 그럼, 힌트를 줄게. 기다려봐. (아빠에게 달려와 귓속말로 작게) 20개야. 20개." (녀석은 다시 퀴즈를 내던 맞은편으로 돌아간다.) "아들, 정답을 말할게. 암모의 촉수는 20개야." "땡! 정답은 40개야." "아들, 아빠한테 준 힌트랑 너무 다른데. 힌트가 왜 그래." "응, 그건 말이야. 반대로 알려준 거야. 안 그러면 아빠가 한 번에 맞추거든." "아니, 그래도 힌트를 주려면 문제를 푸는데 도움이 되는 것을 알려줘야지." "응, 다음에는 제대로 알려 줄게. 그때는 아빠가 또 잘 맞춰봐." 그렇게 몇 문제 더 풀다가 퀴즈는 끝났고, 인터넷 포털에 검색해 봐도 암모(나이트) 촉수가 몇 개인지 정확히 알 수는 없었다.

첫 번째 계절

반창고

거실에서 책을 읽고 있는데, 장난감 놀이를 하던 녀석이 쪼르륵 달려온다. 그리고는 손가락으로 자신의 발뒤꿈치를 가리킨다. "아빠, 이거. 이거 다시 붙여줘"라고 말하며, 잠시 시무룩한 표정을 짓는다. "아들, 많이 아파?"라고 말하며 살펴보지만 이미 알고 있다. 그렇게 심한 상처는 절대 아니라는 것을. 지금까지 적어도 세 번 정도는 다시 붙여준 것이니. 그저 살짝(아주, 정말, 매우 살짝) 긁힌 정도다. 녀석도 자신의 눈으로 그것을 확인하지 못했다면 아무 일 없이 잊고 지냈을 텐데, 어쩌다 눈에 띄었고 그때부터 "아빠, 반창고 붙여줘"라고 말한다. 사실 '반창고' 하나 붙인다고 상처가 낫지는(사실 나을 것도 없지만) 않는다. 그저 녀석에게 자신의 아픈 몸(또는 그로 인한 마음)을 아빠가 한 번 살펴보고, 관심 받고 있음을 상징하는 것이 반창고였을 것이다. 어쩌면 녀석도 그 의미를 미루어 짐작하고 있을 수 있다. 그렇기에 매번 똑같다. 아빠가 "응, 아들, 어디 아파? 반창고 붙이면 괜찮을 것 같아?"라고 물으면, 신이 난 녀석은 "응! 응! 괜찮아질 거 같아!!"라고 답한다.

관장님이 가르쳐 주신 것

코로나19로 지금처럼 온 나라가 마비되기 전, 여느 때처럼 퇴근을 하고 아이를 데리러 어린이집에 갔다. 녀석이 친구들과 조금 더 놀고 싶다기에 복도에서(무료하게) 기다렸다. 그때 반대편 복도에서 태권도 도복을 입은 40대 후반의 관장님이 걸어오고 있었다. 어린이집이 끝나면 도장으로 향하는 아이 때문일 것이다. 그 모습을 한참 쳐다보다 25년도 더 지난 일들이 생각났다. 중학교 2학년으로(93년) 기억한다. 당시 뉴스에 흉악범 보도가 잦았기에, 녀석의 할머니에게 '체육관을 다니고 싶다'라고 이야기했다. 사실 그때는 학원을 다닐 형편조차 되지 못했지만, 녀석의 할머니는 선뜻 허락하셨고, 그렇게 합기도라는 운동을 하게 되었다. 첫날 관장님은 "운동을 한다고 절대 밖에서 함부로 다니면 안 된다"라고 말씀하셨고, 언제나 정갈하고, 반듯하게 도복을 입고 계셨다. 그 당시 운동으로 배운 것도 많았지만, 그보다 타인 앞에서 옷차림(태도, 자세, 마음 등)이 기본이라는 그 말씀이 어느덧 어른이 되어 세상을 살아가는데 많은 가르침을 주었다. 문득 그 시절이 생각났다.

첫 번째 계절

잠시 잃는 것도 있지만 오래 얻는 것도 있다

갇히고, 닫힌 삶을 이어간다. 곧 끝나려나 했던 코로나19의 확산은 하루가 다르게 변화하는 기세로 보아 언제쯤 끝날지 기약할 수 없다. 그렇기에 일상의 삶을 소망하며 잠시 돌아보니 다행히 그 사이(어린이집에 등원하지 않은 지 20일)에도 녀석은 제법 성장했다. 언제나 삶은 그랬다. 잠시 잃는 것도 있지만 오래 얻는 것도 있다. 아침에 일어나 밥을 먹고, 엄마와 함께 어린이집을 가고, 친구들과 신나게 놀고, (가끔은) 아빠와 함께 집으로 돌아와, 다시 또 엄마와 아빠와 재미있게 놀고, 주말이면 어디를 갈까 즐거운 고민을 하던, 그 일상의 소중함들을 잠시 잃었다(미루어 두었다). 하지만 더 일찍 자고, 더 일찍 일어나고, 더 밥을 잘 먹고, 더 글씨를 잘 쓰고, 더 그림을 잘 그리고, 그렇게 더 많은 시간을 놀고, 그렇게 더 많은 시간을 엄마와 아빠와 함께 하는 또 다른 소중함들을 얻었다. 그렇게 생각하며 산다. 온 나라가, 전 국민이 힘들고, 어려운 날들이지만 그래서 더 막연하고, 아득하지만 그럼에도, 그럼에도 불구하고 삶은 반드시 나아가야 한다.

아빠도 알고 있나 궁금해서

이제는 너무도 당연하게 아이들 장난감은 시리즈로 나온다. 언제부터라고 해야 할지 잘 모르겠지만, 예전에는 로봇 장난감이 유행하면 고만고만한 것들이 서로 경쟁을 했다. 그래서 좀 비싸다는 생각은 하지만 한 번 사면 몇 달은 고민에서 해방된다. 그런데 요즘은 시리즈로 장난감이 나오니 한 번 시작하면 끝없이 계속된다. 녀석이 요즘 한창 재미있어 하는 '요괴메카드'라는 장난감도 <터닝메카드→공룡메카드→요괴메카드→빠샤메카드>로 새롭게 반복된 시리즈 중 하나다. 녀석은 '공룡메카드'로 시작해서 아직 '빠샤메카드'까지 가진 않았지만 방송을 본 적도 없는 것 같은 '빠샤메카드' 이야기를 제법 한다. 아마 어린이집 친구들에게 전해 들었을 것이다. 오늘은 문득 "아빠, 풀스파이크(요괴메카드에 등장하는 미스터문이라는 요괴가 사용하는 무기) 알아?"라고 하기에, "응, 영어로 풀은 '가득'이고 스파이크는 '찌르다'라는 뜻이니, '최대한의 힘으로 공격하다' 이런 뜻 같은데"라고 답한다. "흐흐, 나도 알아. 나는 그냥 아빠도 알고 있나 궁금해서."

첫 번째 계절

아빠육아도 비상시국이다

　　11일(수), 세계보건기구(WHO)는 감염병 최고 경고 등급으로 세계적으로 감염병이 대유행하는 상태를 일컫는 '팬데믹(pandemic)'을 선언했다. 13일(금), 문재인 대통령은 청와대로 긴급 소집된 경제 관계 장관 및 한국은행 총재 등에게 코로나19 대응과 관련하여 '메르스·사스 때와 비교 안 되는 비상 경제시국'이라며 특단의 대책과 과감한 정책적 수단을 총동원하라고 지시했다. 이미 전 국민이 사회적 거리두기를 실천하고, 9일(월)부터는 실질적 구입의 어려움에도 마스크 5부제(출생년도에 따라 1인당 2장)를, 16일(월)부터는 전례 없는 정부부처 및 공공기관 등을 중심으로 재택근무(3교대)까지 실시하고 있다. 특히 아이돌봄과 관련하여 교육부는 긴급돌봄(유치원), 보건복지부는 긴급보육(어린이집), 여성가족부는 안심돌봄(아이돌봄서비스, 공동육아나눔터), 고용노동부는 가정내돌봄(가족돌봄휴가제, 유연근무제) 등을 지원하고 있다. 더 열거할 것은 많지만 더 열거할 필요는 없다. 아빠육아도 비상시국이다. 엄마, 아빠라는 이름으로 모든 수단과 모든 방법을 동원해 아이의 몸과 마음을 돌봐야 한다.

저도 제 인생에 처음이에요

코로나19의 확산과 지속을 한 달 이상 경험하며 가장 많이 했던, 여전히 하고 있는 말 중에 하나는 아마도 '내 인생에 처음이다'라고 생각한다. 그 밖에 일상적인 말들도 많이 했겠지만 최근 들어 유달리 자주 한다. '내 인생'과 '처음', 사실 생각해보면 모든 것들(완전히 동일하다고 생각하는 것들조차도)은 엄밀한 의미에서 '내 인생'에서 '처음'이다. 시간은 반복되지 않고 끊임없이 흘러가고 있으니 동일한 시간에 동일한 행동이 반복될 수는 없다. 우리가 경험하게 되는 반복은 시간을 제외한 행동 그 자체만으로 판단되기 때문이다. 이렇게 생각하니 녀석이 경험하게 될 모든 것들 또한 녀석의 인생에 처음인 것들뿐이다. 특정한 날, 특정한 시간에 일어나는 것도, 또 다른 특정한 날, 특정한 시간에 게임하는 것도, 그 모든 것들이 과거와 비슷한 듯 때로는 동일한 듯 느껴지겠지만 곰곰이 생각하면 전혀 다른 차원의 시간과 공간에서 일어나는 일이다. 일곱 살 녀석이 열 살이 되면, 스무 살이 되면, 서른 살이 되면 그땐 또 어떤 '처음'이 있을까. 녀석도 그러겠다. "아빠, 저도 제 인생에 처음이에요."

첫 번째 계절

사람마다 생각이 다를 수 있지

볕이 좋은 주말, 살며시 일어나 조용히 글을 쓴다. 곧 일어날 녀석을 생각하면 긴 글보다는 짧은 글, 그것도 아니면 작은 생각 정도만 메모해 둔다. 그것만으로도 충분하다. 아니나 다를까 얼마 지나지 않아 녀석이 부스스한 얼굴로 방문을 살짝 열어본다. "아들, 잘 잤어?"라는 익숙한 물음에 아직은 잠이 덜 깬 목소리로 "응"이라는 답만 들린다. "아들, 음악 들을까? 아빠가 좋아하는 노래가 있어"라고 말하며 영화 클래식으로 유명한 <너에게 난 나에게 넌(자전거 탄 풍경)>이라는 노래를 머리를 맞대기에 적당한 크기로 들어본다. 잠시 후 녀석은 "아빠, 쉬 마려"라고 말하며 자리를 떠났고, 아침밥을 먹기 전까지 거실에서 놀기로 한다. 생각보다 썰렁한 느낌에 전기장판을 켜고, 얇은 담요를 펼치며 "아들, 이리로 발 쏙 넣어. 양말도 신고. 안 그러면 발 시리잖아"라고 말한다. 녀석은 "아빠, 사람마다 생각이 다를 수 있지"라며 양말 신기를 거부한다. "아들, 그런데 사람들이 대부분 비슷하게 생각하는 것들도 있어"라고 답은 하지만, 사실 녀석의 말처럼 사람마다 생각도, 삶도 모두 제각각이다.

참 어이없지만, 참 억울하지만

 살다 보면 그런 날들이 있다. 당연히, 아무렇지 않은 듯, 언제나 그랬던 것처럼 무엇인가를 받아들여야 할 때. 그것을 받아들여야 한다는 작은 고민 또는 사소한 생각조차도 의미 없을 때. 그 어떤 것에도 관계없이 이미 상황은 끝났을 때. 저절로 나타났다 스스로 사라져 버렸을 때 등등. 녀석의 어이없는 한 마디에 당황스럽다. (정말) 잘 먹고, (정말) 잘 놀다, 순간 울먹이기에 "아들, 왜? 갑자기 기분이 이상해? 뭐 화나는 일 있어?"라고 물으니, 녀석은 더 크게 울먹이며 "아빠가 '다'를 3번이나 하고 있잖아. 왜 '다'를 계속하냐고"라고 답한다. 이건 또 무슨 말인지, 도대체 '다'를 언제 3번 했다는 것인지, 그리고 또 설령 '다'를 3번 했다고 그것이 세상 서럽게 울만한 일인지, 참 어이없지만, 참 억울하지만 이럴 때 무엇인가를 더 말한다고 달라질 것은 없다. 지금까지 '~다'라는 맺음말을 3번이 아니라 10번, 100번, 1,000번도 더 했을 텐데 지금 이 순간, 왜 오늘은 그렇게 서러운지. 살다 보면 때로는, 가끔은 그렇게 '이유 없는 날'도 있음을 이미 알고 있기에 서로 '다독다독' 해 본다.

첫 번째 계절

순간에 온몸을 내어주는

      살면서 얼마나 그랬나? 살면서 얼마나 그런 모습을 보았나? 그것을 무엇이라 하면 좋을까? 진정성? 그렇지 않으면 절박함? 그도 아니면 그저 최선을 다하는 마음 또는 행동. 녀석과 달리기 시합을 한다. "아들, 아빠랑 최선을 다해 10바퀴만 돌자. 그런 다음에 장난감 놀이하고, 동화책 읽기로 하자." 녀석은 "아빠, 나 달리기 시합 싫은데. 그럼, 우리 딱 5바퀴만 뛰어"라고 답한다. "응, 그래, 좋아. 그럼, 우리 진짜 최선을 다해보는 거야"라고 말하니, 녀석도 "응, 아빠, 나 진짜 열심히 뛸 거야"라고 받는다. 그렇게 싫다는 녀석을 운동시킨다고 겨우 달리나 했는데 녀석은 진짜 최선을 다한다. 정작 아빠는 슬렁슬렁 달려도 되겠다 생각했는데, 녀석은 약속한 것처럼 온 마음과 온 힘을 다한다. 사실 거실 한쪽 끝에서 반대편 끝까지 달리는 것이라 달리기라 하기도 어색한데, 순간에 온몸을 내어주는 녀석. 그 모습에 아빠도 마음을 다 잡고 나름 부지런히 움직여 본다. 마지막 바퀴까지 힘껏 달리고 거실 소파에서 숨을 헐떡이는 녀석이 말한다. "아빠! 나 진짜, 진짜 열심히 뛰었어!"

코피가 났다

　　점심을 먹는데 순간 기분이 이상했다. 뭔가 모르게 찝찝했다. 밥을 계속 먹어야 하나 그렇지 않으면 살며시 숟가락을 내려놓고 코피를 확인해야 하나, 코피가 맞다면 자리를 떠야 하나 또 그렇지 않다면 코를 막고라도 계속 밥을 먹어야 하나 등등 아주 잠시, 아주 잠깐 많은 것을 고민했다. 다행히(?) 코로나19 확산 방지 대책으로 식당에서는 한 쪽 방향으로만 앉아 있었기에 동료들은 눈치 채지 못했다. 살짝 확인해보니 예감대로 코피였다. 일단 휴지를 돌돌 말아 한 쪽 코를 막고, 최대한 크게, 최대한 많이 밥과 반찬을 입에 채워 넣었다. 먼저 자리를 비우겠다는 인사를 건네고, 서둘러 가까운 화장실로 향했다. 조금은 편안해진 마음으로 코피의 정도를 확인하고, 다시 깔끔하게 코를 틀어막고 거울을 쳐다보며 '뭐 죄를 지은 것도 아닌데 왜 이렇게 당황스러울까'라고 생각했다. 며칠 전 아내에게서 잠을 자던 녀석이 코피가 났었다는 얘기를 들었을 때, "아들, 키 크려고 그래!"라고 말했었는데, 이미 몸은 다 컸으니 어쩌면 마음이 더 크려나 생각했다. 그저 그렇게 위안했다.

첫 번째 계절

<동백꽃 필 무렵> 참 좋았다

오랜만에, 드라마를 봤다. 좀 더 정확히 1시간 이상 본 것은 올해 들어 처음이다. '오랜만에'라는 단어를 굳이 강조한 까닭은 단순히 한 달, 일 년 정도를 의미하는 것이 아니기 때문이다. 최소 삼 년 이상은 되었다. 그리고 그 삼 년 전에도 오랜만에 봤었다. 그렇게 모처럼 반복된 오랜만에 접한 <동백꽃 필 무렵>이라는 드라마는 참 좋았다. 처음에는 동백과 용식의 사랑 이야기가 조금 우스꽝스러워 좋았고, 중간에는 마치 추리소설을 읽는 듯한 흥미진진한 이야기 전개가 좋았고, 마지막에는 동백의 엄마가 끝까지 살았으면 좋겠다는 마음이 전해진 것 같은 결말이 좋았다. 거기에 조연들의 개성 있는 연기가 보태졌기에 더 좋았고, 특히 필구라는 동백의 아들이 어리지만 씩씩하고, 당당하게 엄마 곁에서 힘이 되어주는 그 모습이 제일 좋았다. 아이의 아빠가 된 후 생각이 조금씩 바뀐다. 큰 것, 위대한 것, 거창한 것이 아니어도 삶이다. 물론 그런 것들도 당연히 좋겠지만, 소중한 사람이 함께 한다면 이미 그 자체로도 충분히 가치 있는 삶이다. 쉽지 않지만 조금 알겠다.

끝까지 볼 필요 없어

대부분의 경우 '꿈', '소원', '희망' 등 평생에 한 번 이루고 싶은 것, 도전해보고 싶은 것, 그렇지 않으면 끝내 닿을 수 없음을 이미 알고 있지만 그 근처에라도 가보고 싶은 것과 같은 큰 것들에 의미를 둔다. 그게 인생이라고 말하기도 한다. 그러나 가끔은 아주 작은 것에도 의미를 둘 때가 있다. 타인들이 몰라주는 가치, 타인들이 알 수 없는 의미, 오직 스스로에게만 가치 있고, 의미 있는 것들. 그것도 인생이다. (이미 한 달도 더 지난 일이지만) 녀석과 호텔 사우나에 갔다. "아들, 이리 와 봐. 몸무게 재어 보자"라고 말하고 먼저 체중계에 올라선다. "아들, 아빠는 500g 정도 줄어든 것 같아. 이제 아들 차례야"라고 말하니 녀석도 익숙한 듯 냉큼 뒤따른다. 체중계의 숫자가 오락가락하기에 "아들, 가만히 있어 봐. 여기 보이는 숫자가 왔다 갔다 하잖아. 조금 기다려야 돼"라고 말하니, 녀석은 "아빠, 끝까지 볼 필요 없어. 어차피 나는 18kg이야"라고 답한다. 생각해보니 이리 보고, 저리 봐도 녀석은 '약' 18kg이다. 맞다. 이미 알고 있다. 그렇지만, 그래도 아빠는 항상 궁금하다.

첫 번째 계절

엄마한테 말하지 마

　　녀석의 눈짓이 모든 것을 말해 준다. 그것은 어쩌면 간절함, 어쩌면 진지함, 또 어쩌면 신뢰감이다. 녀석이 밥을 먹다 말고 슬쩍 쳐다보더니 "아빠, 엄마한테는 말하지 마"라고 보챈다. 사실 밥을 먹느라 녀석이 무엇을 하는지 알지 못했기에(당연히 밥을 먹을 때는 밥만 먹으면 되는 것이니) 주변을 살핀다. 잠시 둘러보니 그제야 알겠다. 녀석의 발 옆에 장난감이 두 개 있다. 녀석은 밥을 먹는 것에 그다지 적극적이지 않고, 또 어찌어찌해서 밥을 먹더라도 열심히 먹지 않고, 그러다 보니 오래 먹는다. 그러니 엄마도, 아빠도 "아들, 밥 먹자. 장난감 놀이 그만하고 밥 먹어야지. 아니면 밥 먹고 다시 놀면 되잖아. 얼른 와"라는 말을 입에 달고 산다. 거기에 엄마는 "아들, 밥 먹을 때는 밥에 집중해야지. 장난감은 제자리에 두고 와야지"라는 말을 더한다. 그렇게 밥을 위한 아빠, 엄마, 아들의 노력 아닌 노력이 있다. 이유야 어쨌든 "아들, 아빠는 믿어. 다음번에는 (장난감) 가져오지 말고, (밥) 부지런히 먹기로 약속하는 거야"라고 말하며 아무 일 없다는 듯 밥을 먹는다.

야구놀이가 알려 준 몇 가지 교훈

아내가 아침 준비를 마무리하는 10분 남짓한 시간에 녀석과 함께 할 것이 딱히 떠오르지 않아 고민하던 중, 마침 장난감 테니스 라켓이 눈에 띄어 야구놀이를 했다. 녀석은 거실 소파 위에서 테니스 라켓을 양손에 들었고, 그 맞은편에서 아이들 장난감 공을 던져 주었다. 녀석은 처음에는 헛스윙만 하더니, 별다른 흥미를 느끼지 못한 듯 무덤덤한 표정이었다. '녀석이 재미없어 보이니 그만해야겠다'라고 생각하며 남은 공 몇 개를 마저 던졌는데 녀석이 슬슬 감을 잡은 것인지 하나, 둘 맞히기 시작했다. 그러더니 갑자기 큰 소리로 "엄마, 나 사실은 5개 맞혔다. 아싸"라고 말하며 세상 신나했다. 문득 생각해보니 잠깐의 야구놀이는 몇 가지 교훈을 주었다. 첫째, 방향, 속도, 타이밍이 중요하다. 둘째, 주어진 현실을 직시해야 한다. 셋째, 불필요한 것은 포기해야 한다. 넷째, 최선의 것을 선택해야 한다. 다섯째, 순간의 고비를 이겨내야 한다. 여섯째, 크게 얻으려면 더 큰 자극을 극복해야 한다. 일곱째, 반복은 변화를 가져온다. 여덟째, 행복은 가까이에 있다.

첫 번째 계절

잠시 모델이 되었다

아침에 일어나 조용히 씻으려다 깜짝 놀랐다. 녀석이 이미 일어나 조용히 그림을 그리고 있었기 때문이다. 아내에게 물어보니 30분도 더 전에 일어났는데, 아빠를 깨울까 봐 저렇게 혼자 집중하고 있다고 한다. 후다닥 씻고 녀석에게 가보니 그림이 제법이다. 커다란 무지개도, 강도, 산도, 사람도 녀석의 설명을 듣지 않아도 대충 어떤 그림인지 알겠다. 거실로 나와 책을 읽는데, 녀석이 따라나선다. "아들, 이번에는 뭘 그릴 거야?"라고 물으니, 녀석은 "응, 아직 결정한 것은 없는데, 음... 그럼 아빠를 그릴까?"라고 답한다. 그러더니 "아빠, 책 읽는 거 그릴 거니까 꼼짝하지 말고 있어야 돼"라고 보탠다. 그렇게 꼼짝없이 잠시 모델이 되었다. 잘 그리고 있나 중간중간 궁금하긴 하지만 모델이라니 작가가 작품을 마무리하기 전까지 그저 묵묵히 기다릴 뿐이다. 잠시 후 완성된 그림을 보니 커다란 책을 들고(읽고) 있는 사람이었다. "아들, 진짜 멋져!"라고 말하니, 녀석은 "아빠, 그럼 이번에는 요리하는 엄마를 그려 볼게"라고 말하며 엄마에게 쪼르르 달려간다.

마음의 차이

녀석의 장난이 시작되었다. 화장실에 가면서 예상은 했지만, 막상 안에 있는데 밖에서 불을 끄니 어쩔 도리가 없다. 그렇다고 중간에 나올 수도 없으니, "아들, 장난 그만하고 얼른 불 다시 켜"라고 말한다. 녀석은 "히히히, 아빠, 이거 엄청 재밌지. 내가 아빠한테 빛도 주고 어둠도 줄 수 있어. 열 번만 더 할게"라고 답한다. 화장실 문을 사이에 두었으니 채 1미터도 되지 않는 거리지만 다시 한 번 녀석에게 말해 볼 뿐이다. "아들, 아빠 어두워. 그러니까 얼른 다시 (불) 켜 줘"라고 부탁 아닌 부탁을 한다. 그제야 녀석도 "응, 아빠 그럼 이번에는 불 켜 줄게. 나와서 나랑 같이 놀아"라고 받는다. 그렇게 어둠은 사라졌고, 밝음을 되찾았다. 그러다 문득 생각해보니 사실 화장실 안에서 밝음과 어둠은 별다른 의미가 없다. 어쩌면 낯익음과 낯설음의 차이, 그리고 그것을 받아들이는 마음, 그러니 '마음의 차이'다. 녀석이 잠시 불을 끈 것은, 그래서 잠시 어두웠던 것은, 어쩌면 스스로 다스리지 못하는 의미 없는 그 익숙함에 대한 차단, 단절이 아닐까. 녀석 덕분에 생각 좀 했다.

첫 번째 계절

세상에 좋은 말은 차고, 넘친다

아주 가끔 그리고 요즘 들어 부쩍 생각하는 것이지만 세상에 좋은 말은 차고, 넘친다. 요 며칠 파견을 와 있는 정부청사 화장실을 이용할 때면 지극히 당연해 보이는 말들도 있고 '아, 그렇지. 세상을 이런 마음으로 살아야지'라고 한 번 더 생각하게 하는 말들도 있다. 몇 가지 옮겨보면 '두 가지 세 가지 일로 마음을 두 갈래 세 갈래 내는 일이 없어야 한다(이황)', '할 수 있다고 생각하기 때문에 할 수 있는 것이다(베르질리우스)', '예술과 사랑을 하기에는 인생이 짧다(윌리엄 서머셋 모음)', '성실함의 잣대로 스스로를 평가하라, 그리고 관대함의 잣대로 남들을 평가하라(존 미첼 메이슨)', '내 비장의 무기는 아직 손안에 있다. 그것은 희망이다(나폴레옹)', '만일 사람이 목숨을 걸만한 어떤 것을 발견하지 못했다면 그는 삶을 살 자격이 없다(마틴 루터 킹)' 등등. 이렇게 정말 좋은 말들이 많지만 지금의 녀석에게는(그리고 앞으로도) '남들보다 더 잘하려고 고민하지 마라. 지금의 나보다 잘하려고 애쓰는 게 더 중요하다(윌리엄 포그너)'라는 말을 꼭 한 번 해주고 싶다.

그럴 때가 있다

딱히 무엇이 생각나지도 않고, 또 딱히 무엇이 하고 싶지도 않을 때. 그렇다고 딱히 어디가 아프다거나, 또 딱히 어디가 불편하지도 않을 때. 그저 '가만히', '조용히', '천천히' 있고 싶을 때가 있다. 지극히 당연한 이야기지만 어떻게 항상 '힘차게', '바쁘게', '신나게' 있을 수 있을까. 인간이라는 존재는 너무도 다양한 감정들과 함께 한다. 하루에도 '이것저것', '이런저런', '이쪽저쪽'의 시간과 공간에 둘러싸여 '앞으로', '옆으로', 때로는 '뒤로', '슬쩍', '살짝', '살금' 움직여 보기도 한다. 녀석과 주말 내내 신나게 놀다가 문득 돌 또는 얼음처럼 가만히 있고 싶을 때가 있다. 1분 아니 1초 전에는 너무 즐겁고, 재밌었는데 가끔은 너무 당황스러울 만큼 그때가 아주 먼 과거처럼 느껴지기도 한다. 그렇기에 지금이라는 정지된 시간과 공간에서 지난 일들을 그저 바라보고 있는 것처럼 느껴지기도 한다. 그럴 때면 낯설고, 묘한 기분이다. 그러다 또 1분 아니 1초가 지나면, 그 모든 것에도 불구하고 "응, 그래. 아들, 우리 뭐하고 놀까?"라며 일상으로 돌아온다. 뭐 그럴 때가 있다.

첫 번째 계절

아들은 볶고, 아빠는 깎고

아내는 녀석이 하고 싶다는 것들은 최대한 할 수 있도록 도와준다. 저녁밥을 준비하며 "아들, 이리 와서 한번 해봐. 지난번에 계란프라이 할 때처럼 여기 있는 작은 의자에 올라와서 이번에는 멸치를 볶으면 돼. 주걱으로 프라이팬 안에 있는 멸치를 휘휘 잘 저으면 돼. 알겠지"라고 말하고 "프라이팬 뜨거우니까 진짜, 진짜 조심하는 거야. 알겠지"라고 보탠다. 이미 몇 차례 강조한 것이지만 혹시나 하는 마음에 다시 한번 주의를 준다. 그렇게 녀석은 주방에서 부지런히 멸치를 볶고, 이때다 싶어 아빠는 거실에서 한가롭게 손톱을 깎는다. 문득 '볶다'와 '깎다'라는 단어를 오랜만에 접해본다는 생각에 새삼 재미있는 하루라 느껴진다. 달달 볶고, 싹둑 깎고, 들들 볶고, 바짝 깎고... 소리 내어 말하면 리듬감이 있는 입맛이 참 좋은 단어라는 생각도 든다. 잠시 후, "엄마, 다 된 거 같아"라는 녀석의 말과 "응, 진짜 잘했네. 이제 다 컸어. 엄마 도와줘서 저녁 준비가 금방 끝났네. '아빠 식사하세요' 하면 되겠다"라는 아내의 대답이 들린다. 녀석의 멸치볶음은 참 고소했다.

귀염둥이'씨'

우연이라고 해야 할지 그렇지 않은지 정확히 알 수는 없지만, 또 정확히 알고 싶지도 않지만, 며칠 전에 '씨'와 '씨앗'의 차이에 대한 설명이 담긴 책('국어 실력이 밥 먹여준다', 김경원·김철호)을 읽었다. 책의 전체적인 내용은 우리말의 올바른 사용에 대한 것이었고, '고개'와 '머리', '나다'와 '태어나다', '가족'과 '식구', '궁둥이'와 '엉덩이', '기쁨'과 '즐거움' 등 우리가 별다른 생각 또는 구분 없이 사용하고 있는 단어들을 예로 들어 그 차이를 자세히 설명하고 있었다. 그중에 '씨'와 '씨앗'에 대한 소개도 있어 '음, 그렇구나. 앞으로는 잘 구분해서 써야지'라고 생각했다. 그렇게 생각만 하고 잊고 지냈는데 아침에 아내가 녀석을 '귀염둥이씨'라고 부르는 모습을 보면서 다시금 생각났다. 아내가 이제 막 잠에서 깬 녀석에게 "우리 귀염둥이씨, 잘 잤어?"라고 말하니, 녀석은 "엄마, 나 오늘 엄청 재미있는 꿈꿨어!"라고 답한다. 아내가 다시 "귀염둥이씨, 무슨 꿈?"이라 하니, 녀석은 신이 난 듯 꿈 이야기를 시작한다. 어떤 '씨'가 되었건 무럭무럭 영글게 잘 자랐으면 좋겠다.

두 번째 계절

4월

5월

6월

두 번째 계절

4월

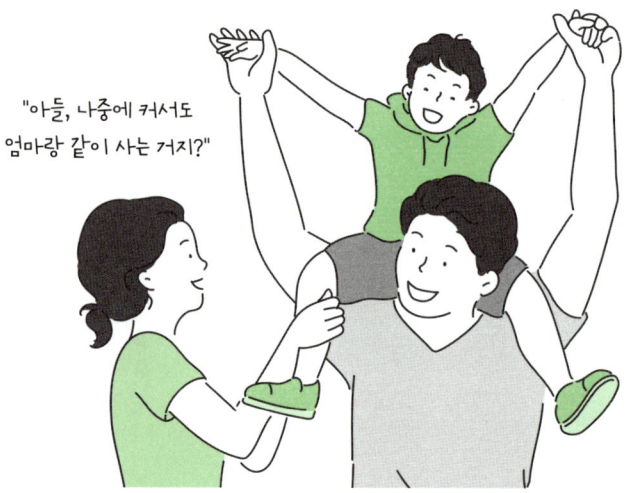

핀란드의 '이야기 대화법'

녀석에게, 그리고 아빠에게 도움이 될 만한 대화법을 소개하는 책(핀란드가 말하는 핀란드 경쟁력 100, 일까 따이팔레 엮음, 조정주 옮김)이 있어 옮겨두고 실천해 보려 한다. 「'이야기 대화법'은 4단계를 포함하고 있다는 점에서 다른 이야기 방법과 다르다. 그 4단계는 바로 이야기하는 것, 말하는 대로 받아 적는 것, 써놓은 이야기를 읽는 것, 이야기한 사람이 원하는 대로 수정하는 것이다. ⋯ "하고 싶은 이야기를 하세요. 그럼 제가 그대로 받아 적을 것입니다. 이야기가 끝나면 제가 큰 소리로 읽어드리지요. 그러고 나서 원하면 그 이야기를 변경할 수 있답니다." 청자(듣고 기록하는 사람)는 말하는 도중 끼어들거나 이야기 내용을 예단해서는 안 된다. 화자(말하는 사람)는 스스로 무엇을 어떻게 이야기할지 결정하고, 할 이야기와 하지 말아야 할 이야기를 결정할 수 있어야 한다. ⋯ 이 방법은 격려와 위로를 통해 서로를 더 가깝게 해준다. ⋯ 또한 성급하게 말하는 것을 방지하고 말의 중요한 요소, 즉 말과 말 속에 내재된 메시지에 집중하도록 도와주기도 한다.」

두 번째 계절

아빠가 주먹 내래요!

　　창으로 스며드는 볕이 너무 좋아 녀석과 아내와 아파트 주변 개천을 산책하기로 한다. 왕복 2시간 내외의 거리니 시간도 적당하다. 오랜만에 아내와 발을 맞추며 소소한 이야기도 나누고, 그러다 또 중간중간 녀석과 달리기 시합도 한다. 그렇게 아내와 녀석의 중간쯤에서 걷다, 뛰다를 기분 좋게 반복한다. 녀석이 "아빠! 엄마! 우리 가위 바위 보 게임할까?"라고 하기에 "응, 그럼 이긴 사람이 앞으로 10걸음 가는 거야"라고 답한다. 요령껏 부지런히 집으로 돌아오는 길, 녀석에게 귓속말로 "아들, 이번에 아빠랑 주먹 내자. 알겠지?"라고 말하니, 녀석은 조금 떨어져 있는 엄마에게 "엄마! 아빠가 주먹 내래요!"라고 크게 외친다. 그러더니 가위, 바위, 보를 힘껏 말한 후, 정작 자신은 '보'를 낸다. '녀석, 요령이 제법 늘었네'라고 생각하며 이번에는 달리기 시합을 한다. 녀석은 한참 달리다가 순간 멈추더니 "아빠, 여기 이상한 곤충이 있어요! 여기 보세요!"라고 말한다. 무엇이 있나 살펴보려 따라 멈추니, "이때다! 아빠, 나 먼저 갈게! 안녕!"이라며 신나게 앞서 뛴다. 많이 컸다.

하루 종일 <복면가왕>

하루 종일 시달렸다. 시작은 "아빠, 그런데 전에 대결하는 거 있잖아. 왜... 엄마가 틀어줬던 거. 오늘 그거 하는 날이야? 나 그거 보고 싶다"라는 녀석의 말이었다. 그래서 "응, 그거 오늘 6시 15분에 해(정확히는 6시 20분이었다). 저기 시계 보이지. 짧은 바늘이 6에, 긴 바늘이 3에 가면 하는 거야. 아직 5시간 정도 남았어. 저녁 먹을 때 정도면 볼 수 있을 거야. 그때까지 열심히 놀자"라고 답했다. 그런데 30분 지나니 "아빠, (긴 바늘) 하나가 6에 갔어. 이제 하는 거야?"라고 하고, 1시간 지나니 "아빠, 짧은 바늘이 한 칸 갔어. 빨리 갔으면 좋겠는데..."라고 하고, 2시간 지나니 "아빠, 혹시 지금 하지 않을까?"라고 하고, 3시간 지나니 "아빠도 시계 잘 보고 있지?"라고 했다. 그렇게 반복된 물음과 동일한 대답을 주고받으며 마침내 기다리고 기다리던 6시 20분, <복면가왕>을 보았다. "아들, 그런데 왜 재밌어?"라고 물으니, 녀석은 "응, 사람들이 대결하는 게, 그리고 그걸 맞추는 게 재밌어"라고 답했다. 녀석은 세상 즐겁고, 신나며, 재미난 표정이었다. 오래 기다린 보람이 있었다.

두 번째 계절

진짜 가? 진짜 가!

　　펭귄들이 화면 가득하다. 요즘 들어 부쩍 동물이 나오는 책, 영화, 만화를 좋아하는 녀석을 위해 아내가 찾아낸 특급 선물이다. 녀석은 'KBS 청소년 특별기획 특선다큐 <스파이 야생대탐험>'이라는 다큐멘터리에 푹 빠졌다. 어제도 보고, 그제도 봤다는데, 아직도 볼 게 남았다니 아빠에게도 (제법 긴 휴식을 주니) 참 좋은 프로그램이다. 그렇게 녀석이 펭귄에 집중하고 있는 사이, 아내는 로또 복권을 맞춰 보기로 한다. "그런데, 우리 이번에 1등 되면 어떡하지? 뭘 할까?"라고 하기에 "응, 보통 10억 원 정도 주는 것 같으니 1억 원은 우리 가족 세계일주하자. 아니면 저기 화면에 나오는 남극을 가도 좋고, 또 아니면 북극을 가도 좋고. 뭐 고생스러운 여행 말고 초호화 유람선도 한 번 타보자"라고 답한다. 상상은 언제나 자유니까. 아내는 "난 갈라파고스 가고 싶은데"라고 받는다. 그때 녀석이 "아빠, 우리 진짜 가?"라며 진지하게 쳐다본다. 그냥 막연하게 희망사항을 이야기한 것뿐인데, 녀석의 말을 들으니 정말 가고 싶다. '응, 진짜 가!'라고 답하고 싶다.

나도 방법을 모르겠어

좀 지저분한, 좀 재미있는, 좀 마음 아픈 이야기다. 여느 때와 같이 잠자리에 든 녀석을 뒤로하고 책을 읽고 있는데 오래지 않아 녀석이 깼다. 아내의 말로는 '엉덩이가 불편해서' 깼다고 한다. 아내는 "아들, 그러니까 다음에는 자기 전에 꼭 씻는 거야. 알겠지"라고 말하며 보습제를 발라준다. 그렇게 잠시 깼다가 곧 자겠지 하는 마음으로 서재로 돌아가 읽던 책을 마저 보고 있는데 녀석이 다시 깼다. "아들, 엉덩이가 여전히 불편해?"라고 물으니, 녀석은 "아빠, 엉덩이가 계속 불편해. 기분이 이상해"라고 답한다. "그럼, 오늘은 아빠랑 자자"라고 말하고 녀석과 함께 눕는다. 곧 잠이 드나 했던 녀석이 "아빠, 엉덩이에 물이 주르륵 흐르는 느낌이 나"라고 하기에, 혹시 '더워서 그런가'라고 생각하고 "아들, 그럼 샤워하고 옷 갈아입고 다시 누워 볼까?"라고 말하니, 샤워까지는 싫다며 옷만 갈아입자고 한다. 그러다 또다시 "아빠, 불편해"라고 하기에 "아들, 아빠도 어떻게 해야 할지 모르겠어"라고 답하니, 녀석은 "아빠, 나도 방법을 모르겠어"라며 울먹인다. 그 말에 그냥 꼭 안아줬다.

두 번째 계절

어렸을 때

아주 오래전을 이야기하는 것 같기도 하고, 어쩌면 아주 짧은, 어제 또는 그제와 같은 며칠 전의 어느 날을 이야기하는 것 같기도 하다. 사실 '아주 오래전'이라고 해봐야 6년 전이지만. 녀석과 테니스 놀이를 했다. 나름 부지런히 공을 던져주니 녀석도 제법 꾸준하게 공을 맞혔다. "아들, 잘하는데. 실력이 엄청 늘었어. 역시 몇 번 해보니까 금방 쑥쑥 느는 것 같아"라고 말하니 "아빠, 나 어렸을 때 이거 해 봤어. 그래서 지금도 이렇게 할 수 있는 거야"라고 답한다. '어렸을 때'라고? 아빠 생각에는 이제 겨우 일곱 살 밖에 되지 않았는데? 지금보다 더 어렸다고 하면 언제를 이야기하는 거지? 이런저런 생각을 하는 동안 녀석은 "아빠, 나 어렸을 때는 이런 거 진짜 많이 해봤어. 그때도 정말 잘 했어"라고 보탠다. 지금도 분명히 누가 봐도 어린 것이 분명하니 과거의 그 어느 날이 되었건 '어렸을 때'라는 녀석의 말은 100% 맞는 말이다. 그렇게 생각하니 어른이 된 아빠에게 '젊었을 때'는 언제일까? 녀석의 할아버지가 들으시면 '아직도 마냥 젊기만 한데 뭘 그래'라고 하시겠지만...

추천 육아책 1

세상의 모든 책을 아주 많이 좋아하지만(주변에서 '활자중독자' 소리를 들을 만큼, 사실 그 소리를 그리 나쁘게 생각하지 않고, 오히려 매우 뿌듯하게, 어쩌면 훈장처럼 생각한다) 녀석의 모든 것이 궁금해, 그리고 조금이나마 더 좋은 아빠가 되고 싶어 책 읽기를 좋아하는 특기를 살려 육아책도 부지런히 읽고 있다. 책이 그렇듯 육아책도 나쁜 책은 없다. 그저 조금 도움 되는 책, 어느 정도 공감 가는 책, 아주 많이 배울 만한 책이 있을 뿐이다. 그러니 많이 읽고, 열심히 생각하고, 부지런히 실천하면 된다. 한 가지 명심할 것은 '내 아이는 세상에 하나뿐'이기에 그 어떤 좋은 조언과 대다수 아이들에게 만병통치약 같은 방법도 내 아이에겐 적당하지 않을 수 있다는 생각 정도는 필요하다. 그런 마음으로 작년부터 부지런히 읽고 있는 추천 육아책이다(차마 논문까지 옮기지는 못하겠다). '심재원, 똑똑똑! 핀란드 육아, 청림출판(주), 2017', '오소희, 엄마내공, ㈜북하우스 퍼블리셔스, 2017', '허선화, 믿는 대로 말하는 대로 크는 아이, ㈜아이씨티컴퍼니, 2017.'

두 번째 계절

추천 육아책 2

'김문식·김정호, 조선의 왕세자 교육, 김영사, 2003', '창랑, 위안샤오메이 지음, 박주은 옮김, 엄마는 아들을 너무 모른다, ㈜위즈덤하우스, 2014', '최순자, 아이가 보내는 신호들, 씽크스마트, 2016', '문은희, 엄마가 아이를 아프게 한다, ㈜위즈덤하우스, 2011', '이기숙, 적기교육, 글담출판사, 2017', '이무석·이인수, 내 아이의 자존심, ㈜알피코프, 2014', '조선미, 엄마의 품격, 한울림, 2015', '신의진, 현명한 부모들은 아이를 느리게 키운다, 중앙M&B, 2001', '신의진, 현명한 부모들이 꼭 알아야 할 대화법, 랜덤하우스중앙(주), 2005', '송현숙·곽희양·김지원, 놀이터의 기적, 씨앗을 뿌리는 사람, 2015', '최민준, 아들 때문에 미쳐버릴 것 같은 엄마들에게, ㈜살림출판사, 2017', '이동미, 엄마표 아이여행, 지식너머, 2016', '정경옥, 부모의 습관이 아이를 망친다, 눈과마음, 2007', '이영애, 잠자기 전 15, 아이와 함께하는 시간, ㈜위즈덤하우스, 2017', '이안 그랜트 지음, 유윤한 옮김, 아들 키울 때 꼭 알아야 할 12가지, 지식너머, 2016.'

추천 육아책 3

'다큐 프라임 <상상에 빠지다> 제작팀, 우리 아이, 상상에 빠지다, 21세기북스, 2011', '김연수, 9시 취침의 기적, 끌리는책, 2018', '안병수, 과자, 내 아이를 해치는 달콤한 유혹, 국일아이, 2015', '성지혜, 마법의 독서육아, 프로방스, 2017', '허백윤, 독박육아, (주)시공사, 2016', '서안정, 엄마 공부가 끝나면 아이 공부는 시작된다, 한국경제신문 한경BP, 2019', '서진석, 좋은 아빠의 자격, 북라이프, 2013', '박현주, 아이를 제대로 키우려면 지금 당장 TV를 버려라!, 이미지박스, 2012', '박혜란, 모든 아이는 특별하다, 나무를 심는 사람들, 2019', '이다랑, 그로잉맘 내 아이를 위한 심플 육아, (주)알에이치코리아, 2019', '이수진, 아이랑 국내 여행, 대원아이씨(주), 2016', '정유선, 아이와 함께, 크로아티아, ㈜뮤진트리, 2013', '전은주, 제주도에서 아이들과 한 달 살기, ㈜북하우스 퍼블리셔스, 2014', '최혜진, 유럽의 그림책 작가들에게 묻다, ㈜은행나무, 2017.' 읽은 책들은 더 있지만 여기까지만 옮겨본다. 오늘은 박윤미 저자의 '버럭맘 처방전(무한, 2016)'을 읽었다.

두 번째 계절

기습공격

　"흐흐흐, 아빠 간질이지 마. 진짜 간지럽단 말이야"라고 말하는 녀석을 보고, 듣고 있으면 그러면 안 되는 줄 알지만 한 번 더 살짝(?) 간지럽히고 싶다. 녀석이 '흐흐흐'하며 정말 못 참겠다는 표정으로 한껏 뿜어내는 웃음소리는 너무 귀엽고, 사랑스럽기 때문이다. 물론 절대 타인을 괴롭히면 안 되지만, 아빠에게 녀석은 한 몸과 같으니 절대 타인이 아니라 생각한다. 말도 안 되는 소리지만, 이유야 어쨌건, 그냥 결론은, 진짜 하고 싶은 말은, 녀석의 웃음소리를 듣고 있으면 기분이 '막' 좋다는 것이다. 그렇게 한 번만 더 녀석의 웃음소리를 듣기 위해 "아들, 아빠가 두 손 중에 한 손으로만 공격할 거야. 그러니까 잘 맞춰봐"라고 말하고, 오른손만 요란하게 움직이며 녀석의 시선을 유도한다. 녀석이 오른손에 집중하는 사이 "아들, 기습공격이야. 방심하지 말라고 했지"라고 말하며, 왼손으로 녀석의 겨드랑이를 마구 간질인다. 잠시 후 녀석은 "아빠, 이번엔 내가 진짜 기습공격이야. 조심해"라고 말하며, 소파의 한쪽 끝으로 몸을 숨긴다. 기습공격? 아빠는 이미 알고 있다. 흐흐흐.

혼자만 몰랐다

거울을 보다가 앞 머리카락을 쓰윽 뒤로 젖혀 보는데 놀랍게도 언뜻언뜻 새치가 보인다. 젊은 사람의 검은 머리에 드문드문 섞여서 난 흰 머리카락을 새치라고 하니 아직은 그 표현이 맞는 것 같기는 한데, 생각보다 많은 숫자에 당황스럽다. 아내에게 "흰 머리카락이 제법 있는데. 언제 이렇게 많이 생겼지. 1~2개 정도 있거나 많아도 5개 미만이라 생각했는데"라고 말하며 슬쩍 쳐다본다. 아내는 "지난번에 뽑아 줄 때도 그랬어. 원래부터 많았던 거야. 그래도 그 나이에 그 정도면 별로 없는 거니까 편하게 생각해"라고 말한다. 그러면서 녀석의 어린이집 친구의 엄마, 아빠는 벌써 하얗게 샌 부분이 많아 매번 염색을 한다며 위로해 준다. 주변을 둘러보면 나이 어린 후배들도 그런 경우가 많으니 그러려니 생각하지만 오늘따라 기분이 싱숭생숭하다. 언제나 젊은이 같은 마음으로 살면 될 거라 생각했는데 혼자만 몰랐다. 몸은 이미 젊음을 잘 떠나보내고 다음 단계를 부지런히 맞이하고 있는 듯하다. 아빠의 마음을 아는지 모르는지 녀석은 재잘거리며 잘도 논다.

두 번째 계절

정확히, 무엇을 알고 있나?
정확히, 무엇을 알게 될까?

　　　　즐겨보는 <TV책방 북소리(TBS 시민방송)>라는 프로그램에 「우리사랑 선이」라는 책을 쓴 강원래·김송 부부가 초대되어, 어렵게 '선'이라는 아들을 얻기까지의 과정과 그간의 이야기 등을 나누고 있었다. 그러다 진행자는 강원래 저자에게 "왜 그렇게 어린 시절의 감추고 싶다고 생각할 수 있는 이야기까지 자세히 썼나요?"라고 물었고, 저자는 '나는 나의 아버지, 어머니에 대해 정확히 무엇을 알고 있나?'라고 생각해 보았고, 그것에 대한 대답은 막연히 언제, 어디서 태어났고, 어느 학교를 다녔으며, 어떤 일을 했는지 정도만 알고 있다는 것이었다. 자신의 부모에 대해, 그들의 어릴 적 취미는 그리고 그때의 꿈은 무엇이었는지, 삶의 과정에서 어떤 일들이 있었는지 등의 어쩌면 진짜 소중한 것들은 전혀 모르고 있는 것은 아닐까 생각했다고 한다. 그래서 자신은, 자신의 아들에게 아빠에 대해 자세히 알려주고 싶었다고 한다. 문득 녀석의 할아버지, 할머니에 대해 '정확히, 무엇을 알고 있나?' 그리고 녀석이 자라면 아빠, 엄마에 대해 '정확히, 무엇을 알게 될까?'라는 물음이 머문다.

처음엔 그냥 걸었다

문득 임종환이라는 가수의 <그냥 걸었어(2002)>라는 노래가 생각나는 하루다. 모든 가사를 정확히 기억하지는 못하지만 입에서 맴도는 내용 중에 '…처음엔 그냥 걸었어 비도 오고 해서 오랜만에 빗속을 걸으니 옛 생각도 나네 … 정말이야 처음엔 그냥 걸었어 비도 오고 기분도 그렇고 해서 정말이야 거짓말이 아냐 미안해 너의 집 앞이야 난 너를 사랑해 … 나 그냥 갈까 워…' 이 정도는 비교적 또렷이 기억한다. 오늘 하루를 노래 가사에 대입해 보면, 처음엔 그냥 걸었다. 날씨도 너무 맑고 따뜻하고 해서. 오랜만에 녀석과 아내와 집 주변을 걸으니 옛 생각도 났다. 정말이다. 처음엔 그냥 걸었다. 맑고 따뜻한 날씨가 좋기만 했다. 정말이다. 거짓말이 아니다. 미안할 것 까지는 없지만 그래도 녀석과 아내를 사랑한다. 집 주변(대전시민천문대)을 가볍게 산책한다는 것이 산(성두산)을 하나 가로질러, 대학(충남대)까지 둘러보고서야 다시 집으로 돌아왔다. 덕분에 저녁 내내 다리가 뻐근하지만, 또한 덕분에 녀석이 제법 잘 걷는다는 것도 알았다. 물론 중간에 초코빵 하나 먹었지만.

두 번째 계절

아들의 여자친구

막상 그날이 오면 어떤 기분일까 상상해본다. '아들의 여자친구'를 처음으로 만나게 되는 날. 언제가 될지, 어디가 될지, 또 무슨 이야기를 할지 참 궁금하기는 한데 너무 막연하다. 아내는 녀석에게 가끔 묻는다. 옆에서 듣고 있으면 그것이 진담인지 농담인지 구분되지 않을 정도로 사뭇 진지하다. "아들, 나중에 커서도 엄마랑 같이 사는 거지? 지금처럼 엄마랑 딱 붙어서 지내는 거지? 여자친구 생겼다고 엄마보다 여자친구랑 더 붙어 지내는 거 아니지?"라고 끝없이 묻는다. 그럴 때면 녀석이 미처 대답하기도 전에(사실 녀석은 장난감 놀이하느라 바쁘다) "아니 그런 질문이 어디 있어. 나이를 한 살, 두 살 먹다 보면 자연스럽게 좋아하는 여자친구가 생기는 거고, 그럼 또 자연스럽게 엄마보다 여자친구랑 더 많은 시간을 보내겠지"라고 녀석 대신 답한다. 아주 가까운 어느 날, 그렇지 않으면 생각보다 상당히 먼 어느 날, 녀석이 당연히 자신의 마음에도 쏙 들고 엄마, 아빠의 마음에도 너무나 흡족한 여자친구와 함께라면 좋겠다. 이 정도면 큰 욕심은 아니라 생각한다.

10시 1분?

녀석에게 "아들, 우리 10시 30분에 밖에 나갈 거야"라고 말한 후 거실 벽에 걸린 시계로 설명해주려 하는데, 녀석은 시계를 빤히 쳐다보더니 "아빠, 지금이 10시 1분이지?"라고 말하고 잔뜩 의기양양한 표정을 짓는다. 이번에는 자신이 시간을 정확히 맞췄다고 생각하는 것 같다. 시계는 분명히 10시 5분을 가리키고 있는데, 녀석은 짧은 바늘이 '10'에 있으니(겨우 5분 정도 지났으니 거의 10에 붙어 있다) '10시'라고, 긴 바늘이 '1'에 있으니 '1분'이라고 추측한 것이다. 정확한 시간을 맞춘 것은 아니니, 조금 아쉽긴 하지만 그래도 이 정도면 대만족이다. 스스로 시계를 본 것, 짧은 바늘과 긴 바늘을 구분한 것, 각각의 바늘이 '시'와 '분'을 의미하는 것을 알고 있는 것, 그리고 무엇보다 자신 있게 '10시 1분'이라고 말한 것까지. 그렇게 조금 아쉽고 많이 흐뭇한데, 녀석에게 눈에 보이는 '1'이라는 사실적 숫자가 눈에 보이지 않는 '5분'이라는 개념적 숫자로 전환됨을 어떻게 알려줘야 할까? 문득 인간이 위대한 것인지, 그렇지 않으면 학교 선생님들이 대단한 것인지 궁금할 뿐이다.

두 번째 계절

그림자가 비쳤거든요!

녀석과 달리기, 숨바꼭질 놀이를 동시에 해 볼 생각으로 부지런히 움직인다. 물론 집 안이라는 공간적 제약으로 달릴 곳도, 숨을 곳도 마땅치 않다. 녀석이 눈을 감고 열을 세는 동안 부지런히 뛰어(사실 몇 걸음 되지 않는다) 거실에서 안방으로 살짝 몸을 숨긴다. 녀석이 아직 일곱 정도 세고 있기에 방문 뒤에 몸을 감추고 살짝 쳐다본다. 두리번거리던 녀석은 "아빠, 다 보인다. 거기 있는 거 다 알아"라고 말한다. 일부러 살짝 보이게 숨었지만, "아들, 어떻게 알았어? 아빠는 꼭꼭 숨는다고 숨었는데. 다음번에는 더 부지런히 움직여야 될까봐"라고 답한다. 녀석은 "그림자가 비쳤거든요!"라고 외치더니, "아빠, 나 이번에는 진짜 꼭꼭 숨을 거니까 잘 찾아봐"라고 보탠다. 술래가 되어 눈을 감고 열을 세는데, 몸으로 상징되는 주체에 그림자로 상징되는 객체는 언제나 존재하는 것인지 그렇지 않은지, 그렇다면 언제나 발현되는 것인지 그렇지 않은지, 어쩌면 주체와 객체의 개념 자체가 불분명한 것은 아닌지 등등의 생각들이 짧은 순간 머리를 맴돈다.

언제나 가르치려 하지만 언제나 또 배운다

방으로 가서 녀석의 속옷과 겉옷을 챙긴 후, "아들, 나와도 돼"라고 말한다. 엄마와 함께 목욕(대부분 욕조에서 물을 받아 놓고 제법 오랫동안 장난감 놀이를 한다. 이때가 아빠에게는 나름 여유로운 시간이다)을 한 녀석은 커다란 수건 하나를 두르고 욕실 밖으로 살짝 몸을 내민다. 아빠가 밖에서 구석구석 녀석의 몸을 닦는 동안, 엄마는 안에서 여기저기 어질러진 욕실을 정리한다. 물기를 한껏 머금은 녀석을 잠시 바라보는 것, 녀석의 젖은 머리카락을 툴툴 털어 말리는 것, 녀석의 몸에 로션을 듬뿍 발라주는 것, 녀석이 옷을 입는다고 끙끙 노력하는 모습을 바라보는 것, 이 모든 것들은 소박하지만 소중하다. 그러다 속옷을 입다 말고 창가로 후다닥 달려가는 녀석을 보고 있으면 '아이들은 정말 자유롭구나. 무엇을 하다가도 머릿속에 또 다른 생각이 떠오르면 바로 그곳 또는 그것만 생각하는구나. 어른들은 체면 때문에라도 먼저 형식을 갖추려 할 텐데'라는 생각도 든다. 언제나 가르치려 하지만 언제나 또 배운다. 그렇게 아빠는 육아로 성장한다.

두 번째 계절

새총 만들기 1

아침부터 할 일이 많다. 일요일 저녁 늦게 출장지(부산)로 가서 금요일 저녁 늦게(가끔은 토요일 새벽에) 집으로 돌아오니 아내와 못다 한 얘기도 나눠야 하고, 녀석이 생각해 둔 놀이도 해야 하고, 다시 출장 준비도 해야 한다. 이것저것 할 일들을 생각하고 있는데, 막 잠에서 깬 녀석이 "아빠, 아침에 나랑 할 게 3개 있어. 카봇·또봇(로봇 장난감) 놀이, 개구리 게임(모형 개구리를 통통 튕겨 작은 통에 넣는 게임), 새총 만들기야"라고 말한다. 앞에 두 개는 알겠는데, '뜬금없이 새총 만들기는 뭐지?'라고 생각하며 잠시 어리둥절한 표정으로 녀석을 쳐다본다. "아들, 웬 새총 만들기?"라고 물으니, 녀석은 "어제 엄마랑 나무 막대기 주워 왔거든. 이걸로 만들면 돼"라고 답하며 나뭇가지 하나를 보여 준다. 대개는 새총이라고 하면 'Y'자 모양 나뭇가지의 양쪽에 고무줄을 묶어 만드는데, 녀석이 보여 준 것은 'I'자 모양 나뭇가지다. 순간 당황스러워 "아들, 이걸로? 진짜 이걸로 만든다고?"라고 말하고, "그럼, 어떻게 만들고 싶은지 머릿속 생각을 칠판에 그려봐"라고 더한다.

새총 만들기 2

　　녀석은 무슨 그런 질문을 하느냐는 표정으로 삼각형 하나를 그리더니 "아빠, 나뭇가지를 두 번 부러뜨려서 삼각형 모양을 만들어야 돼"라고 말하고, "그런 다음, 중간에 고무줄을 묶는 거야. 알겠지?"라고 보탠다. 그동안 한 번도 보지 못한 새총 모양에 어이가 없지만, 녀석의 설명이 꽤나 진지해 일단 만들어 보기로 한다. 녀석의 설명처럼 나뭇가지의 양쪽을 부러뜨려 삼각형까지는 만들었지만 다음에는 무엇을 해야 할지 몰라 잠시 망설이는데, 녀석은 "아빠, 부러진 부분에 테이프를 붙여야 돼. 그래야 단단해지지(떨어지지 않지)"라고 말한다. 마지막으로 녀석은 삼각형의 양쪽 2/3 부분에 고무줄을 묶어달라고 한다. 그랬더니 제법 그럴듯한 삼각형 새총(녀석의 말로는 '트라이앵글 새총')이 완성되었다. 솔직히 이런 새총은 처음 보았고, 전혀 상상하지 못했다. 아빠였다면 어떻게든 익숙한 'Y'자 모양 나뭇가지만 찾았을 텐데, 녀석은 평범한 'I'자 모양 나뭇가지로도 자신만의 새총을 뚝딱 만들었다. 녀석의 자유로운 상상력이, 그것을 실행에 옮기는 창의력이 새삼 놀랍다.

두 번째 계절

문제가 끝없이 쏟아진다

"아들, 힌트 하나 줘"라고 말하니, 녀석은 "이번에는 힌트 안 줄 거야. 말해주면 아빠가 정답을 맞히거든"이라 말하고 신이 난 듯 제 갈 길을 간다. 코로나19의 감염 및 확산 방지를 위해 녀석도 두 달째 어린이집에 가지 못하고 있기에, 아무래도 운동이 부족할 것 같아 주말이면 집 주변 산책을 나선다. 그다지 바깥놀이를 좋아하지 않는 아이라 처음에는 동네 천변을 걸어보았는데 제법 잘 따랐다. 혹시나 하는 마음에 동네 뒷산도 올라보았는데 이번에도 제법 잘 따랐다. 지난주 일요일, 이번 주 토요일, 일요일까지 녀석에게는 나름 큰 산을 꾸준히 오르내리고 있다(왕복 2시간 정도 걸린다). 아빠 마음처럼 언제나 잘 걷고, 길가의 꽃도, 나무도 구경하고, 산뜻한 바람도 느끼면 좋겠지만 일곱 살 아이에게는 아직 쉽지 않다. 그래서 생각한 것이 걸으며, 쉬며, 또다시 걸으며 퀴즈 놀이를 한다. 녀석은 "얼룩말에는 줄무늬가 왜 있는지 알아?" "코뿔소의 피부는 왜 딱딱하게?" "사람들은 왜 나무를 자를까?" 등의 책에서 읽은 것들을 쉴 틈 없이 이야기한다. 정말 문제가 끝없이 쏟아진다.

진짜 도움이 되는 육아 노하우

녀석이 태어났을 때, 아니 뱃속에 있을 때부터 가입한 보험이 있다. 보험이라는 것이 혹시 있을지도 모르는 뜻밖의 경우를 대비하는 것이니 실제 그것을 이용할 일이 없으면 더 좋다고 생각하게 된다. 그러니 참 특이하고, 독특하다. 적지 않은 돈을 일정하게 고정적으로 지불하면서 그것의 혜택을 보지 않고 일상의 삶을 살아가면 가장 좋은 경우라니. 미래의 불확실성과 그로 인한 사람들의 불안한 마음을 상품화한 것이라 생각한다. 녀석이 별 탈 없이 자라고 있으니 보험 자체를 잊고 지내다 한 달에 한 번 보험사에서 제공하는 '시기별 육아 노하우!'라는 문자가 오면 한 번쯤 생각한다. '녀석이 성장을 잘 하고 있나?', '혹시 놓치고 있는 것은 없을까?'라는 고민 또는 의문으로 문자를 확인하면 어느 정도 안심하게 된다. '생각이나 감정을 말로 표현할 수 있어요', '좋아하는 문장을 통째로 외울 수 있어요' 등의 정보 때문이기도 하지만 진짜 도움이 되는 이미 잘 알고 있지만 그래도 듣고, 볼 때마다 위로가 되는 육아 노하우는 '아이 성장에 따라 개인차가 있을 수 있습니다'라는 마지막 한 줄이다.

두 번째 계절

좋은 사람이면 된다

　　훌륭할 것까지도 없다. 좋은 사람이면 된다. 다 욕심 낼 필요도 없다. 하나라도 잘 하면 된다. 조금 어렵게 말하면 공적 권력을 사적 이익을 위해 사용하지 않으면 된다. 그렇게 열심히, 부지런히, 신명나게 일하면 된다. 주어진 기간에, 생각해 둔 일들을 하나, 둘, 셋... 차근차근, 차곡차곡 추진하면 된다. '투표'를 말하고, '선거'를 의미하는 것이다. 학창시절 '투표'와 '선거'의 정확한 차이를 알지 못했다. 막연하게 누군가를 '뽑는다'라는 의미로 사용했다. 지금은 분명히 구분하지만 그 생각에는 변함이 없다. 녀석과 아내와 사전투표하러 가는 길, "우리 후보, 잘 부탁드립니다." "꼭 찍어주세요"라며 후보자의 운동원들이 부지런히 인사를 건넨다. 과연 그들은 자신들의 후보자에 대해 얼마나 정확히 알고 있을까? 이맘때쯤이면 참 많은 단어들이 떠다닌다. 법정공휴일, 재보궐선거, 선거일, 투표시간, 선거권, 선출인원, 지역구, 비례대표, 출마자격, 예비후보자, 선거인명부, 선거공보, 재외투표, 선거기간, 공약, 사전투표, 투표, 개표, 당선, 낙선... 녀석에게 말한다. 좋은 사람이면 된다.

띄어쓰기를 생각하다가

지방 출장 중이다. 업무를 마치고 호텔로 돌아와 컴퓨터를 켠다. 어쩌다 보니 이번 출장에서는 한 번도 텔레비전을 보지 않았다. 출장지에서의 빡빡한 업무 때문이기도 하지만 그저 잠시라도 아무런 소리도 들리지 않는다는 느낌이 좋아졌기 때문이다. 글을 쓰고, 쓴 글을 소리 내어 읽어 본다. 그렇게 몇 줄 쓰고, 몇 단어 고쳐가며 글을 이어간다. 맞춤법이나 띄어쓰기가 궁금한 단어가 생길 때면 인터넷 사전으로 확인한다. 그렇게 좀 더 정확하고, 좀 더 올바른 글을 쓰는 재미가 있다. 거친 생각들이 글로 옮겨지며 한 번, 두 번, 세 번... 반복해서 걸러지고, 반복해서 다듬어진다. 그러다 문득 띄어쓰기에 따른 의미 차이가 궁금하다. 예를 들어 '그작가, 그공간'이라는 표현이 있다면, '그 작가, 그공간', '그작가, 그 공간', '그 작가, 그 공간' 등으로 조금은 다른 의미로 의도에 맞게 쓰일 수 있다. 어쩌면 예로 든 띄어쓰기처럼 일곱 살의 녀석이, 열 살의 녀석이, 스무 살의 녀석이 근원적으로 달라질 것은 없다. 그때마다 조금 더 잘하는 일이, 조금 더 흥미로운 일이 있을 뿐이라 생각한다.

두 번째 계절

외로움이었다

　　인터넷으로 한겨레TV를 이리저리 뒤적이다 <최재봉의 공간>이라는 프로그램에 닿았고, 꽤 오랜 시간 머물렀다. 문학담당 기자가 시인, 소설가 등 작가의 공간으로 찾아가서 그(녀)와 짧은 대화를 나누었다. 이미 오래전에 책으로 읽었지만 5분 내외(10분 정도 되는 것도 있었다)의 영상으로 다시 접하니 나름 새롭고, 여전히 생각거리가 많았다. 그러다 주변을 둘러보니 순간 왠지 모를 고립감이 느껴졌다. 출장지 좁은 호텔방이라는 공간이 주는 갑갑함, 답답함, 막막함... 이유 없는 듯 이유 있는 고립감이었다. 이 공간을 잠시 벗어나야겠다는 생각에 김훈 작가의 영상을 보며 옷을 입었고, 정유정 작가의 영상을 보며 양말을 신었고, 박남준 시인의 영상을 보며 운동화를 신었고, 김성동 작가의 영상을 보며 지갑을 챙겼고, 이제 나가야지 생각하며 김선우 시인의 영상을 마저 봤다. 그러다 왜 그랬는지 밖으로 나갈까 말까 다시 생각했다. 공간이 문제가 아니었다. 전화를 했고 아내와 녀석의 목소리를 들었고, 얼굴까지 봤다. 고립감이 아닌 외로움이었다. 항상 곁에 있던 아내가, 녀석이 보고 싶었다.

아들의 소원 1

이제는 익숙한 산책길, 주말이면 녀석과 아내와 어김없이 함께 한다. 볕이 따뜻한, 바람까지 시원한 날, 좁은 길은 앞·뒤로, 넓은 길은 손을 잡고 나란히 걸어 본다. 걷다, 쉬다 중간중간 게임도, 운동도, 놀이도 한다. 그렇게 1시간 정도 쉬엄쉬엄 걷던 녀석이 이정표가 세워진 돌탑 앞에 잠시 멈추고, 작은 돌멩이 몇 개 주워 탑에 더한다. 녀석은 "아빠, 나 지금 소원 빌 거야. 엄마랑 아빠도 소원 빌어"라고 말하고, 정성스레 손을 모으고, 진지하게 눈을 감는다. 얼떨결에 '우리 가족 건강하게 해 주세요'를 기본으로 몇 가지 다짐을 해 본다. 소원은 물어보지 않는 것이라지만 궁금함은 어쩔 수 없어, "아들, 무슨 소원 빌었어?"라고 물으니 "응, 소원 다섯 개 빌었어. 첫 번째는 곤충이 많았으면 좋겠고(요즘 초등학생이나 볼 만한 곤충 만화책을 부쩍 좋아한다), 두 번째는 쉴 때가 많았으면 좋겠고(조금 힘들었나 보다), 세 번째는 간판이 많았으면 좋겠다고(동물의 사진과 습성, 생태 등을 간단히 소개하는 산책길 안내문의 한글 읽기가 재미있나 보다) 빌었어"라고 답한다.

두 번째 계절

아들의 소원 2

"그럼, 나머지 두 개는?"이라 물으니, 녀석은 "응, 그건 다음에 탑 또 쌓아야 돼"라고 말하고 다시 걷는다. 잠시 후 작은 탑 하나를 길가에 쌓더니 다시 손을 모으고, 눈을 감는다. "아들, 나머지 두 개는 무슨 소원이야?"라고 물으니, "응, 첫 번째는 돌이 많았으면 좋겠고(소원을 많이 빌 수 있으니), 마지막은 블라블라야"라고 답하며 씩 웃는다. "블라블라? 마지막은 비밀인가 보네?"라고 물으니, 녀석은 "힌트를 줄게"라고 받더니 손가락으로 사각형을 그린다. 앞에 네 가지 소원을 봐서는 그렇게 크거나 거창한 것은 아닌 것 같은데 맞추기가 쉽지 않다. "아들, 힌트 하나 더 주면 안 될까?"라고 다시 물으니, 녀석은 "응, 그럼 그냥 알려 줄게. 마지막 소원은 책이 많은 거야"라고 답한다. 일곱 살 꼬마의 소원 중에 하나가 책이 많은 것이라니, 책을 좋아하는 아빠로서는 세상 더없이 기쁜 일이지만, 어쨌거나 녀석의 소원들은 좀 생뚱맞다. 그렇게 다섯 가지 소원을 정성스레 빌고 신이 난 듯 앞서가는 녀석을 보며 '인생 참 소박해서 좋겠다'라는 생각도 든다. 이렇게 소박하게 살아도 되는데...

비가 오는 날

아침에 창밖을 보며 '오늘은 간단치 않겠구나. 제법 긴 하루가 되겠네'라고 생각한다. 어제까지는 날씨가 좋아 동네 산책을 하며 시간을 보냈는데, 비라고 하기에도 좀 뭣한 비 같지 않은 비가 내린다. 녀석과 바깥놀이는 쉽지 않을 것 같고, 어제 약속해 둔 서점을 가기로 한다. 왜 그랬는지 모르겠지만, 아내가 버스를 타고 가자기에 아무런 생각 없이, 아니 어쩌면 시간이 더 잘 갈 것 같아 "응, 그래"라고 가볍게 답한다. 녀석이 좋아하는 맨 뒷자리에 함께 앉아 녀석의 눈높이에서 바라보는 풍경들은 여유롭다. 서점에 도착해 녀석이 엄마와 책을 읽는 사이, 기억해 둔 책들을 찾아 읽고, 그중에 몇 권 담아 본다. 딱 거기까지는 좋았다. 다시 버스를 타고 집으로 돌아오는 길, 녀석은 버스에서 잠이 들었다. 제법 굵어진 비에, 녀석의 동화책까지 열 권이 넘는 책을 담은 가방을 메고, 한 손으로는 녀석을 업고 있는 아내에게 우산을 씌워 주고, 다른 손으로는 녀석의 작은 우산으로 머리만 겨우 가렸다. 우산을 쓴 듯 쓰지 않은 듯 아내와 나란히 걸었다. 철없는 신혼부부 같다는 생각에 그저 웃음만 났다.

두 번째 계절

녀석의 물건들

2020년 4월의 어느 날, 거실 소파에 앉아 '녀석의 물건들'을 생각해 본다. 먼저 정면에는 커다란 분홍색 칠판이, 그 칠판 위에는 녀석이 그린 커다란 그림이, 그 그림 속에는 커다란 공룡 티라노사우루스가 있다. 칠판 속에는 며칠 전 녀석이 그린 엄마, 아빠의 얼굴도 있고, 녀석의 글자놀이 흔적도, 아빠의 글씨연습 흔적도, 엄마의 그림 흔적도 있다. 다음으로 오른쪽 창가에는 작은 책상과 의자 하나가 있고, 그 아래 크고, 작은 레고블록과 공룡 장난감, 로봇(카봇·또봇) 장난감 등의 각종 장난감이 있다. 반대편 왼쪽 책장에는 공룡, 곤충, 자연관찰 동화책과 숨은 그림 찾기, 그림 맞추기, 물건 옮기기 등의 다양한 게임이 있다. 또 뭐가 있을까 생각해보니 녀석이 잠을 자는 큰 방에는 엄마 코끼리, 아기 코끼리, 엄마 강아지, 아기 강아지 등의 인형들이, 가끔 뛰어다니는 작은 방에는 곰, 공룡, 당나귀 등의 인형들이 있다. 마지막으로 계단으로 올라가야 하는 놀이방에는 지금까지 이야기한 대부분의 것들과 축구공, 농구공, 야구공 등의 공들이 있다. 그렇게 생각하니 참 많기도 많다.

방울뱀을 피하는 방법

세상에는 정말 다양한 'OOO 하는 방법'들이 있다. 어떤 문제 또는 상황에 직면했을 때 좀 더 쉽게, 좀 더 편하게, 좀 더 효율적으로, 등등의 이유로 그 방법들을 찾게 된다. 산책길에 녀석이 왜 갑자기 그런 말을 했는지 지금도 정확히 알 수는 없다. 다만, 한 가지 분명한 것은 느닷없이 '방울뱀' 이야기가 나올 만한 분위기는 아니었다는 사실이다. 녀석이 아빠와 손을 잡고 나란히 잘 걷고 있다가 뜬금없이 "아빠, 그런데 방울뱀 피하는 방법을 알려줄까?"라고 하기에, 조금 어이가 없기도 하고, 딱히 생각나는 대답도 없어서 "응? 방울뱀? 어떻게 피하는데? 어디 책에서 본 거야? 아니면 엄마가 알려 준 거야?"라고 받는다. 녀석은 대학교수님 같은 표정으로 "응, 그냥 아는 거야. 정답은 세 가진데, 첫째, 멀리 떨어지는 거야. 그리고 둘째, 도망가는 거야. 마지막 셋째, 공격하지 않는 거야"라고 말한다. 그러다 잠시 후 커다란 비밀 하나를 더 알려준다는 표정으로 "아빠, 한 가지가 또 있어. 그건 바로, 미리 훈련을 해 놓는 거야"라고 보탠다. 녀석이 알려 준 '방울뱀을 피하는 방법', 적극 참고해야 겠다.

두 번째 계절

얼굴 보이는 책

　　책에는 다양한 이름(제목)과 얼굴(표지)이 있다. 그것은 저자, 그렇지 않으면 편집자의 생각을 적절하게 반영한다. 최근에 읽은 '아이가 보내는 신호(최순자)', '선택(권인숙)', '칼의 노래(김훈)', '한글자(정철)', '모든 요일의 기록(김민철)', '골든 아워(이국종)' 등의 책들은 그 이름 또는 얼굴만으로도 전체적인 내용을 짐작할 수 있었다. 이 글을 쓰고 있는 책상에도 '대통령의 말하기(윤태영)', '우리도 행복할 수 있을까(오연호)'라는 이름의 책들이 그것에 어울리는 얼굴을 하고 있어 '말하기', '행복'에 대한 내용을 기대할 수 있다. 작은 소동이 있었다. 잠자리에 든 녀석의 "엄마, 얼굴 보이는 책이 무서워"라는 말 때문이었다. '얼굴 보이는 책? 그건 또 뭐지?'라고 생각하다 뒤늦게 눈치 챘다. 책장을 보니 책등에 다양한 이유로 얼굴이 그려진 책들이 제법 있었고, 그 중에 일부('마르크스', '체 게바라' 등 사회과학 분야)는 녀석에게 충분히 무서울 수 있겠다 생각했다. 이유야 어쨌든 50권이 훌쩍 넘는 '얼굴 보이는 책'을 작은 방으로 부지런히 옮겼다. 책에도 이렇게 다양한 얼굴이 있다니, 잠시 놀랐다.

두 번째 계절

5월

"아빠, 물이 뜨거워지면
지구가 더워지는 거야.
그럼, 지구온난화가 오는 거라고"

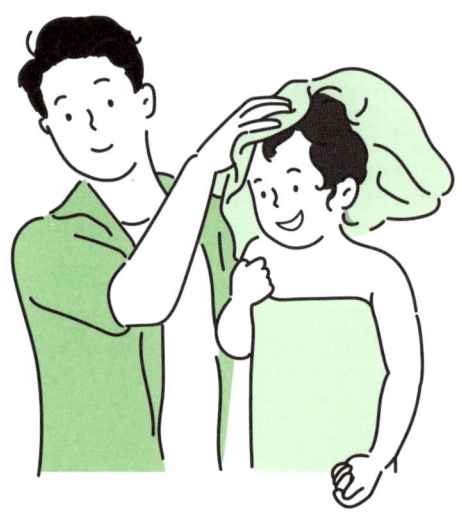

이제는 조금 알겠다 1

　최근에는 책을 서점에서 사거나 도서관에서 대여하는 것보다 그저 서재에서 손에 잡히는 대로 꺼내어 읽는다. 이미 한 번 이상 읽은 책들이지만 다시 봐도 여전히 흥미롭다. 그중에 <칼의 노래 1·2(김훈, (주)생각의 나무, 2004)>는 특히 좋았다. 예전에는 어쩌면 저자의 유명세, 또 어쩌면 '버려진 섬마다 꽃이 피었다'라는 첫 문장 때문에(사실을 전달하는 '꽃이'와 감정을 전달하는 '꽃은' 사이의 저자의 고민에 대한 언론 보도 등) 읽었지만 기쁨보다 실망이 조금 컸다. 그러다 10년이 훌쩍 지나 다시 보니 1권의 '나는 정치적 상징성과 나의 군사를 바꿀 수는 없었다. 내가 가진 한 움큼이 조선의 전부였다. 나는 임금의 장난감을 바칠 수 없는 나 자신의 무력을 한탄했다. 나는 임금을 이해할 수 있었으나, 함대를 움직이지는 않았다(p. 32-33)'라는 부분과 '크고 확실한 것들은 보이지 않았다. 보이지 않았으므로, 헛것인지 실체인지 알 수가 없었다. 모든 헛것들은 실체의 옷을 입고, 모든 실체들은 헛것의 옷을 입고 있는 모양이었다(p. 44)'라는 부분이 오랫동안 마음에 머물렀다.

두 번째 계절

이제는 조금 알겠다 2

그리고 2권의 '임금의 언어와 임금의 울음을 구분하기 어려웠다. 임금은 울음과 언어로써 전쟁을 수행하고 있었다. 언어와 울음이 임금의 권력이었고, 언어와 울음 사이에서 임금의 칼은 보이지 않았다. 임금의 전쟁과 나의 전쟁은 크게 달랐다(p. 47)'라는 부분도 좋았고, 특히 '끼니는 어김없이 돌아왔다. 지나간 모든 끼니는 닥쳐올 단 한 끼니 앞에서 무효였다. 먹은 끼니나 먹지 못한 끼니나, 지나간 끼니는 닥쳐올 끼니를 해결할 수 없었다. 끼니는 시간과도 같았다. 무수한 끼니들이 대열을 지어 다가오고 있었지만, 지나간 모든 끼니들은 단절되어 있었다. 굶더라도, 다가오는 끼니를 피할 수는 없었다. 끼니는 파도처럼 정확하고 쉴새없이 밀어닥쳤다. … 끼니는 칼로 베어지지 않았고 총포로 조준되지 않았다(p. 48-49)'라는 부분을 읽으면서 '끼니'라는 내용으로 어떻게 이런 생각을 하고, 이런 문장을 쓸 수 있을까 감탄했다. 왜 <칼의 노래>를 뛰어난 소설이라고 하는지 이제는 조금 알겠다. 어쩌면 녀석도 오래 두고 조금씩, 조금씩 알아가야겠다. 그런 재미도, 기쁨도, 감탄도 있겠다.

지구온난화 걱정

녀석과 나란히 욕조에 앉는다. 엄마가 저녁 준비를 하는 동안, 아빠는 저녁 먹기 전 준비를 하는 것이다. 물놀이에 한창인 녀석을 나름 부지런히 씻기고 있는데, "아빠, 물이 뜨거워지고 있어"라고 하기에, "그래? 뜨거워? 아빠는 따뜻해서 좋은 것 같은데"라고 답한다. 그랬더니 녀석은 "아빠, 물이 뜨거워지면 지구가 더워지는 거야. 그럼, 지구온난화가 오는 거라고"라고 제법 진지하게 얘기하며, "아빠, 그리고 일회용 쓰면 안 돼. (잠시 후) 아니다. 우리는 일회용 아껴 쓰면 되겠다"라고 말하고, "아빠, 우리 오늘 고기 구워 먹지? 고기 많이 먹으면 지구가 더 뜨거워져"라고 보탠다. 그러다 또 잠시 후 "맞다. 우리는 불 나오는 가스레인지 안 쓰니까 괜찮겠다. 또 우리는 적당히 먹으니까 괜찮겠어"라고 말한다. 거실로 나와 "아들, 거실 불 켜야겠어"라고 얘기하니, 녀석은 무엇인가 골똘히 생각하더니, "아빠, 펭귄이 온난화 때문에 죽고 있어"라고 답하며, "전기는 조금 있다가 어두워지면 그때 켜자"라고 맺는다. 일곱 살 꼬마가 아는 것도 참 많고, 덕분에(?) 걱정거리도 참 많다.

두 번째 계절

좋은 의도가 반드시
좋은 결과를 보장하지는 않는다

"왜 아빠랑 자고 있지?"라는 물음으로 시작해서 "아빠 싫어!"라는 소리까지 들었다. 아닌 밤중에 홍두깨까지는 아니지만 주말 아침 잘 자고 일어나 곁에 있는 아빠에게 할 말은 아닌 것 같은데, 설령 진짜 그렇더라도 '아빠, 안녕히 주무셨어요!'까지는 아니더라도 가볍게 미소 한 번 날려줄 만한데, 뭐 그리 어려운 것을 기대한 것도 아닌데, 대답할 겨를도 없이 녀석은 더 크게 울먹이기 시작한다. 녀석에게 "응, 엄마가 어제 밤늦게까지 일해서, 지금 작은 방에서 자고 있어. 엄마 집에 있어"라고 말하고 안아주려 하는데, 녀석은 이미 아빠의 이야기가 귀에 들어오지 않는다. 사실, 일주일에 한 번이라도 엄마가 혼자 편하게 잤으면 하는 마음에 녀석이 잠든 이후에 자리를 바꾸었던 것인데, 녀석이 잠자리에 들 때는 엄마가 옆에 있었는데, 눈을 떠보니 아빠가 옆에 있다면 무엇인가 이상하긴 했을 것 같다. 녀석의 울음에 쫓아온 엄마는 "아들, 미안해. 엄마가 얘기 안 해줬네. 미안해. 다음부터는 꼭 먼저 얘기할게"라고 말하며 달랜다. 좋은 의도가 반드시 좋은 결과를 보장하지는 않는다.

마음속 그립고 정든 곳

'자기가 태어나서 자란 곳', '조상 대대로 살아온 곳', '마음속에 깊이 간직한 그립고 정든 곳'을 '고향'이라 한다. 그 누구보다 자주 쓰는 단어지만, 좀 더 정확히 '시골'이라는 단어라 해야겠지만 이유야 어쨌든 그립고, 정겨운, 여유롭고, 넉넉한 단어라 생각한다. 지난번 책에서도, 지지난번 책에서도, 어쩌면 그동안 쓴 대부분의 글이라고 해야겠지만 저 자소개 어딘가에는 '경상북도 영주의 작은 마을에서 태어나 'OOO'라는 이름 석 자를 얻었다. 운동도 공부도 몹시 좋아하던 시골 아이는...'이라는 문구가 있다. 녀석에게 고향은 어딜까? 일곱 살 녀석은 "고향이 어디야?"라고 그 누군가 묻는다면 뭐라 대답할까. 아빠는 망설임 없이 '경상북도 영주'라고 할 테고, 엄마는 망설임 없이 '부산'이라고 할 텐데, 녀석은 망설임 없이 '대전'이라고 할까? 녀석이 태어나서 자란 곳은 '대전'이지만, 조상 대대로 살아온 곳은 어디라고 해야 할지, 또 마음속에 깊이 간직한 그립고 정든 곳은 어디라고 해야 할까? 고향이 없는 삶은 한 번쯤 외롭다. 마음속... 그립고... 정든 곳... 고향...

두 번째 계절

기분이 좋다

　　보통의 날이다. 하지만 휴가다. 그러니 조금 특별한 날이 되어, 기분이 좋다. 아침에 딱 30분만 더 잔다. 이미 정신은 깼지만 이불 속에서 뒹굴뒹굴하니, 기분이 좋다. 아내와 녀석과 아침밥을 먹는다. 어제도, 그제도 먹었던 밥이지만, 기분이 좋다. 동네 주민센터 가는 길에 아내는 커피 한 잔으로, 녀석은 아빠보다 앞장서 달려가니, 기분이 좋다. 동네 도서관에서 오늘부터 책 대출이 가능하다니, 기분이 좋다. 녀석은 네 권을, 아내는 다섯 권을 고른다. 아빠는 세 권만 고를까 잠시 고민하지만 다섯 권까지 담고 나니, 기분이 좋다. 점심밥은 돈가스와 스파게티가 맛있는 빵집으로 향하니, 기분이 좋다. 느긋하게 맛있는 빵과 스파게티와 돈가스를 먹고 나니, 기분이 좋다. 서점에서 사고 싶은 동화책과 곤충 만화책을 모두 가진 녀석은, 기분이 좋다. 아빠는 몇 권의 책을 사지 않고 읽기만 해도, 그저 서점에 있다는 이유만으로도, 기분이 좋다. 집으로 돌아오는 길, 버스정류장에 도착하자마자 '잠시 후 버스가 도착한다'라고 하니, 기분이 좋다. 그렇게 하루 종일, 기분이 좋다.

'환상속의 육아'는 없다

'서태지와 아이들'의 <난 알아요(1992)>라는 앨범에 <환상속의 그대>라는 노래가 있다. 그 당시에도 대단한 노래였지만 최근에 <환상속의 그대>라는 제목에 이끌려 다시 들어보니 정말 위대한 노래라고 생각된다. 가사 중에 '결코 시간이 멈추어 질순 없다 무엇을 망설이나 되는 것은 단지 하나 뿐인데 바로 지금이 그대에게 유일한 순간이며 바로 여기가 단지 그대에게 유일한 장소이다'라는 부분과 '단지 그것 뿐인가 그대가 바라는 그것은 아무도 그대에게 관심을 두지 않는다 그대는 새로워야 한다 아름다운 모습으로 바꾸고 새롭게 도전하자 그대의 환상 그대는 마음만 대단하다 그 마음은 위험하다 자신은 오직 꼭 잘 될 거라고 큰 소리로 말하고 있다'라는 부분도 좋지만, 반복되는 '환상 속에 그대가 있다 모든 것이 이제 다 무너지고 있어도 환상 속에 아직 그대가 있다 지금 자신의 모습은 진짜가 아니라고 말한다'라는 부분이 특히 좋다. 그런데, 그렇지만 '환상속의 육아'는 없다. 그것은 '현실'에 있다.

두 번째 계절

어느 보통의 날

눈이 간다. 마음이 간다. 손이 간다. 하나, 둘 담는다. 차곡차곡 담는다. 많다. 제법 많다. 겨우 일주일이다. 그렇게 또 분리수거를 한다. 아파트 분리수거장까지 '한 번에', '혼자'는 쉽지 않다. 도움을 청한다. 녀석과 아내에게. 녀석에게 "아들, 아빠 재활용품 분리수거하러 갈 거니까 도와줘"라고 말한다. 아내에게 "좀 이따가 밖에 나갈 때 상자 큰 거 하나 들어 줘"라고 말한다. 집을 나선다. 각자 손에 하나 또는 둘 이상 들고. 아내는 잠시 관리사무소에 볼 일이 있다고 한다. 녀석과 둘이서 먼저 가라고 한다. 가던 길을 마저 간다. 녀석은 "아빠, 엄마 기다리고 있자"라고 말한다. "왜?"라고 짧게 묻는다. 녀석은 "그게 가는 거보다 낫잖아. 같이 가야지. 엄마 걱정하잖아"라고 답한다. 잠시 후 "안 그러면 다른 사람이 데려간 줄 알겠지"라고 보탠다. 딱히 틀린 말도 아니다. 길가에 멀뚱히 서 있는다. "우리 뭐 할까?"라고 묻는다. 녀석은 "꽃구경"이라 받는다. 출퇴근길로, 산책길로, 항상 다니던 길이다. 잠시 기다린다. 잠시 바라본다. 꽃이 참 많다. 꽃이 참 예쁘다. 다시 아내가 보인다.

손바닥 동물원

어제는 원숭이, 토끼, 독수리를, 오늘은 잉꼬, 앵무새, 수탉, 호랑이, 코끼리를 그렸다. 2시간 이상씩. 며칠 전 녀석이 서점에서 <손바닥 동물원(한태희, 2013)>이라는 책을 읽을 때만 해도 이렇게까지 일이 커질 줄은 예상하지 못했다. 녀석이 "아빠, 여기 사진 좀 찍어 줘. 이거 집에 가서 할 거야"라고 하기에, 그저 가벼운 마음으로 "응, 그래"라고 답하고 사진을 두 장 찍었다. 집으로 돌아와 잘 먹고, 잘 놀고, 막 자려는데, 녀석이 "아빠, 우리 손바닥으로 그림 그릴까?"라고 말했다. 잠자는 시간이 조금 늦어지긴 하겠지만 '그림 몇 개 정도는'이라 생각하며 "응, 알았어"라고 답했다. 그렇게 녀석의 손바닥 그림은 시작되었고, 그림 그리는 것을 좋아하는 엄마가 사용하는 '전문가용 아크릴물감'까지 보게 되었다. '996 Pale Gold', '997 Rich Gold'... 색마다 번호가 붙고, 색마다 차이가 있음도 알게 되었다. "아빠, 코끼리는 꼭 흑색이어야 할까요?" "저는 그냥 황금색으로 할래요!" "이렇게 손바닥으로 동물 그림을 그리니까 신나요!" 아들의 즐거움과 아빠의 뒤치다꺼리는 딱 정비례했다.

두 번째 계절

자동차야, 고마워!

　　며칠째, 아니 좀 오래된 생각이었다. 자동차에 먼지가 수북했다. 이곳저곳 얼룩도 보였다. 녀석에게 "아들, 우리 햇볕이 좀 사라지면 자동차 씻으러 갈까?"라고 말하니, 실제 세차를 해본 적이 없는 녀석은 "응, 좋아요"라고 답했고, "아빠, 그런데 장난감 놀이 먼저 하고 가자"라고 보탰다. 그렇게 30분 정도 함께 놀다가 세차장으로 길을 나섰다. '덕분에 아내는 좀 쉬겠구나'라고 생각하며. 집 근처 세차장에는 이미 많은 사람들로 붐볐지만 다행히 딱 한자리 빈 곳이 있었다. 동전을 넉넉하게 교환했고, 녀석에게 많은 것을 맡겼다. "아들, 여기 동전을 넣어 봐." "거품이 나오면 자동차 이곳저곳 깨끗하게 청소하면 돼." "이번에는 엄청 센 물이 나올 거야. 이걸로 거품을 없애 줘"라고 말했고, 많이 느렸지만, 많이 서툴렀지만, 그저 녀석을 기다렸다. 그렇게 짧은 시간은 흘렀고, 차의 물기를 닦기 위해 이동했다. 녀석은 이번에도 열심이었다. 그러더니 "자동차야, 고마워!"라고 말했다. "아들, 뭐가 고마워?"라고 물으니, "응, 우리를 여기까지 데리고 왔잖아. 나 지금 신나거든"이라 답했다.

68분 기차여행

왔다가 갔고, 갔다가 왔다. 그저 오고, 감만 반복했지만 참 좋았다. 거창한 그 무엇을 얘기하려는 것은 아닌데, 아이와 함께하며 '반복'이라는 단어가 주는 미묘한 느낌이 새롭다. 일상의 평균선을 넘어서는 감정선. 2년 전, 녀석이 다섯 살 때, 그러니까 육아휴직 기간 중일 때와 반복되는 기분(그때도, 이번에도 다행히 '기쁨'). 조금 또는 많은 차이라면 이제 녀석은 일곱 살이 되었고, 아빠는 회사에 복직했고, 집은 이사했다는 정도. 며칠 전 녀석이 기차를 타고 싶다고 얘기했고, 그래서 '대전역→오송역→대전역'으로 딱 '68분 기차여행'을 다녀왔다. 편도 기준으로 34분, 700원(성인 2,700원)이니 몸도, 마음도, 비용도 부담 없었다. 거기에 나름 여행 분위기를 낸다고 녀석은 좋아하는 과자 한 봉지를, 아빠는 오랜만에 오징어구이 한 마리를, 엄마는 향이 좋은 커피 한 잔을 추가했다. 그렇게 짧은 여행을 마치고 집으로 돌아오는 버스의 맨 뒷자리, 녀석은 엄마 무릎에 곯아떨어졌고, 창을 스치는 바람은 녀석의 머리카락을 시원스레 흩날렸다. 그렇게 또 하루가 채워졌다.

두 번째 계절

낳기를 잘했다

요즘 들어 아내가 부쩍 자주 하는 말, "낳기를 잘했다. 잘했어." "요렇게 귀여운 아이를 안 낳았으면 어떡할 뻔했어. 우리 귀염둥이씨." 그 얘기를 곁에서 가만히 듣고 있는 녀석의 표정을 보면 '그래, 낳기를 잘했지. 잘했어'라는 생각이 절로 든다. 그러다 아내에게 "그러고 보니, 녀석의 할머니에게 그 얘기를 가끔 들었어. 생각해보니, 그 말보다 더 큰 효도가 있을까 싶기도 해"라고 말한다. '낳기를 잘했다'라는 말 속에는 자식에 대한 많은 의미가 포함되어 있다. 그리 생각하니 괜히 기분이 좋고, 한편으론 조금 미안한 마음도 든다. 녀석의 할머니와 함께한 추억들이 선명한 만큼 녀석의 할아버지와 함께하지 못한 흐릿한 기억들 때문이다. 어느 날 녀석이 "엄마! 아빠! 낳아주셔서 고맙습니다!"라고 한다면 기분이 어떨까. 지금 상상만으로도 뭉클한데, 실제 그 말을 듣게 된다면 어떤 느낌일까. 앞으로 감정이 힘든 날도 분명히 있겠지만 '낳기를 잘했다'라는 마음이 끝끝내 변하지 않았으면 좋겠다. '그래도, 그래도, 그래도, 낳기를 잘했다'라고 말하면 되니까.

책'은' 좋은 것이지만 책'만' 좋은 것은 아니다

이런 것을 두고 '부전자전(父傳子傳, 아들의 성격이나 생활 습관 따위가 아버지로부터 대물림된 것처럼 같거나 비슷함)'이라고 한다면 딱히 할 말은 없지만 솔직히 가끔은 조금 과하다 생각한다. 일반적으로 책읽기는 긍정적으로 얘기되고, 많은 사람들에게 칭찬받을 일로 평가된다. 그런 까닭에 책에 대한 동·서양의 격언, 명언 등은 넘쳐난다. 물론 녀석의 책읽기도 마땅히 칭찬받아야 하겠지만, 요즘 들어 잠자리에 들기 전 "이것만 보고 싶다." "한 개 더 보고 싶다." "이거 궁금하다"라는 말들을 자주 한다. 녀석의 입에서 이런 얘기가 나오기 전에 이미 1시간에서 1시간 30분 이상 책을 읽었다. 지금도 그렇지만 녀석은 어릴 때부터 많은 시간을 책과 보냈다. 아빠와 함께 많이 읽기도 했고, 녀석이 혼자 무엇인가 할 때면 대부분의 경우 아빠는 곁에서 책을 펼쳤다. 책과 함께할 때마다 책을 너무나 좋아하는 아빠로서 고민이다. 녀석도 책으로 듣기에서 읽기까지 왔고, 앞으로 쓰기까지 가겠지만, 녀석이 책'은' 좋은 것이지만, 책'만' 좋은 것은 아님을 항상 마음에 새겼으면 좋겠다.

두 번째 계절

어린이날, 그날이 왔다

녀석이 가장 좋아하는 날 중에 하나인 어린이날, 그 날이 왔다. 아빠에게 녀석은 1년 365일이 어린이날 같은 인생이지만, 엄마에게는 조금 더 특별한 날이다. 그러니 엄마는 며칠 전부터 선물 고민으로 몸도, 마음도 바빴고, 다행히 선물은 어린이날을 며칠 앞두고 무사히 도착했다. 그것을 아는지 모르는지 녀석은 선물을 받게 될 어린이날을 손꼽아 기다렸다. "아빠, 이제 다섯 밤만 자면 되는 거지?"라고 묻기도, "그런데 선물은 뭘까?"라고 하기도, "내일 어떤 선물이 있을지 궁금하다"라고 말하기도 했다. 그렇게 시간은 또박또박 흘러갔고 녀석은 어린이날 주인공 자격을 오롯이 즐겼다. 어린이날, 아침에 일어나자마자 "아빠, 오늘은 어린이날이에요!"라고 말하고, "얼른 선물 주세요!"라고 보탠다. "아들, 이번에는 선물이 두 개 있어!"라는 엄마의 말에, 녀석은 "1번 선물 먼저 주세요!"라고 말한다. 1번 선물을 건네니, "2번 선물도 주세요!"라고 더한다. 2번 선물까지 건네니 아빠에게 어린이날은 이미 끝난 듯하지만 녀석에게는 이제부터 진짜 시작이다. 일곱 살 꼬마 어린이를 위한 어린이날.

일곱 살 어린이집, 처음 가는 날

　　코로나19의 전국적(세계적) 확산에 따라 안타깝게도 녀석은 여섯 살에는 어린이집 졸업식을, 일곱 살에는 입학식을 못했다. 2월 말부터 5월 초까지 두 달 이상을 집에서 지냈다. 누구나 그랬듯 이렇게 긴 시간을 집에서 보내게 되리라는 생각은 못했지만 오랜 기간 엄마, 아빠와 함께하며 아주 즐거운 시간이었다고 한다. 원래도 집을 좋아하는 아이지만 "아빠, 이렇게 계속, 계속 집에 있었으면 좋겠다"라고 말한다. 언제 끝날지 몰랐던 코로나19도 이제 사회적 거리두기가 생활속 거리두기로 바뀌면서 녀석도 다시 어린이집에서 친구들, 선생님과 함께 한다. 어쩌다 보니 5월이 되어서야 일곱 살 어린이집을 처음 간다. 아내의 말로는 어린이집을 이미 오래전부터 다니고 있었던 친구들도, 아직까지 돌아오지 않는 친구들도 있다고 한다. 녀석은 며칠의 적응기간(아침에 조금 늦게 갔다가 점심만 먹고 다시 돌아오는)을 거쳐 다시 일상으로 돌아갈 것이다. 앞으로 살아가면서 또 어떤 생각지도 못한 일들이 있을지 모르겠지만 지난 몇 달은 정말 대단한 경험이었다.

두 번째 계절

결혼사진

　　며칠 전에도 그랬는데 오늘 다시 그러는 것을 보니 진심이라 느껴진다. 아니 그렇게 믿고 싶고, 그렇게 믿어야겠다. 녀석이 엄마, 아빠의 결혼사진(거실 에어컨 뒤에 보관(?)해둔 것을 텔레비전을 옮기려고 청소를 하다가 발견(?)해서 잠시 치워두었더니 곁에서 놀고 있던 녀석이 쪼르륵 달려와 한참을 쳐다보다 창가에 가져다 놓은 보통의 액자 크기에 잘 가다듬은 신랑, 신부 얼굴만 커다랗게 나온 신혼부부의 사진을 말함)을 가져와서는 "아빠는 잘 생겼고, 엄마는 공주님이다"라고 말한다. 12년 전 사진이라 당연히 지금과는 많이 다른 얼굴이지만 딱히 부정할 만큼 기분이 언짢거나 나쁘지는 않으니, 그냥 듣고만 있다. 그랬더니 녀석은 "아빠는 머리랑 몸을 빼면 나랑 똑같아!"라고 보탠다. 그러다 또 한참을 곰곰이 생각하더니 "아니다. 큰고모 닮았다!"라고 얘기한다. 하던 일을 잠시 멈추고 녀석과 함께 다시 사진을 바라본다. 시간 참 빠르다. 그동안 참 많은 일들이 있었고, 그렇게 10여 년의 세월이 지났다. 어쩌면 사라져 아쉽고, 어쩌면 쌓였기에 뿌듯하다. 그런데 오늘은 왠지 기분이 좋다.

이것저것 느닷없이 쉽지 않은 날

저녁을 먹고 기분 좋게 양치를 마치고 거울을 봤다. 순간 깜짝 놀랐다. 왼쪽 아랫니 중 하나가 이와 잇몸 사이에 작은 구멍이 난 것처럼 까맣게 보였다. '이건 뭐지... 어제까지 괜찮았는데... 스케일링을 몇 달 전에 했는데...' 많은 생각이 머리를 스쳤지만 아내에게 덤덤하게 "내일 치과에 다녀와야 할 것 같아. 충치는 아닌 것 같은데 이가 이상해"라고 말했다. 조금 울적했지만, 언제나 그랬듯 녀석과 몇 권의 책을 읽었고, 녀석은 엄마와 잠자리로 향했다. 서재로 돌아와 책을 읽는 중에도 자꾸만 이에 신경이 쓰였다. 그때 큰 방에서 소리가 들렸고, 그 소리는 거실로 옮겨졌다. 녀석이 한 시간 이상 잠을 자지 않고 뒹굴뒹굴했기 때문이었다. 아내가 잘 달래서 녀석이 다시 잠들기를 기다렸다. 잘 자는가 했더니 얼마 지나지 않아 다시 녀석의 목소리가 들렸다. "아들, 왜? 잠이 오지 않아?"라고 물으니, 녀석은 작은 소리로 "응, 아침에 어린이집 가는 길에 공벌레가 자꾸 생각나서"라고 답했다. 그렇게 뒤척이던 녀석은 12시가 다 되어서야 잠들었다. 가끔씩 그런 날이 있다. 이것저것 느닷없이 쉽지 않은 날.

두 번째 계절

마음 그림 1

여느 때와 달리 녀석이 일어나자마자 스케치북을 찾는다. 엄마는 그 모습이 낯설지만 "아들, 지난번에 그린 그림 찾는 거야?"라고 물으니, 녀석은 울먹이며 아주 작은 소리로 "아니, 빈 그림 찾는 거야"라고 답한다. 잠시 후 녀석은 식탁에 스케치북을 펼치고 그림을 그리기 시작한다. 그 모습을 곁에서 지켜보니 무엇을 그리려고 그러나 조금 걱정되기도 하지만 조금 엉뚱하게도 '그림에 천재적인 소질이 있나?'라는 생각도 느닷없이 스친다. 녀석은 한 장에는 미끄럼틀과 시소와 모래와 자신의 모습을 그린다. 그런데 아이의 표정(입모양)이 시무룩하고, 눈 옆에는 커다란 눈물까지 한 방울 있다. 그리고 다음 장에는 똑같이 미끄럼틀과 시소와 모래와 친구들 세 명을 그린다. 이번에는 아이들이 모두 웃고 있다. 그 모습을 지켜보던 엄마가 "아들, 왜 이렇게 그린 거야?"라고 물으니, 녀석은 "꿈에 친구들이랑 같이 못 놀았어. 그래서 이렇게 그린 거야"라고 답한다. 엄마는 "그랬구나. 우리 아들이 많이 서운하고, 속상했구나. 엄마가 안아 줄게"라고 말하고, 녀석을 품에 넣고 꼭 감싸 준다.

마음 그림 2

잠시 후 기분이 조금 좋아진 듯한 녀석은 뒷장의 그림에서 선을 하나 그리더니 앞장과 연결한다. 그 모습을 바라보며 '저건 또 무엇을 하려고 그러지?'라는 생각을 하지만 아빠가 개입하기에는 애매한 상황이라 그저 지켜본다. 녀석은 첫 번째 그림에 엄마 모습을 한 사람을 한 명 더 그린 후 구름, 바람, 태양을 각각 더한다. 거기에 활짝 웃고 있는 표정까지 보탠다. 그 모습에 이제 조금 지켜보던 마음이 편해진다. 엄마가 "아들, 여기 선은 왜 그린 거야?"라고 물으니, 녀석은 "응, 친구들이 놀러 온 거야"라고 답하며 호수까지 하나 더 보탠다. 그러다 갑자기 "엄마, 나 그림 잘 그렸지?"라고 묻고, 엄마는 "그럼, 우리 아들 그림 잘 그렸어. 꿈에 친구들이 없어서 마음이 속상했지만, 이제는 다시 좋아져서 다행이야"라고 답한다. 그러다 또 녀석은 "아빠가 올 것 같아"라고 말하고, "왜냐하면 아빠는 가까운 곳에 있거든"이라 보탠다. 30분도 채 되지 않은 시간에 그림이 마음이 되고, 마음이 그림이 된다. 여러 가지 생각이 오가는 아침이다. 엄마, 아빠 되기가 만만치 않다.

두 번째 계절

'부모'라는 이름으로 계획대로 되는 것은 없다

며칠 째 고민하다 휴가를 냈다. 다음 주부터 2주간 출장이 예정되었기 때문이다. 너무 욕심내지 말고 딱 2가지만 하고 싶었다. 일단 '녀석과 함께 하는 것도 좋지만'이라 전제하고, 솔직히 최근에 아내와 둘만의 시간도, 혼자만의 시간도 많이 부족하다. 그렇기에 녀석이 어린이집에 있는 동안, 아내와 오붓하게 밥을 먹고, 사우나에서 편안하게 쉬고 싶었다. 이 정도면 지극히 소박한 것들이라 생각한다. 그런데 녀석은 늦잠을 시작으로, 아침밥도 잘 먹지 않고, 옷 입는 것도 뭉그적댄다. 어찌어찌해서 어린이집 주차장에 도착하니 손에 있는 젤리는 다 먹고 내리겠다고 하고, 어린이집 가방까지 집에 두고 왔다. 또다시 어찌어찌해서 녀석과 어린이집으로 들어간 아내는 30분이 지나도 돌아오지 않는다. 녀석이 오늘은 점심만 먹고 집으로 오겠다며 고집을 부렸다고 한다. 계획한 것은 시작도 못했는데 남은 2시간으로는 역부족이다. 집으로 돌아와 '오늘은 그냥 정신수양이나 하자'라고 스스로 위로한다. 잠시 잊었다. 어린 꼬마와 함께하는 '부모'라는 이름으로 계획대로 되는 것은 없다. 그게 진리다.

쿠키 만들기

　　어제 녀석이 책을 읽다가 "아빠, 내일은 쿠키 만들자"라고 하기에, "응, 아빠는 만들어 본 적이 없는데 엄마는 무엇이든 잘 만드니까 그러자"라고 답했다. 별다른 생각 없이 그저 장난감 놀이하듯 잠깐이면 그럴듯한 쿠키를 만들 수 있겠다고 생각했다. 녀석과 식탁에 나란히 앉아 아내가 건네준 비닐장갑을 끼고 편안한 마음으로 기다렸다. '이거 새로운 경험인데'라는 생각으로. 아내는 먼저 전자레인지에 가열된 버터 조금, 설탕 반 컵, 계란 한 개를 주면서 거품기로 잘 섞으라고 했다. 여기까지는 녀석과 역할 분담도 하고 그런대로 괜찮았다. 잠시 후 오일 조금과 밀가루 한 컵이 더해진 반죽 만들기부터 세상 불편했다. 비닐장갑을 꼈지만 버터와 오일 때문인지 반죽으로 온 식탁에 기름이 번질번질했다. '뭔가 이상한데... 이건 아닌 것 같은데...'라는 의심만 커졌고, 쿠키틀로 곰돌이, 자동차, 풍선을 만들어 오븐으로 옮기면서 확실히 다짐했다. '쿠키 만들기! 올해 더는 안한다!'라고. 언제나 그렇듯 머리로는 간단하고, 재미있지만 몸으로는 복잡하고, 힘겹다는 것을 새삼 또 느꼈다.

두 번째 계절

알람을 맞추다

딱히, 그렇게까지 생각해 보지는 않았다. 꼭, 그래야 한다고 생각해 보지도 않았다. 그런데 매번, 그렇게 하고 있었다. 문득, 녀석이 알려줘서 깨달았다. "아들, 내일 아침에 아빠 얼굴 보려면 일찍 자야지." "아빠는 아침에 아들 얼굴 보는 게 너무 좋은데"라고 말하니, 녀석은 "아빠, 알람을 맞추면 되잖아." "그래야 밥을 먹지. 알겠지"라고 답했다. 처음에는 조금 뜬금없는 소리 같았는데 가만히 생각해보니 습관적으로 어쩌면 무슨 의식을 치르듯 알람을 맞추는 삶을 살고 있었다. 언젠가 아내에게 "금요일 저녁이 제일 좋아. 다음 날 알람을 맞추어 놓지 않아도 되고, 전화기도 서재에 두고 푹 자면 되니까"라고 얘기했던 것이 기억났다. 알람을 '맞추는' 것이 사전에서 의미하는 '서로 떨어져 있는 부분을 제자리에 맞게 대어 붙이는' 것인지, '둘 이상의 일정한 대상들을 나란히 놓고 비교하여 살피는' 것인지, '서로 어긋남이 없이 조화를 이루는' 것인지, 그 밖의 또 다른 의미인지 알 수 없었다. 문득 '맞추는' 삶보다 '붙이고', '살피고', '돌보는' 삶을 살아야겠다는 생각이 스친다.

달이 싫어졌다

문득 궁금하다. 어떤 음식은 좋고, 어떤 과일은 싫고, 어떤 음악은 좋고, 어떤 영화는 싫다. 어떤 사람은 좋고, 또 어떤 사람은 싫다. 그렇게 생각하니 세상에는 좋은 것과 싫은 것만 있다. 그러다 잠잠히 돌아보니 또 어떤 것은 좋지도, 싫지도 않다. 밥을 먹으면서, 물을 마시면서 딱히 좋아서, 딱히 싫어서 '먹어야지', '마셔야지'라고 생각하지 않는다. 어떤 사람은 밥도 좋고, 어떤 사람은 밥도 싫을 수 있다. 어떤 사람은 물도 좋고, 어떤 사람은 물도 싫을 수 있다. 녀석이 "아빠, 달이 싫어졌다"라고 말한다. '갑자기 왜?', '언제는 좋아했었나?'라는 생각들이 스친다. "아들, 그런데 무슨 이유가 있어?"라고 물으니, "응, 너무 높아서"라고 답한다. "그럼, 땅에 있으면 괜찮아?"라고 다시 물으니, "응, 땅에서는 너무 커서 싫어"라고 받고, "달이 보이면 이불에 숨고 싶어"라고 보탠다. 녀석의 눈높이에서 바라본 달은 그저 작은 동그라미 하나일 뿐인데, 왜 그럴까... 무슨 까닭이 있을까... 그러다 다시 좋아지기도, 그렇지 않기도 하겠다. 좋아졌다, 싫어졌다. 오락가락, 갈팡질팡. 다들 그렇게 사니까.

두 번째 계절

행운 부자

　　녀석이 좋아하는 그림책을 사러 가는 길, 아직 건널목을 지나지 못했는데 타야 할 버스가 눈앞에 보인다. 조금 아쉽지만 어쩔 수 없이 다음 버스를 기다린다. 엄마가 잠시 볼 일을 보러 간 사이, 녀석과 별일 없이 정류장 의자에 앉는다. 아빠가 전화기를 만지작거리는 사이, 녀석의 눈에 세잎 클로버가 보인다. 녀석이 "아빠, 이거 봐. 내가 세잎 클로버 가져왔어. 아빠한테 행운 6개 줄게"라고 말한다. "아들, 그런데 왜 행운이 6개야?"라고 물으니, 녀석은 "응, 세잎 클로버 2개 가져왔거든. 그러니까 행운이 6개야"라고 받는다. 그러더니 "이제 아빠는 행운 부자야! 행운 부자!"라고 보탠다. 그 말이 재미있어 잠시 웃는다. 녀석은 "아빠, 내가 한 개 더 가져올게"라고 하더니, 세잎 클로버 2개를 더 가져와서는 "아빠, 이러다가 우리 행운 부자 되겠어. 다음부터는 좋은 일만 생길 거 같아"라고 말한다. 4개의 세잎 클로버를 들고 있으니, 녀석은 손가락으로 '하나, 둘, 셋...'을 꼽으며 기분 좋은 얼굴이다. 녀석의 말처럼 우리 가족은 이제부터 행운 부자! 오늘부터 행운 부자다!

손잡기 딱 좋은 날

며칠 전 일을 하고 있는데 아내에게 문자가 왔다. '도토리들ㅋ'이라는 글자 밑에 녀석의 어린이집 신체검사(키와 몸무게) 결과지 사진이 함께 있었다. 예상은 했지만 '아직은 조금 더 커야겠구나. 밥도 부지런히 먹고, 운동도 열심히 하고, 잠도 일찍 자고'라는 생각이 들 만큼 또래 친구들이 상대적으로 더 컸다. 잊고 있었는데 재활용품 분리수거를 위해 집을 나서면서 다시 생각났다. 녀석에게 "아들, 아빠가 한 번에 다 담기 힘드니까 큰 거 하나 들어줘"라고 말하고, 플라스틱 병 하나를 건넸다. 녀석은 "아빠, 내가 도와줄게"라고 답하고, 한 손으로는 병을 다른 손으로는 아빠의 손을 잡으려 했다. 녀석에게 "아들, 아빠가 지금은 분리수거할 거 들어야 하니까 이따가 돌아오는 길에 손을 잡자"라고 말하고, 분리수거를 마치고 돌아오는 길에 약속처럼 녀석과 손을 잡았다. 그때, 문득 깨달았다. 녀석이 아빠와 편안하게 손을 잡을 수 있을 만큼, 딱 그만큼까지 키가 컸다는 것을. 하루에도 몇 번씩 잡는 손인데 괜히 걱정했다. 이렇게 쑥쑥, 무럭무럭 잘 자라고 있는데. 오늘은, 손잡기 딱 좋은 날이다.

두 번째 계절

성인사이트

볕이 좋은 날, 녀석은 어린이집 같은 반 친구와 놀다 왔다. 주말에도 대부분의 시간을 엄마, 아빠와 보내기에 혹시나 했는데 역시나 잘 놀고 왔다. 얼굴은 발갛게 변했고, 머리는 땀이 송골송골 맺혔다. 아내의 말로는 '더 놀고 싶은' 녀석을 '밥은 먹여야겠기에' 데려왔다고 한다. 아내가 밥을 준비하는 사이, 녀석을 씻겨야 하는데 표정이 협조적이지 않다. "아들, 씻으면서 <유라야 놀자(아이들이 좋아하는 놀이 영상)> 보는 거 어때?"라고 말하니, 녀석은 "응, 좋아"라고 짧게 답한다. 녀석이 옷을 벗는 동안 유튜브에 검색어를 입력하며 아내에게 "그동안 검색어에 '글쓰기', '논문쓰기', '작가' 이런 것만 있었는데, 아이 안 키우는 사람이 보면 성인사이트 접속한 줄 알겠어"라고 보탠다. 그 얘기를 곁에서 듣고 있던 녀석이 "아빠, 그거 맞아. <유라야 놀자> 끝나면 성인사이트(어른들이 보는 광고 영상) 나와"라고 받는다. 그 얘기에 아내는 "말조심해야 돼. 어린이집 가서 친구들한테 얘기하겠어. 아빠 성인사이트 본다고"라고 말한다. 웃자고 한 얘긴데 말조심해야겠다. 녀석이 다 듣고 있다. 귀를 쫑긋 세우고.

지구가 멸망하면...

 '아빠, 그런데'로 시작하는 녀석의 물음에 가끔은 답을 하기가 곤란하다. 너무 어려워서 그렇기도 하지만 조금 엉뚱하고, 조금 뜬금없고, 조금 느닷없기 때문이다. 갑자기 시작된 '지구 멸망'에 대한 걱정 또는 의문 또는 호기심. 거울을 보며 나란히 양치를 하고 있는데, 녀석이 "아빠, 그런데 지구가 멸망하면 어떻게 하지?"라고 묻는다. "응, 그러면"이라 말해 놓고 잠시 생각해보지만 그다지 명료한 답이 떠오르지 않는다. 아마 대부분이 그렇듯 지구 멸망에 대한 별다른 고민 없이 살았기 때문에, 그저 "우리가 살고 있는 세상이 없어져. 그러면 우리 가족도 모두 함께 사라지는 거야"라고 답한다. 녀석이 "집도 금이 가?" "칫솔도 금이 가는 거지?" "장난감에도 금이 가고?"라고 끊임없이 묻기에, "응, 그리고 학교, 어린이집도 못 가"라고 뭉뚱그려 답한다. 그랬더니 "아빠, 바람에도 금이 가는 거야?"라고 묻기에, "아들, 아빠도 거기까지는 모르겠어. 바람에 금이 간다는 생각을 해 본 적이 없거든"이라 답하고, "밖에 나가서 같이 확인해 보자"라고 더한다. '바람에 금'이라... '바람에 금'이라니...

두 번째 계절

아빠는 출장 중

출장 중, 녀석의 일상을 전해주는 것은 엄마의 몫이다. 아빠는 같은 시간에 있지만, 같은 공간에 있지 못하니 녀석의 하루, 하루가 사뭇 궁금하다. 출장지로 가는 길, '오늘도 열심히 하고 올게'라는 스스로에 대한 다짐과 '오늘도 좋은 날 보내'라는 엄마와 아들에 대한 기대를 담은 짧은 문자를 보내면, '아들은 아직 자고 있어서 오늘은 샌드위치 만들어서 먹고 가야 할 듯해'라는 녀석의 안부와, '오늘도 힘내'라는 응원을, 추가로 '여기도 비 엄청 와. 세상 요란한 바람도 불고'라는 대전의 상황과, '트럼프 대통령이 코로나19 대비해서 말라리아 약 복용 중이래'라는 세상의 소식도 전달된다. 출장지에서 일을 하고 있으면, '드륵'하는 소리와 함께 녀석의 일상이 전달된다. 문자를 확인하면 어린이집에서 집으로 돌아오는 길에 찍은 영상이다. 녀석은 개구리처럼 잔뜩 웅크리고 있다 힘껏 뛰어오른다. 3초도 안되는 짧은 영상에 기분이 좋다. 다시 힘을 내 본다. 주어진 일들을 마치고 숙소로 돌아가는 길, '조금 있다 호텔 도착해. 전화할게'라는 문자로 하루는 마무리된다. 지금, 아빠는 출장 중이다.

어떤 칭찬을 받을 수 있을까?

다섯 살 때, 녀석은 밥을 잘 먹지 않았다. 녀석은 양치를 잘 하지 않았다. 녀석은 장난감을 잘 정리하지 않았다. 아내는 칭찬나무를 만들었다. 거실 한편에 커다란 나무를 그렸고, 녀석에게 "아들, 앞으로 무엇이든 열심히 하는 것이 있으면 나무에 열매를 붙일 거야. 그렇게 주렁주렁 열매가 달리면 엄마는 칭찬선물을 줄 거야"라고 말했다. 녀석은 나무가 신기했는지, 아니면 열매를 붙이는 것이 재미있었는지, 그렇지 않으면 '선물'이라는 단어가 귀에 쏙 들어왔는지 제 딴에는 노력했다. 밥도 조금 더 먹었고, 양치도 조금 더 했고, 장난감도 조금 더 정리했다. 2년 전, 그랬던 녀석이 엄마에게 칭찬나무를 그려줬다. 녀석은 '엄마가 설거지를 잘해서 기특하니까' 열매를 하나 달아주고, '사진을 잘 찍어주니까' 열매를 하나 붙여주고, '잘 놀아주니까' 열매를 하나 더해주고, '알로에(건강음료)를 잘 먹으니까' 열매를 하나 추가한다. 그렇게 커다란 나무에 열매 몇 개가 보인다. 아이에게 칭찬은 주는 것이라 생각했지, 받는 것이라 생각하지 못했다. 아빠는, 녀석에게 어떤 칭찬을 받을 수 있을까?

두 번째 계절

막연히 추측한다

　　　점심시간이다. 복도를 어슬렁거린다. 귀에는 이어폰을 꽂고 있다. 글쓰기 강의를 듣는다. 창밖을 바라본다. 볕이 뜨겁다. 어린이집이 보인다. 놀이터에는 아무도 없다. 녀석은 무얼 할까 상상한다. 밥을 먹고 있을까? 친구들과 놀고 있을까? 막연히 추측한다. 그러다 한 사람이 보인다. 부지런히 걷고 있다. 더위가 짐작된다. 불편이 느껴진다. 바삐 움직인다. 다리가 편치 않다. 절뚝절뚝. 균형이 맞지 않는다. 절뚝절뚝. 고단한 삶이 전달된다. 다시 한 사람이 보인다. 그 사람의 곁에 있다. 더위가 짐작된다. 불편이 느껴진다. 천천히 움직인다. 조금 뒤에 있다. 두 사람이 된다. 함께 길을 간다. 같은 방향으로 간다. 한 사람은 바삐, 한 사람은 천천히. 그렇게 간다. 서로 생각한다. 또 다른 한 사람을. 어떤 사이일까? 누가, 누구를 배려하는 것일까? 막연히 추측한다. 서서히 사라진다. 귀에는 소리가 계속된다. 그렇게 시간은 흐른다. 다시 사무실로 돌아간다. 복도를 걷는다. 한 사람이 다가온다. 절뚝절뚝. 그 사람이 지나간다. 절뚝절뚝. 표정이 밝다. 얼굴이 맑다. 오늘도, 막연히 추측만 한다.

관장(灌腸) 1

관장(灌腸), 약물을 항문으로 넣어서 직장이나 대장에 들어가게 하는 일로 대변을 보게 하는 것이 주목적이다. 울고불고 난리가 났다. 소리를 지르고 악을, 악을 썼다. 옆에서 지켜보고 있자니 세상 못할 짓이었다. 녀석은 오죽할까 싶었지만, 이건 차마 경험하고 싶지 않은 일이었다. 어제 저녁에 아내가 "녀석이 배가 아프다고 해서 병원에 다녀왔는데, 배에 가스가 조금 찬 것 같다고 의사 선생님이 말했어"라고 얘기할 때만 해도 가볍게 생각했다. 주중에 출장을 다녀왔기에 '그동안 일어난 여러 가지 일들 중에 하나'로 생각했다. 녀석도 곁에서 잘 놀고 있었고, 표정도 좋아보였기 때문이었다. 아침에 여느 때처럼 일어난 녀석은 계란볶음밥도 잘 먹었다. 그렇게 잘 먹고, 잘 놀다 녀석이 주말에 아빠가 집에 오면 하고 싶었던 일 중에 하나인 공주로 가는 길이었다. 볕도 좋았고, 중간에 녀석이 좋아하는 꼬마김밥도, 치킨도 사니 모처럼 나들이 기분이었다. 부지런히 달려 대전을 벗어나 이제 막 공주에 진입하려는데 뒷자리에서 잘 놀던 녀석이 "엄마, 배가 어제보다 더 많이 아픈 것 같아"라고 말했다.

두 번째 계절

6월

'안아서, 들어서, 빙글빙글'

관장(灌腸) 2

차를 돌려 대전 병원으로 향했다. 의사 선생님은 "변을 못 봐 아이가 계속 불편한 것 같으니 관장을 하자"라고 말했다. 관장을 해 본 경험이 없었기에 아내의 "엉덩이 잘 막고 있어야 돼. 쉽지 않을 거야. 새로운 세상을 경험할 테니 정신 바짝 차리고 있어"라는 얘기에도 '뭐 그 정도야'라고 생각했다. 간호사 선생님이 순식간에 기다란 관을 녀석의 엉덩이에 넣고 그곳으로 투명한 액체를 투입한 후, "10분이면 좋은데, 최소 5분은 참으셔야 해요"라는 말이 시작된 후, 이건 녀석에게도, 아빠에게도 처음 경험해보는 시간이었다. 어른들 말씀에 '아이들은 밥 잘 먹고, 똥 잘 싸면 된다'라고 하셨는데, 그게 왜 그렇게 중요한지 온몸으로 실감했다. 모두에게 처절한 7분이 지난 후(마지막은 눈 딱 감고 천천히 30까지 세었다), 변을 쏟아낸 녀석은 화가 풀리지 않았는지 "아빠, 미워!! 아빠, 밉다고!!!"만 외쳤다. 그 마음이 200% 이해됐기에 그저 "아들, 수고했어. 진짜, 수고했어. 정말, 수고했어"만 반복했고, 속으로 '아들, 우리 둘 다 두 번 다시 경험하고 싶지 않으니 앞으로는 제발 채소 두 배로 먹자!! 알겠지!!!'만 외쳤다.

두 번째 계절

내 눈에는 보이거든

"아빠, 로봇 얼굴 봤어?"라는 녀석의 물음에 "로봇 얼굴? 어떤 거 얘기하는 거야?"라고 되묻는다. 녀석은 "내가 최근에 잘 가지고 노는 거 있잖아. 얼굴에 작은 줄이 있는 거. 그거 자세히 보면 번개 모양이야"라고 더한다. "아빠는 잘 모르겠는데. 그런데 얼굴에 번개 모양이 있었어?"라고 말하니, 녀석은 "응, 내 눈에는 보이거든. 자세히 봐야지"라고 답한다. 놀이방에서 뒤적뒤적 무엇인가 찾더니, "여기 봐봐. 얼굴에 번개 모양 보이지. 이건 자세히 봐야 보이거든"이라 말하며 뿌듯한 듯 씨익 웃는다. 그 얘기에 예전에 그림책을 읽을 때가 생각난다. 녀석이 그림책을 잔뜩 가져오면 그것을 읽기에 바빴다. 목표량을 채우는 것처럼 순식간에 한 권을 읽고, 다음 책으로 손이 갔다. 그렇게 나름 부지런히 책을 읽고 있으면 녀석은 "아빠, 여기 아기 펭귄이 있어! 아빠, 여기 또 다른 공룡이 있어! 아빠, 이 사람 표정이 너무 재밌다!"라고 끊임없이 말했다. 그때는 그림책을 서둘러 읽으려고만 했지, 찬찬히 보려고 생각하지 못했다. 아이처럼 관찰하면 하나, 둘 보이기 시작한다. 원래 그곳에 가만히 있던 것들이.

보호자

'보호자'는 어떤 사람을 보호할 책임을 가지고 있는 사람을 의미한다. 아빠의 출장 중, 엄마는 녀석의 법률적 보호자이고, 녀석은 엄마의 정신적 보호자이다. 출장으로 집을 비우는 것이 걱정되지만 그래도 녀석이 엄마와 함께 있으니 그나마 마음이 놓인다. 물론 엄마 입장에서는 철부지 꼬마를 혼자 어르고 달래야 할 일들이 많겠지만, 그래서 화가 폭발할 일들도 있겠지만, 녀석은 "내가 엄마를 지켜줄 거야!"라며 사뭇 진지하다. 먼저 녀석이 보호자다. 엄마는 눈두덩이에 생긴 염증으로 며칠째 고생하다 안과를 찾는다. '염증 부위를 살짝 찢어야겠다'라는 의사 선생님의 말에 녀석은 "엄마 눈 찢으면 안 돼!"라며 울고 불며 난리다. 제 딴에는 엄마를 의사 선생님으로부터 온몸으로 보호한다. 이번에는 엄마가 보호자다. 엉엉 울던 녀석의 감기 진료를 위해 소아과를 찾는다. 녀석은 아무렇지 않은데 엄마는 감기가 심해지진 않았는지 진료 전부터 걱정이다. 잠시 후 상태가 좋아지고 있다는 의사 선생님의 말에 기분이 좋다. 엄마와 아들, 그렇게 하루 종일 어쩌면 평생 동안 서로가 서로의 보호자가 된다.

두 번째 계절

다음, 그리고 먼저

어느 게 먼저인지, 어느 게 다음인지 혼란스럽다. 상식처럼 알고 있었고, 상식처럼 생각했는데... 순간 '어쩌면 그럴 수도 있겠구나'라는 생각과 '왜 그런 생각을 한 번도 못해 봤지'라는 생각이 머리에 머문다. 그렇게 생각은, 생각들이 되고, 그 생각들은 하나, 둘 쌓여 가만히 있던 생각들에게 다시 묻는다. 어제의 생각이, 그제의 생각은, 오늘의 생각들이 되어 온몸을 둘러싼다. 녀석이 말했다. 느닷없이, 이유 없이. "아빠, 하늘나라 가서 죽었어." "내가 생각해봤는데, 하늘나라 가면 죽는 거야." 그 얘기를 들으며 '죽어야 하늘나라 가는 거지'라고 생각하면서도 '어쩌면 그럴 수도 있겠구나'라는 생각도 든다. 살다 보면 너무나 당연하게 먼저 일어나야 하는 일과 그 일로 인해서 일어날 수밖에 없거나 일어나야 할 일들이 있다. 조금의 차이는 있지만 '선후관계' 또는 '인과관계'라고 하면 되겠다. 그렇게 생각하고 말을 한다. 그렇게 '먼저, 그리고 다음'을 생각하며 산다. 녀석이 알려준다. 어쩌면 '다음, 그리고 먼저'를 생각해 보라고. 이것저것, 하나, 둘, 생각을 뒤집어 본다. '생각'이 많아진 하루다.

수북하다

　　뭐라고 말해야 할지 정확한 표현을 잠시 고민하지만 그저 '수북하다'라는 단어가 가장 적합하다는 결론에 이른다. 녀석이 태어나기 전과 그 후는 완전히 다른 삶이다. 누구나 그렇겠지만 슬쩍 주변을 둘러보면 온통 녀석의 흔적들이다. 무엇이든 부지런히, 나름 최선을 다해 정리하고 있지만 세탁실에는 빨래를 기다리는 옷, 양말, 수건 등이. 부엌에는 설거지가 필요한 프라이팬, 그릇, 물통, 숟가락, 젓가락 등이. 거실에는 이리저리 어질러진 로봇 장난감, 퍼즐 놀이, 공룡 인형, 동전 뽑기의 각종 결과물(끈끈이, 스티커, 인형, 팔찌...) 등이. 큰 방에는 한철만 입을 것 같은 반바지, 티셔츠, 체육복, 패딩, 모자, 장갑 등이. 책방에는 더이상 손이 가지 않는 책들과 여전히 자주 읽는 책들이, 그 사이사이 스케치북, 색종이, 물감, 크레파스 등이. 신발장에는 이렇게 금세 자랐나 싶을 만큼 다양한 슬리퍼, 운동화(걸을 때 불빛이 나오는 것, 발이 편한 것, 물놀이에 필요한 것, 딱 맞아서 신지 않지만 혹시나 해서 보관 중인 것...) 등이. 그러다 딱 하나, 동생은 없다. 그러니 또 하나, 둘 부족한 것들이 생각난다.

두 번째 계절

가장 강력한 무기

　　가끔은 쉽게 생각하면 되는데 사람들은, 특히 스스로 조금 더 똑똑하다 생각하는 어른들은 이리저리, 요리조리, 이쪽저쪽 살피고 고민한다. 녀석이 말한다. "아빠, 내가 뭐 하나 알려줄까? 이거 아빠한테만 비밀로 말해주는 거야"라고. 어떤 것을 알려주기에 비밀이라고 할까 살짝 궁금하다. 녀석은 쪼르르 달려와 아빠의 오른쪽 귀를 두 손으로 잡고 작은 소리로 "(로보트) 태권V 가장 강력한 무기가 뭔지 알아?"라고 묻는다. '겨우 이걸 말하려고 그랬나?'라는 생각도 들지만 어릴 때 익숙하게 부르던 노래 가사가 생각나 "음... 아빠 생각에는 무쇠팔, 아니면 무쇠다리, 그것도 아니면 로켓 주먹 같은데"라고 답한다. 아빠가 이미 정답을 말해 버렸기에 녀석이 조금은 시무룩해질 것이라 생각했는데, 슬쩍 보니 '역시 아빠는 모르고 있었구나'라는 표정이다. 녀석은 "아빠, 그것도 몰라. 내가 알려 줄게. 이거 아빠한테만 얘기해주는 거야. 태권V의 가장 강력한 무기는, 바로 태권도야!"라고 말한다. 순간 '진짜 그렇네'라는 생각이 머리를 스친다. '태권'V라고 이름에 답이 있는데... 쉽게 생각하면 되는데...

신문 읽는 아빠, 신문 보는 아들

우연이라고 해야 할지, 부단한 노력의 결과라고 해야 할지 딱 잘라 말하기는 어렵지만 최근 들어 녀석은 신문 보기를 즐겨한다. 책 읽는 것을 좋아하니 당연히 신문 보기도 그럴 것이라 미루어 짐작할 수 있지만 사실 신문에는 그다지 흥미를 가지지 않았다. 일곱 살 꼬마니까 당연히 그럴 수도 있지만 다섯 살, 여섯 살 때는 아빠가 신문을 읽고 있으면 옆으로 슬쩍 다가와 자동차 광고나 동물 사진이 보이면 "아빠, 뭐라고 쓰여 있는 거야?"라고 말하며 관심을 보이기도 했다. 그러다 아빠가 지난해 말부터 두 달에 한 번씩 신문에 칼럼을 게재하면서 녀석도 자연스럽게 신문에 관심을 가지게 되었다. 칼럼이 소개된 신문을 펼쳐두면 녀석은 부지런히 아빠의 얼굴을 찾기 시작한다. 잠시 후 녀석이 "아빠, 찾았어! 여기 아빠 얼굴이 있어! 그런데 이번에는 뭐라고 쓴 거야?"라고 물으면, 아직은 "응, 우리 가족이 사는 세상이 조금 더 나아졌으면 좋겠다고 쓴 거야"라는 정도로 답할 뿐이다. 녀석 때문에라도 더 열심히 기고해야겠다. 신문 읽는 아빠, 신문 보는 아들, 그저 기분 좋다.

두 번째 계절

오늘의 운세

어쩌다 이런 걸 일곱 살 꼬마에게 읽어주고 있다. "38년생 여기저기 볼멘소리 귀를 막아내자. 50년생 흥정은 여유만만 비싸게 굴어보자. 62년생 질 수 없는 승부 각오를 다시 하자. 74년생 난도 최고 시험 무난히 넘어선다. 86년생 세상살이 힘들다. 한숨이 남는다. 98년생 서로가 만족하는 거래를 해보자." 그랬더니 "아빠, 볼멘소리가 뭐야? 흥정이 뭐야? 난도가 뭐야?"라는 질문이 쏟아진다. 이렇게 저렇게 짤막하게 답을 하니 녀석은 "아빠, 다음 동물도 읽어줘"라며 용을 가리킨다. "40년생 넉넉한 인심으로 주변을 돌아보자. 52년생 허전한 가슴에 늦바람이 불어온다. 64년생 애쓴 보람 없이 상처만 남는다. 76년생 거짓과 타협하면 땅을 쳐야 한다. 88년생 괜한 오지랖 책임으로 돌변한다." 이번에도 "아빠, 늦바람은 뭐야? 오지랖은?"이라는 물음이 계속된다. 우연찮게 서재에 있던 지난 신문(매일경제, 2020.5.26.(화))을 펼쳤다가 사람들의 지나간 <오늘의 운세>만 읽고 있다. 아마도 아빠의 오늘의 운세는 '79년생 할 일 없이 과거의 운세를 읽게 되고, 그의 아들은 세상 신나한다' 정도로 짐작된다.

내일 할 것들

가끔은 아무런 생각 없이 시작한 일들이 예상 밖의 재미있는 결과로 나타나는 경우가 있다. 잠자리에 들기 전, 녀석에게 "아들, 우리 내일 할 일을 거실 칠판에 써 놓고 잘까? 그럼 안 잊어버릴 것 같은데"라고 말하니, 녀석도 "응, 좋아. 그럼 나는 아직 글씨를 잘 못쓰니까 내가 말하면 아빠가 써 줘"라고 답한다. 녀석은 거실 칠판 중앙에 커다란 네모 상자를 하나 그리고, 그것에 다시 줄을 하나, 둘 더한다. 그렇게 10개 정도의 줄이 만들어지고, 그제야 녀석은 아빠를 찾는다. "아빠, 지금부터 내가 말할게. 아빠는 그걸 하나씩 쓰면 되는 거야. 먼저 맨 위에는 <내일 할 것들>이라고 써 줘. 그다음부터는 순서대로 쓰는 거야." 그렇게 1. 아침밥 먹기부터 2. 차타고 목욕탕 가기 3. 목욕탕 가서 물 폭탄 만들기 4. 풍선으로 물 폭탄 만드는 것 기억하기 5. 밥 먹고 그냥 놀거나 엄마랑 같이 놀기 6. 사과 먹기 7. 복면가왕 보기 8. 밖에 풍경 잠깐 보기 9. 책 읽기 10. 코 자기까지 할 일들이 정리된다. 이렇게 써 놓고 보니 '밖에 풍경 잠깐 보기' 같은 것은 제법 멋진 일이라는 생각도 든다.

두 번째 계절

모기향

　　요 며칠 조금은 무더워진 날씨에 녀석은 잠을 설쳤다. 그런 녀석을 위해 집 곳곳의 창문을 열어두고 잤더니 엄마와 아빠는 멀쩡한데 녀석만 모기에게 잔뜩 물렸다. 모기도 안다. 이 집에서 녀석의 피가 가장 신선하다는 것을. 안쓰러운 마음 반, 또다시 당할 수 없다는 비장한 마음 반으로 이곳저곳 모기향을 피우고, 혹시나 하는 마음에 전자모기향까지 더한다. 그러다 조금씩 타들어 가는 모기향을 바라보고 있자니 냄새가 참 좋다는 생각이 든다. 문득 옛날 생각도 난다. 몇 군데 작은 구멍이 난 모기장을 경계로 안에는 사람이 밖에는 모기가 보이는 듯 보이지 않는 듯 함께했던 시간들. 조금은 편안한 마음에 눈을 감으면 아침마다 어김없던 울긋불긋한 모기의 흔적들. 그럴 때마다 녀석의 할머니가 하나하나 꼼꼼히, 어쩌면 대충대충 발라 주셨던 모기향 가루. 그렇게 반복되었던 여름과 그렇게 계속되었던 날들. 여름과 모기와 모기장과 모기향 그리고 녀석의 할머니가 함께했던 날들. 먼 훗날 녀석에게 여름은 어떤 의미로 기억될까? 덥다... 시원하다... 아름답다... 그러다, 그립다...

엄마 편, 아빠 편, 우리 편

　　아이의 자연스러운 성장 단계라고는 하지만 세상 억울하다. 엄마와 아빠가 대화를 하고 있으면(경상북도 영주가 고향인 아빠와 부산이 고향인 엄마의 대화가 듣기에 따라서는 조금 거칠어 보일 수도 있다) 녀석은 언제나 엄마 편이다. 한 번 정도는 아빠 편을 들어 줄만도 한데 1%의 예외도 없다. 가끔은 엄마가 정말 말도 안 되는 어처구니없는 농담을 할 때가 있는데 그래도 녀석은 엄마 편이다. 엄마가 장난으로 "아들, 아빠가 엄마 괴롭혀"라고 하면 어느 샌가 후다닥 달려와 두 손에 힘을 잔뜩 주고 아빠를 밀어낸다. 혹시나 하는 마음에 아빠도 "아들, 엄마가 아빠 괴롭혀"라고 해본다. 그랬더니 녀석은 "아빠 잘못이야! 아빠가 엄마를 괴롭혔으니까 그렇지!"라고 답할 뿐이다. 아빠가 설거지를 하고 있고, 엄마가 느릅나무를 넣고 끓인 물을 계속 먹으라고 하는 상황에서도 녀석은 무조건 엄마 편이다. 속으로 '엄마는 좋겠네'라는 생각도 '가끔은 아빠 편도 들어주면 좋을 텐데'라는 생각도 든다. 그러다 문득 녀석이 엄마 편이 되었건 아빠 편이 되었건 우리 편이라 좋다. 우리 편! 그냥 우리 편!

두 번째 계절

둘째 생각

이랬다저랬다, 왔다갔다, 오락가락한다. 녀석을 지켜보고 있으면 녀석에게도 동생이 있으면 좋지 않을까 생각하다가도, 이제 조금 살만한데 다시 또 갓난아이를 키울 수 있을까 생각되기도 한다. 녀석에게 "아들, 동생 있으면 좋을까? 어린이집 친구들 중에 동생 있는 친구들 많지? 어떨 것 같아?"라고 물으면, 녀석은 잠시 생각하는 듯하다가 "동생 없었으면 좋겠다"라고 작은 소리로 혼잣말하듯 답한다. "응, 알았어"라고 말하고 잊고 지내다 문득 아내에게 "둘째가 있으면 좋을까? 요즘은 둘째가 있어도 잘 키울 수 있을 것 같다는 생각이 들어. 분명히 힘들겠지만 첫째 때보다 훨씬 수월할 것 같기도 하고"라고 물으면, 아내는 "둘째는 발로도 키울 수 있을 것 같아"라고 웃으며 답한다. 녀석에게 동생은 세상 둘도 없는 친구도, 세상 모든 근심을 가져다줄 웬수도 될 수 있다. 세상 모든 일이 그렇듯 막연히 다 좋을 수는 없다. 첫째는 엄마와 아빠가 키우지만, 둘째는 엄마와 아빠, 거기에 첫째까지 함께 돌본다. 그렇게 가족은 만들어진다. '둘째 생각'이 가득한 날들이다.

이제야 알겠어!

있지도 않은 동생에게 녀석은 능청스럽게 책을 읽어준다. "동생아. 형아가 책 읽어 줄 테니까 잘 들어." 그 모습을 곁에서 지켜보고 있자니 나름 재미있다. '그런데 아직 글자를 완전하게 읽지는 못 하는데, 어떻게 읽어준다는 거지?'라고 생각할 때쯤 녀석은 천천히, 한 글자씩, 작은 손가락으로 더듬더듬 짚어가며 제법 잘 읽어낸다. "산과 들에 꽃들이 만발하고 예쁜 나비들이 팔랑팔랑 날아다녀요." 여기까지는 잠시 멈춤이 있었지만 막힘없이 잘 나아간다. "나비마다 색깔도 다르고 무"라고 하더니 골똘히 생각한다. "아빠, 이 글자는 모르니까 일단 통과할게"라고 하더니, "도 달라요. 날개 무"라고 말하고 이번에도 난처한 표정이다. "아빠, 이번에도 그냥 넘어갈게"라며 이어간다. "가 호랑이 가죽을 닮았다고 호랑나비래요." 그러더니 "아빠! 이제야 알겠어!" "이 글자는 바로 '늬'였어." 그러더니 "날개 무늬가 바둑돌을 닮았다고..."라며 마저 읽어낸다. 조금 신기하기도, 정말 대견하기도 하다. 녀석은 무엇인가 모르는 것이 나타났을 때 그것을 피하지 않고 앞으로 계속 나아가 마침내 스스로 답을 찾았다.

두 번째 계절

혼잣말 1

　　문득 녀석의 혼잣말이 궁금했다. 곁으로 다가가 살짝 전화기의 녹음버튼을 눌렀다. 녀석은 여전히 잘 놀았고, 아빠는 새로이 잘 들었다. 조용한 밤, 이어폰까지 끼고 5분 7초, 6분 31초 음성파일 두 개에 집중했다. 녀석만의 짧은 상황극은 작은 소리였기에 중간중간 희미했고, 부분부분 어색했다. 그럼에도 최대한 녀석의 입말 그대로 옮겨본다. <이야 팡. 이야 팡. 감히 대장님을 공격하다니. 피웅. 우리가 상대하자. 그렇게는 안 될 걸. 슈웅. 퍽. 으아. 하하하. 어쩜 이렇게 약하냐. 공룡이 있을까? 덩실덩실. 덩실덩실. 아니 그게 아니라 박으라고 했어요. 전. 슈웅. 자동차하고. …… 자동차로 변신해요. 시작. 피잉. 슝. 어떠냐 이 맛이. 친구를 구하려면 빨리 가야 된다고. 이야. 탁. 승부가 벌어지고 있잖아. 와아. 와아. 띵띠디딩띵. 와아아. 내 상대가 안 되겠지. 퍼어어엉. 으으. 흐흐으응. …… 하지만 …… 이거 뭐야. 길이 막혀 있잖아. 노력하는 게 좋을 거다. …… 핑. 횡. 횡. 대장. 녀석들이 없는데요. 뭐야. 도대체 나를 화나게 만든 게. 스테고 너였어? 핑핑. …… (혼자 노래) 그렇게는 안 될 걸? …… 맞지. 이히히히.>

혼잣말 2

<이 녀석. 자동차로 변신해야 할 걸. 그래. 알겠어. 자동차로 변신해 합체하자. 부릉부릉부릉. 이 녀석아. 슈우우웅. 내가 잡고 있었지롱. 아무것도 없는데 뭘 잡아. 뿔을 잡았지롱. 이히히히. 그만 좀 잡아. 대장님. 저기 사람이 있습니다. 저 사람을. ...... 휘잉. 대장님. 같이 날면서 그래요. 저기 먼저. ...... 저기 사람이 타고 있다니까요. 뭐야. 로켓. ...... 아 뜨거워. 이 녀석아. 니가 말하지 않다니. 핑. 피아. 어떻게 할 거야? 아니 지금. ...... 아아아아. 이런 소리가 들였다니까요. 거짓말도 잘하네. 진짜라니까요. 휘이이잉. 이런 소리도 들였고. 아아아. 후후. 전갈 같이 생겼는데요. 대장님이 힘들어한다. 모두 합체를 완료해서 해치우자. 이 녀석들 좀 해치워죠. 알겠어요. 라바. 라바라바라바. ...... 이건 또 뭐야. 전갈이 잖아. 대장님이 전갈에 쏘이셨다. 모두 공격. 만세. 우리가 전갈 로봇을 물리쳤다. 슈웅슈웅. 모두 물리쳤다. 하나. 둘. 셋. 넷. 다섯. 모두 죽었다. 그럼 자는 걸 깨워서. 라바. 라바. 빨리 깨라. 라바. 라바. 왜 불렀어? 아니 저 녀석들 한 방에 해치울려고요. 알겠어. 슈우우웅.>

두 번째 계절

사진 찍어놓자!

경험보다 가치 있는, 경험보다 현실적인 것은 없다. 아이와 함께하며 '경험'만큼 절실한 것은 없음을 절절히 깨닫는다. 조금 이르게 시작된 무더위, 바깥에서 잠시만 있어도 녀석은 온몸이 땀으로 흠뻑 젖는다. "아들, 집에 가서 물놀이 한판 할까?"라고 물으면, 녀석은 아주 가끔 "싫은데"라고도 하지만, 요즘은 대부분 "응, 좋아"라고 답한다. "아들, 물놀이할 때 필요한 장난감 있어?"라고 다시 물으니, 녀석은 "레고(블록) 가지고 갈래. 내가 만든 슈퍼카가 있거든"이라 받는다. "알았어. 아들, 레고 챙겨서 욕조로 가 있어"라고 말하고, 녀석이 갈아입을 옷들을 챙긴다. 그런 다음 녀석에게 "사진 찍어놓자!"라고 꼭 말한다. 값비싼 경험으로 얻은 남은 하루를 평화롭게 마무리할 수 있는 마법 같은 일. 녀석의 슈퍼카를 앞에서, 뒤에서, 오른쪽 옆에서, 왼쪽 옆에서 찰칵, 찰칵 찍어둔다. 그래야 혹시나(대부분) 물놀이를 하다 레고 블록이 부서져도 찍어둔 사진을 보고 아무 일 없다는 듯 샤샤샥 원상 복구할 수 있다. 만일 찍어둔 사진이 없다면? 다 그런 건 아니지만 쉽지 않았던 하루로 기억될 것이다.

부모 있는 고아들

　대통령까지 '위기의 아동', '안타까운 사건'이라 한다. 사람들은 영유아 등에 대한 아동학대가 일어날 때마다 '불편한 마음'이라 한다. 그러다 아주 조금의 시간이 지나면 잊어버린다. 그러다 아주 조금의 시간이 지나면 다시 또 생각하게 된다. 또 다른 아이에 대한 또 다른 학대. 그 끔찍함과 그 잔혹함. '위기', '사건', '불편한', '안타까운'이라는 수식어는 '아동'이라는 단어와는 전혀 어울리지도 않고, 함께 해서도 안된다. 체코의 동화작가 크베타 파코브스카는 "그림책에서 가장 중요한 것은 아이에 대한 사랑이며, 아이의 관점에서 사고하고 느끼는 작업이 수반되지 않은 그림책은 감동이 없는 죽은 그림책이다(시공주니어 편집부 엮음, 그림책 세계의 작가들, (주)시공사, 2012)"라고 말했다. 굳이 동화작가라는 직업에 한정하지 않더라도 '사랑'이 없다면 '죽은' 것이다. 그 누가 되었건 아이는 '사랑'받아야 하고, 그 '사랑'은 마음의 싹이 되어, 또 다른 '사랑'으로 무럭무럭 자라나야 한다. 아동학대로 고통 받는 '부모 있는 고아들'. 사랑, 사랑, 사랑, 사랑, 사랑, 사랑, 사랑... 잠시 온 힘을 다해 마음을 전해 본다.

두 번째 계절

안아서, 들어서, 빙글빙글

　별다른 생각 없이 습관처럼 책을 펼친다. 언제부턴가 2주일에 한 번 정도는 육아 관련 책을 읽는다. 그렇게 또 몇 권의 책을 읽다가, 몇 장의 사진을 보다가, 순간 오래지 않은 일들이 생각난다. 책(전지민, 육아가 한 편의 시라면 좋겠지만, 비타북스, 2020)에 소개된 저자와 그녀의 딸과의 소소한 일상들. 그 작은 이야기들이 주는 따뜻한 감동. 거기에 잠시 잠깐의 여운까지. '아... 맞다... 그때 녀석도 그랬지'라는 생각 또는 느낌. '아... 맞아... 그때는 녀석을 안아서, 들어서, 빙글빙글 돌 수도 있었는데'라는 기억 또는 추억까지. 배를 땅에 붙이고 엉금엉금 엄마와 아빠에게 다가오던 모습. 뒤뚱뒤뚱 겨우 중심을 잡고 한 발 한 발 내딛던 걸음. 바닷가에서 수영복을 잘 차려입고 밀려오는 파도에 울며불며 질겁하던 표정. 유모차를 타고, 버스를 타고 몰려오는 졸음을 참지 못해 꾸벅꾸벅 졸던 얼굴까지. 일곱 살이 된 녀석과 함께 물놀이도 하고, 함께 쓰레기 분리수거도 하고, 함께 달릴 수도 있지만, 이제는 더 이상 '안아서, 들어서, 빙글빙글' 할 수는 없다. 그러니 언제나처럼 지금 이 순간 최선을 다해야겠다.

나 먹어 봤어!

요 며칠은 계속 고기반찬이다(정확히는 몇 년 되었다). 하나는 육고기, 하나는 물고기. 육고기는 돼지고기 또는 오리고기 또는 소고기 등을, 물고기는 갈치 또는 고등어 또는 볼락 등을 의미한다. 아내는 "성장기 아이는 육지와 바다에서 난 고기를 하루에 한 번은 먹어야 한다"라고 말하며 참 부지런히도 음식을 준비한다. 그렇게 오늘도 돼지고기를 쌈에 싸 먹는다. 물론 녀석은 고기만 먹을 뿐 쌈으로 표현되는 채소는 별달리 관심이 없다. 자신의 고기만 오물오물 먹던 녀석이 느닷없이 "아빠! 나 먹어 봤어!"라고 말한다. "응? 뭘 먹어봐?"라고 물으니, "사실은, (한참 생각) 나 어린이집에서 상추도 먹어보고, (한참 생각) 쌈장도 먹어보고, (한참 생각) 빨간 김치도 먹어봤어"라고 받는다. 그러더니 "아빠, 그런데 (한참 생각) 고추는 엄청 맵지? 빨간 김치는 엄청 매웠거든. 히히. 나도 어른 되면 먹을 수 있어!"라고 더한다. 그 얘기를 들으며 '녀석이 언제쯤이면, 얼마나 크면 고추를 먹을 수 있을까?'라고 생각해본다. 고추 하나 먹는다고 진짜 어른이 되는 것도 아닌데, 진짜 언제쯤이면 먹을 수 있을까?

두 번째 계절

오늘도 만만치 않겠어

평일 아침, 언제나 그렇듯 아빠는 출근 준비로 엄마는 식사 준비로 부지런히 움직인다. 슬쩍 보니 녀석은 아직 꿈나라다. 그때 엄마가 살짝 부른다. '재밌는 꿈을 꿨나?'라고 생각하며 곁으로 가니 "오늘도 만만치 않겠어"라고 말한다. '만만치 않다'라는 문장 속에는 과거의 어젯밤과 현재의 오늘 아침과 미래의 오늘 아침 이후가 다 포함된 듯하다. '어젯밤에는 잘 잔 것 같은데'라고 생각하며 자고 있는 녀석을 다시 보니 얼굴을 두 손으로 가리고 우는 아이처럼 엎드려 잔다. '울고 있나?'라고 생각하고 있는데 엄마가 살금살금 다가가 본다. 그랬더니 녀석은 갑자기 "와!"하며, 크게 웃으며 "엄마! 진짜 놀랐지!"라고 보탠다. 그 모습에 '별일 없겠네'라고 생각하고 편안한 마음으로 마저 출근 준비를 한다. 아침을 먹고, 아침을 먹으려는 녀석과 "아들, 오늘도 좋은 하루 보내자!"라고 인사한다. 그렇게 집을 나서 엘리베이터를 기다리는데 문득 이런 생각이 든다. '그러고 보니 아직 오늘 하루가 많이 남았구나. 부디 녀석에게는 신나는 하루가, 엄마에게는 만만한 하루가 되길.' 그때 '띵'하며 엘리베이터가 도착했다.

아빠 말이 맞아!

　무엇을 하고 있었는지 정확히 기억나지 않지만 녀석의 그 표정과 그 말은 또렷하다. 샤워를 마친 녀석을 수건으로 닦으며 "아들, 다 컸어! 서 있는 거 보니까 아주 튼튼해 보여!"라고 말하니, 녀석은 "아빠, 나 이렇게도 잘 설 수 있어"라고 받으며 한 쪽 다리를 들고 제법 버틴다. 그 모습에 "제법인데! 밥도 많이 먹고 운동도 열심히 하니까 근육이 발달하고 힘이 세져서 그런 거야!"라고 말하니, 녀석은 "아빠, 그건 근육 때문이 아니라 뼈 때문이야! 뼈가 있어야 사람은 설 수 있는 거라고! 언제 책에서 봤어!"라고 받는다. 녀석과 조금 더 얘기를 하고 싶은 마음에 "아들, 그런데 우리 얼마 전에 치킨 먹었지? 그때 닭다리 먹고 뼈만 남은 거 생각나지? 그렇게 뼈만 있으면 닭이 서거나 걸을 수 있을까?"라고 물으니, 녀석은 "음... 근육은 뼈 보호망인데... 아빠 말도 좀 맞는 것 같기는 한데"라고 답한다. 그렇게 대화는 마무리되고 녀석은 옷을 입다가 갑자기 "아빠! 그런데 생각해보니 아빠 말이 맞아! 아빠 말이 맞는 거 같아!"라고 더한다. 사실 뼈도 근육도 모두 있어야 설 수 있으니, 대화는 한참 더 이어졌다.

두 번째 계절

오늘은 그림을 그려야겠어!

밤새 한바탕 비가 내렸다. 주말 아침, 하늘은 더없이 맑았고 집 안에서 보내야 할 시간은 더없이 많았다. 딱히 해야 할 것과 마침 생각나는 곳은 없었기에 "아들, 밥 먹고 대청댐 구경 갈까? 비도 많이 왔으니 댐에 물이 가득 차 있을 것 같은데?"라고 말했다. "응, 좋아"라는 녀석의 짧은 대답에 후다닥 준비를 마쳤고, 서둘러 집을 떠났다. 최근에는 대부분 버스로만 이동했기에 모처럼 차를 타니 잠시 먼 곳으로 여행 가는 기분이었다. 댐 근처에 다다르니 이리저리 휘어진 길을 연이어 만났고, 덕분에 잠시 속도를 낮췄다. 녀석에게 "창밖으로 보이는 강이 멋진 것 같아"라고 말하니, 녀석은 궁금한 듯 창문을 내리고 밖을 쳐다봤다. 그렇게 잠시 바람에 머리카락을 날리며 기분 좋은 표정을 짓더니 "엄마, 오늘은 그림을 그려야겠어!"라고 말했고, "노을이 지는 모습을 그려야겠어!"라고 더했다. 그 말에 엄마는 "아들, 어쩜 그렇게 멋진 생각을 하는 거야!"라고 말했고, 아빠도 "그러게, 우리 아들 멋쟁인데!"라고 더했다. 녀석은 댐 구경을 마치고 집으로 돌아와 산과 바다와 노을이 있는 그림을 그리기 시작했다.

오늘의 날씨

가끔은 아주 잘 맞을 때도 있다. 그러다 또 가끔은 전혀 안 맞을 때도 있다. 예측대로, 예상대로 되는 날은 없다. 그러다 또 가끔은 생각대로, 마음대로 되는 날도 있다. 뻔한 것 같아서, 편한 것 같다. 그러다 또 가끔은 처음 보는 것 같아서, 처음 경험하는 것 같다. 녀석을 바라보고 있으면, 녀석과 함께하고 있으면 생각이 많아진다. 그러다 또 가끔은 아무 생각 없이 지금 이 순간을 즐기는 것이 정답이라는 생각도 든다. 여름에 해가 쨍쨍하다가 갑자기 소나기가 내리는 것처럼, 겨울에 눈이 펑펑 오다가 갑자기 해가 뜨는 것처럼, 그러다 또 아침에 해가 떠 저녁에 해가 지는 것처럼. 이제 좀 알만하면, 이제 좀 만만해지면, 이제 좀 여유가 생겼다 생각하면, 그때 알지 못하게, 그때 만만하게 생각하지 못하게, 그때 여유로운 마음을 가지지 못하게 하는 일들이 생긴다. 어릴 때, 무엇인가를 간절히 바라면 하늘을 쳐다봤다. 소원을 빌려는 것이 아니라 그저, 그냥 날씨가 궁금했다. 어제의 날씨가 오늘의 날씨에, 오늘의 날씨는 내일의 날씨에 영향을 준다. 그게 당연한데, 그런데도 알 수 없는 것이 '오늘의 날씨'다.

두 번째 계절

신호위반

갈까 말까 망설일 틈이 없었다. 순간 본능적으로 가속 페달을 밟았다. 신호는 바뀌고 있었고, 뒤차는 연이어 달리고 있었다. 선택의 여지가 없었다. 달리지 않고 급하게 멈추면 사고가 날 것 같았다. 설령 무인단속 신호위반 딱지가 날아온대도 어쩔 수 없는 결정이었다고 스스로를 위로했다. 그렇게 아주 짧은 순간, 고민 아닌 고민을 했지만 하루 종일 찜찜한 마음이었다. 벌금의 크고 작음을 떠나 '그 돈이면 녀석이 좋아하는 장난감이라도 하나 더 사줄 수 있을 텐데'라는 생각이 들었다. 요즘은 신호위반 여부를 인터넷 검색으로 바로 확인(경찰청교통민원24) 할 수 있다지만 어수선한 회사일을 마무리하고 집에 돌아가 조용히 확인해 보기로 했다. 신호위반은 확실한 것 같았고, 벌금이 얼마인지만 궁금했으니까. 퇴근을 하고 녀석과 신나게 놀고 할 일들을 마무리한 늦은 밤, 인터넷 조회 결과는 신호위반이 아니었다. '뭐지? 아직 결과가 안 나왔나?'라고 생각하며 찜찜했지만 편안한 마음으로 잤다. 다음 날 출근길에 다시 보니 그곳은 속도위반 단속 카메라만 있었다. 어제는 하루 종일 엉뚱한 걱정이었다.

아빠가 휴지다

녀석이 왼손에 물컵을 들고 다가온다. 불안불안하다. 쏟을 것 같기도 하고, 그렇지 않을 것 같기도 하다. 녀석에게 "아들, 컵에 물을 너무 많이 받은 것 같아. 다음번에는 양을 조금 줄이면 좋을 것 같은데"라고 말한다. 녀석은 무슨 소리냐는 듯 "아빠, 나 이제는 물 많이 먹을 수 있어. 지금도 잔뜩 먹고 온 거야"라고 답하며 오히려 더 빠른 걸음으로 움직인다. "아들, 그러다 진짜 쏟겠어"라고 말하니, "아빠, 괜찮아. 걱정 마. 나 잘 해"라고 받는다. 그렇게 식탁까지 잘 오나 했는데 마지막 순간에 예상대로(?) 절반쯤 쏟는다. "아들, 거봐. 아빠가 조심하라고 했는데. 다음에는 아빠 말처럼 해 봐. 알겠지"라고 말하니, 녀석은 "아빠, 알겠어"라고 답하며 잠시 시무룩하다. "아들, 식탁 위에 물은 휴지로 닦아"라고 말하니, 녀석은 두리번거리다 휴지가 눈에 띄지 않자 씩 웃으며 다가오더니 "아빠가 휴지다. 아빠가 휴지야. 아빠 몸으로 물을 닦자"라며 옷을 잡아당긴다. 아이와 함께 하며 다양한 것들이 되어봤지만 하다하다 휴지가 되긴 처음이다. 그래, 아빠가 휴지다! 그래, 오늘도 웃는다!

두 번째 계절

유혹이 많다

　　하루 한 번 녀석을 생각한다. 사실 수십 번, 수백 번이라고 해야겠지만 하루 한 번 녀석이 주인공인 글을 쓰고 있으니, 하루 한 번은 반드시 녀석을 머릿속에 떠올려야 한다. 하루 종일 무슨 일이 있었는지, 또 어제는 어떤 것들을 함께 했는지 이리저리, 요리조리, 꼼꼼히, 찬찬히, 살펴보고, 돌아본다. 그렇게 책상 앞에 앉아 마음을 차분히 가라앉히고 막상 글을 쓰려고 하면 유혹이 많다. 노트북을 켜고 운영 중인 블로그에 들어와 이렇게 글을 쓰기까지, 세상은 어떻게 돌아가고 있는지 뉴스도 궁금하고, 요즘 야구는 어느 팀이 잘 하고 있는지 경기 결과도 알고 싶다. 또 그러다 책상 위에 쌓아둔 몇 권의 책들이 눈에 들어온다. 이미 읽었지만 너무 재미있거나 좋은 문장이 많아 다시 보고 싶은 책, 지금 읽고 있어서 빨리 다시 펼치고 싶은 책, 제목만 알고 있기에 어떤 내용을 담고 있는지 궁금한 책까지. 녀석의 생각을, 녀석의 마음을, 녀석의 하루를, 녀석의 성장을, 기억하고 기록하는 일이 생각보다 만만치 않지만 이런저런 얕은 유혹을 이겨내고 꾸준히 쓴다. 그렇게 올해도 6개월을 이어왔다.

조금 기울어도 되지만
조금 삐딱해도 되지만

여행책을 읽다가 사진 한 장이 눈에 들어왔다. 피사의 사탑. 대부분의 사람들이 한번쯤은 듣거나 보았을 이름 그대로 한 쪽으로 기울어진 탑. '이탈리아 피사대성당 동쪽에 있고, 흰 대리석으로 된 둥근 원통형 8층 탑으로 최대 높이는 58.36m이며 무게는 1만 4453t으로 추정된다. 기울어진 각도는 중심축으로부터 약 5.5°이고, 294개의 나선형 계단으로 꼭대기까지 연결되며, 1173년에서 1178년 사이에 진행된 1차 공사 이후 지반 토질의 불균형으로 인한 기울어짐이 발견되었다(출처: 두산백과).' 이후 지하수의 침입도 막고, 침하되는 반대편에 추나 종을 달아 균형을 맞추려고도 하고, 관람객의 출입을 통제하기도 했다. 기울었다고, 삐딱했다고 그냥 두지 않았다. 더 이상 기울면, 더 이상 삐딱해지면 안 된다고 최선을 다해 노력했다. 할 수 있는 모든 것을 다했다. 아이들도 성장하면서 사춘기라는 이름으로 자연스럽게 방황할 수 있다. 녀석에게도 그런 시간이 올 것이다. 그때 조금 기울어도 되지만, 조금 삐딱해도 되지만 다시 제자리로 돌아가려 노력하면 된다. 어쩌면 어른들도 그렇게 성장한다.

두 번째 계절

나 하나뿐이야

　　몇 가지 간단한 물건을 사러 마트에 가는 길, 신호가 바뀌기를 기다리는데 맞은편에 횡단보도를 건너는 대학생 두 명이 눈에 띈다. 한 명은 강아지를 안고, 또 다른 한 명은 강아지에게 필요한 물건들을 들고 있다. 그 모습을 보면서 옆자리의 아내에게 "요즘 학생들은 강아지를 많이 키우나 봐. 다들 혼자라서 외로워서 그런 가?"라고 물으니, 아내는 "그러게. 주변에 강아지나 고양이를 집에서 많이들 키워. 학생들뿐만 아니라 어른들도 많이 키워"라고 답한다. 그러더니 뒷자리에서 그 모습을 지켜보던 녀석에게 "아들, 어린이집 친구들도 강아지 많이 키우지?"라고 묻는다. 몇 달 전부터 고양이를 부쩍 좋아하는 녀석은 엄마의 질문을 기다렸다는 듯이 "나 하나뿐이야. 어린이집에서 고양이 안 키우는 아이는 나 하나뿐이라고"라며 답한다. 아빠가 집에서 동물 키우는 것을 싫어하는 것을 잘 알고 있는 엄마는 "아들, 그래도 우리 집에는 동물 인형이 그 어떤 친구들보다 많을 거야"라고 말한다. 녀석은 그제야 "아, 맞다. 우리 집에는 컵 속에 앉아 있는 고양이(작은 인테리어 용품)가 있지"라고 답하며 웃는다.

'내'로 시작하는 말

아내가 느닷없이 진한 황태국이 먹고 싶다기에 집을 나선다. 밖에서 밥을 먹는다는 것은, 그것도 아내가 먼저 밖에서 밥을 먹자고 하는 경우는 매우 드문 일이다. 우리 가족은 한 달에 한 번 외식을 할까, 말까 하는 정도다. 주말에 외출하는 경우에도 대부분 밥은 집으로 돌아와서 먹는다. 점심밥이 되었건 저녁밥이 되었건 '밥은 집에서 먹는다'라는 생각이 기본이다. 그렇게 모처럼 밖에서 황태국을 먹는데 아무래도 아이의 입맛에는 맞지 않는 눈치다. 딱히 배가 고프지도 않은지 아이는 "아빠, '열'로 시작하는 말이 뭐가 있는지 알아?"라며 말놀이를 시작한다. 먼저 아이가 '열남'이라 하기에 '열기구'라고 받고 아내는 '열정'이라 잇는다. 이번에는 '카'로 시작하는 말들이다. 아이가 '카메라'라고 하기에 '카센터'라고 받고 아내는 '카드'라고 잇는다. 그랬더니 아이는 "아빠, '내'로 시작하는 말은 뭐가 있게?"라고 말한다. "'내'는 쉽지 않은 것 같은데"라고 답하니 아이는 "응, 그건 말이야 '내 엄마', '내 아빠', '내 사랑'이 있지!"라고 받는다. 기껏 '내과' 정도 답하려고 기다리고 있었는데...

두 번째 계절

누가 더 소중해?

　　작은 방에 나란히 누웠다. 아빠, 엄마, 녀석의 순서로. 녀석이 다시 차례를 바꾼다. 아빠, 녀석, 엄마의 순서로. 그렇게 잠시 멍하니 편안한 마음으로 일어날까 말까 고민하고 있는데 녀석이 묻는다. "엄마! 아빠랑 누가 조정해?" 그 얘기를 듣고 '아침부터 뭘 조정한다는 거지?'라는 생각이 들지만 더 이상 묻지 않는다. 그저 엄마가 뭐라 답하는지 들어보면 되니까. 한동안 별다른 대답이 없다. 아마 엄마도 이 상황에 '조정'이라는 단어는 잘 어울리지 않는다고 생각하며 같은 마음으로 누워 있는 것 같다. 기다리다 지친 녀석은 다시 "엄마! 아빠랑 나랑 누가 더 소중하냐고?"라고 묻는다. 그제야 알았다. '조정'이 아니라 '소중'이었다. 이제 질문은 정확히 이해했는데, 막상 엄마가 어떻게 답을 할지 살짝 궁금하다. "음... 아빠랑 아들이랑 엄마한테 다 소중해. 그런데 지금 아들은 아직 더 자라야 할 어린아이지? 그래서 엄마랑 아빠는 아들을 더 소중하게 보호하고 더 아껴줄거야." 사실 누가 더 소중하고, 누가 덜 소중하고 그런 것은 없다. '아빠+엄마+아들=우리 가족'이니까.

가장 보통의 육아

1판 1쇄 발행   2021. 06. 07

지 은 이   임석재
발 행 인   박윤희
디 자 인   디자인잇
교정교열   안정란, 임현서
발 행 처   도서출판잇
등   록   2018. 10. 8 신고번호 제 2018-000118호
주   소   송파구 송파대로44길 9(송파동, 운정빌) 402호
팩   스   0504.369.2548

저작권자 ⓒ 임석재 2021
이 책은 저작권법에 의해 보호를 받는 저작물이므로
저자와 출판사의 허락 없이 내용의 일부를 인용하거나 발췌하는 것을 금합니다.

잘못 만들어진 책은 구입하신 곳에서 교환해드립니다.
값은 뒤표지에 있습니다.
ISBN 979-11-968772-5-5(03190)

도서출판잇
우리는 단순히 책을 만들지 않습니다.
작가와 책이 마주치는 모든 곳에서 끊임없이 나음을 넘어 다름을 생각합니다.

홈페이지   www.bookndesign.com
이 메 일   bookndesign@daum.net
블 로 그   blog.naver.com/designit
인스타그램   @book_n_design

이 도서의 국립중앙도서관 출판예정도서목록(CIP)은 서지정보유통지원시스템 홈페이지(http://seoji.nl.go.kr)와 국가자료종합목록시스템(http://www.nl.go.kr/kolisnet)에서 이용하실 수 있습니다.

작년 담임선생님이자 현 교무부장이신 권유진 선생님께도 항상 감사하다.

그 밖에 마음을 전할 이들이 많지만 모두 다 기록하지 못한 점 너그러이 이해해줄 것이라 믿으며, 이 책을 읽는 그리고 읽게 될 모든 사람들이 행복하길 잠시 마음을 모아 다시 한번 소망한다.

마지막으로 육아의 경험은 지극히 개인적인 일이라 나와 다른 일들을 경험하게 될 아빠, 엄마들이 많을 것이라 생각한다. 그들에 의해 더 다양한 육아 이야기들이 책으로 소개되길 기대한다.

지나간 일들은 잊어버리고 다가올 날들은 고민하지 않고, 다만 내게 주어진 오늘을 소박하게, 따뜻하게, 또박또박, 뚜벅뚜벅 살아가려 한다. 그렇게 행복해지려 한다. 그러면 행복해질 것이다. 그 믿음으로 글을 마친다.

2021년

역시나 볕이 좋은 어느 날, 아빠 임석재

EPILOGUE

에필로그

일곱 살 아이와 함께 한 날들로 일 년은 짧았지만 하루는 길었다. 일곱 살 아이와 함께 한 날들의 '가장 보통의 육아'는 일단 끝났고 잠시 기뻤지만 다시 또 시작되고 함께 또 계속된다.

글로 담을 수 없을 만큼 사랑하고 존경하는 아이의 할아버지 임종만님과 할머니 유춘발님, 애정 가득한 관심으로 항상 응원해 주신 외할아버지 안승관님과 외할머니 천성희님께 고맙고 감사한 마음을 전한다.

아이가 더 맑고, 더 밝고, 더 따뜻하게 자랄 수 있도록 지지하고 응원하고 격려해 주신 아이의 어린이집 만5세 꽃가람반 담임 조혜연 선생님과 부담임 남지윤 선생님께도 고마움을 전하고 싶다. 작년만큼 자주 마주치는 듯한 아이의

2020년, 한 해는 '잘' 끝났다

　1년, 366일을 무탈하게 잘 마무리했다. 올해는 2월이 여느 때와 달리 29일까지 있었으니 하루를 더 살았다. 그래서인지 이런저런 일들이 많았지만 그중에 기억에 남는 일이라면 1월부터 갑작스럽게 시작된 정부부처 파견근무다. 한 달에 한 번씩 2주는 출장, 2주는 사무실 근무였다. 어쩔 수 없이 아이와 절반을 떨어져 지냈고 그 시간만큼 아이와 아내에 대한 소중함 또는 애틋함을 느낄 수 있는 날들이었다. 파견은 중간에 6개월이 연장되었고 연말에 다시 한 번 2021년 12월 31일까지 1년이 연장되었다. 한편, 1월부터 시작된 전 세계적인 코로나19의 확산으로 전혀 다른 차원의 세상을 경험했다. 언제, 어디서, 무엇을 하든 마스크를 쓰고 다녔고, 가족을 제외한 다른 사람과의 만남은 자제할 수밖에 없었다. 어린이집도 긴급보육이 있긴 했지만 아이는 2월 말부터 4월 초까지 어린이집에 다니지 않았고, 중간중간 등원과 휴원을 반복했다. 그리고 '이쁜이'와 '멋찐이'라는 장수풍뎅이를 길렀던 일, 5박 6일 동안의 서해안 일주는 다른 그 무엇보다 특별했다. 그렇게 우리 가족 모두의 2020년, 한 해는 '잘' 끝났다.

네 번째 계절

나는 한 명의 아이를 더 잘 키워야 한다

아직 하루가 남아 있긴 하지만, 일 년 동안 '아빠육아'라는 이름으로 하루 한 번 '육아일기'를 썼다. 대전에 살고 있는 일곱 살 남자아이, 그 아이는 마흔두 살 회사원 아빠, 마흔 살 전업주부 엄마와 함께 했다. 이제 이틀 후면 여덟 살이 되는 아이, 그러니 태어나 처음으로 '학생'이라는 이름의 삶을 살아가려 한다. 아직 어린아이 같기만 한데 벌써 초등학생이라니. 타인의 일이라 생각했을 때는 그렇지 않았는데 너무도 흔한 말처럼 '시간이 정말 빠르다'라는 생각만 가득하다. 지난 일 년을 돌아보니 그 누구도 예상하지 못했던 코로나19의 전 세계적 유행으로 지치고 힘든 일들도 많았다. 또 한편으론 소소하지만 재미있는 날들도 적지 않았다. 언제나처럼 엄마, 아빠라는 이름으로 아이와 함께 하는 일들은 고민과 선택의 연속이었고, 그때마다 결론은 단순했고 다짐은 분명했다. '나는 한 명의 아이를 더 잘 키워야 한다.' 세상의 모든 아빠, 엄마들이 같은 마음이라면 세상의 모든 아이들이 지금보다 조금 더 살기 좋은 세상이 될 것이라 생각한다. 그 마음이 변하지 않기를 글로 기록하여 글로 기억하려 한다.

추억여행, 그땐 그랬다

2000년대 초반, 그러니까, 대학생 시절의 사진을 찾을 일이 생겼다. 분명히 머릿속에는 기억나는데 정확히 어디에 있는지는 생각나지 않았다. 이리저리 집 구석구석을 확인하는데 아내가 말했다. "기다려 봐. 내가 찾아줄게. 나도 기억하는 사진이니까." 그렇게 책장 한편에 고이 모아두었던, 아니 쌓아두기만 했던 사진첩들을 펼쳤다. 그 속에는 지난 추억들이 가득했다. 개구쟁이 여대생과 사랑에 빠진 대학생, 이제 막 사회에 첫발을 내디딘 회사원, 조금은 낯설고 어색하지만 자신만만한 새신랑의 모습까지. 그보다 더 어릴 적 사진들은 시골 녀석의 할아버지 집에 있지만 대학생 이후, 그러니까, 아내를 만난 이후의 사진들은 집에 있었다. 그때로 돌아간 듯 사진 구경을 하는데 녀석이 "아빠, 이거 나 맞지?"라고 물었다. 녀석의 사촌 누나의 어릴 적 모습이었기에 "아니, OO이 누나잖아"라고 답했고, 아내는 "누나 참 귀엽지?"라고 더했다. 그러더니 "내가 사진첩으로 만들어 놓길 잘했지? 이렇게 같이 보니까 얼마나 좋아"라고 보탰다. 맞다. 덕분에 추억여행 한번 제대로 했다. 그땐 그랬다. 그땐, 그때는.

네 번째 계절

꿀잠

오랜만이었다. 잠을 자는 듯 꿈을 꾸는 듯 다시 깬 듯 그러다 다시 조는 듯. 그렇게 오락가락했다. 아마도 두 시간 이상은 더 잔 것 같았다. 그것도 주말 오후 거실 바닥에서. 따뜻한 전기장판 위에 얇은 이불 하나 덮고 그야말로 정신없이 잤다. 그러니 '꿀잠'이었다. 아내와 아이가 현관문을 여는 소리에 그제야 겨우 깼다. 녀석이 "아빠! 이제 일어난 거야? 아빠 잘 자라고 엄마랑 산책 갔다 왔어! 선물로 아이스크림도 사 왔고!"라고 말했다. 아내는 "많이 피곤했나 봐. 자는 것 같지 않더니 금세 스르륵 잠이 들었어"라고 보탰다. 그저 고마운 마음에 "덕분에 잘 잤어. 낮에 이렇게 잠을 잔 게 얼마 만인지 모르겠어. 꿈을 많이 꾼 거 같기는 한데 일어나니까 기억나는 건 하나도 없어"라고 답했다. 분명히 거실에서 아이와 아내와 <포켓몬스터 극장판>을 보고 있었다. 녀석이 너무 재밌다고 해서 지난주에 이어 함께 보기로 했는데 무엇을 봤는지 한 장면도 기억나지 않았다. 아빠가 되고 아이가 곤히 자는 모습을 볼 때면 많은 생각이 들었다. 녀석은 아빠의 자는 모습을 보며 어떤 생각을 했을까? 문득, 궁금했다.

학교 가는 길

아이의 어린이집 <주말활동 안내서> 거기엔 '초등학교 프로젝트, 설레는 발걸음, 미리 가보는 학교'가 설명되어 있었다. 아이가 새로운 환경에 잘 적응할 수 있도록 엄마, 아빠와 초등학교를 미리 탐색해 보라는 것이었다. 그렇게 해서 초등학교에 대한 두려움을 없애고 긍정적인 마음으로 입학 준비를 할 수 있도록 도와줘야 한다는 설명도 더했다. 프로젝트에 충실하게 아이와 집을 나섰다. 아이에게는 "아들, 아빠랑 축구하러 가자. 오늘은 내년부터 다니게 될 초등학교 운동장에서 축구 한 판 어때?"라고 말했다. 다행히 아이는 "좋아. 아빠 차에 가서 축구공도 가져가자. 열쇠 나 줘"라고 받았다. 어린이집 프로젝트 중에는 '등굣길 지도 만들기'도 있었기에 "아들, 지금부터 아빠랑 머릿속으로 지도를 그려보는 거야"라고 말하고 건널목은 어디에 있는지, 중간중간 어떤 건물들이 있는지, 그동안 산책했던 길이랑 같은지 다른지, 이것저것 부지런히 알려줬다. 오늘 아빠와 함께 했던 길은 내년부터 아이에게 '학교 가는 길'이 될 것이다. 아무쪼록 그 길에 즐겁고, 신나고, 유쾌한 일들이 가득했으면 좋겠다.

네 번째 계절

아이의 성장만큼

　　가끔, 생각한다. 아이의 성장만큼 아빠도 성장할까? 아이는 무럭무럭 자라는데 아빠가 그 속도를 따라갈 수 있을까? 언제까지 그럭저럭 쫓아갈 수 있을까? 그러다 언제쯤이면 허덕허덕 뒤처질까? 또 어쩌면, 언제까지나 도란도란 함께 할 수 있지 않을까? 가까이에서 지켜보는 아이는, 가까이에서 함께하는 아이는 부지런히 잘도 큰다. 어제는 오늘과 달랐고 내일은 오늘과 다를 것이다. 하루하루 바라볼 때는 몰랐는데 한 달이 지나고, 두 달이 지나고, 반 년이 지나면, 다시 일 년이 지나면 생각지도 못할 만큼 훌쩍 자란다. 얼마 지나지 않은 사진 속 아이는 지금 곁에 있는 아이의 동생처럼 느껴진다. 아이에게 동생이 있다면 딱 지난 사진 속 그만큼의 모습이겠다. 웃는 아이도, 먹는 아이도, 자는 아이도, 뛰는 아이도, 노래를 부르는 아이도, 신나게 춤추는 아이도, 장난감 놀이하는 아이도 모두 같은 듯 다른 모습이다. 아이를 바라보는 아빠처럼, 아빠를 바라보는 아이도 아주 가끔은 이런 생각을 할까? 아이에게 아빠는 언제나 한결같은 사람일까? 문득, 아이의 할아버지가 보고 싶다. 문득, 그런 날이 있다.

아들, 아들과 아들, 아들과 딸

텔레비전 방송 프로그램에서 결혼한 딸이 친정집을 방문해 엄마를 도와주고 있었다. 엄마가 집으로 친구들을 초대했기에 딸은 엄마를 위해 맛있는 음식을 만들어주겠다고 말했다. 그 모습이 보기 좋았다. 다 큰 딸이 더 큰 엄마와 친구처럼 지내는. 그리고 평소에도 엄마는 딸이 예쁜 옷을 사면 몰래 입어보기도 하고 가끔 빌려 달라 하기도 한다고 했다. '딸이 있으면 저럴까? 저런 딸이 있다면, 저런 딸과 함께 한다면 삶이 나름 재밌겠구나'라고 생각했다. 곁에 있던 아내는 "우리 엄마도 나랑 같은 옷을 입거나 같은 신발을 신고 싶다고 했어. 물론 그렇게 못해서 아쉬워하지만"이라고 말했다. 그 말을 들으며 "대부분, 엄마들은 딸이 있으면 좋네"라고 받았고 "우리도 저런 딸 한 명 있으면 좋을까?"라고 보탰다. 혹시나 둘째가 생긴다면 딸이 좋을까? 아니면 아들이 좋을까? 아직은 언제나처럼 '아들'이면 좋겠다 생각하지만 또 가끔은 저렇게 '딸'이어도 괜찮겠구나 생각한다. 아이가 지금처럼 '아들'로서 곁에 있든 '아들과 아들' 또는 '아들과 딸'로서 함께 하든 어쨌든 아빠는 너를 최고로 사랑한다.

네 번째 계절

늙다, 아니 성장한다

크리스마스와 산타 할아버지 얘기를 하고 있는데 녀석이 느닷없이 "아빠, 내년이면 엄마랑 아빠는 한 살 더 늙는 거야?"라고 물었다. 얼핏 맞는 말이었지만 정확히 맞지는 않는 말이었다. 아니 아직은 부정하고 싶었다. 그래서 얼른 국어사전을 찾아보니 '늙다'는 '사람이나 동물, 식물 따위가 많이 먹다'라는 뜻으로 '사람의 경우에는 흔히 중년이 지난 상태가 됨을 이른다. 한창때를 지나 쇠퇴하다. 식물 따위가 지나치게 익은 상태가 되다'라고 정의하고 있었다. '쇠퇴', '지나치게 익은 상태'라는 표현이 마음에 들지 않아 서둘러 '중년'의 정의를 확인하니 '마흔 살 안팎의 나이. 또는 그 나이의 사람. 청년과 노년의 중간을 이르며, 때로 50대까지 포함하는 경우도 있다. 사람의 일생에서 중기, 곧 장년·중년의 시절을 이르는 말'이라 설명하고 있었다. 내년이면 아빠는 마흔세 살, 엄마는 마흔한 살이니 사전의 정의에 따르면 아쉽게도 '중년'이 맞았고, 그럼 또 안타깝게도 '늙다'라는 표현이 적당했다. 하지만, 그렇지만, 그래도, 아들!! 엄마, 아빠는 '늙지' 않고 '성장' 할 거야!! 그러니 오래오래 잘 지켜봐!!

별 하나, 별 둘, 별 셋...

이런 날 애매, 아니 난감하다. 어쩌면 조금 억울하다 생각한다. 하루를 잘 마무리하고 녀석과 나란히 누웠는데, 사실은 녀석을 재우고 이런저런 일들을 하려는데 녀석이 잠을 잘 생각을 하지 않는다. 밥도 잘 먹고, 놀이도 실컷 하고, 책도 많이 읽었는데 그러니 이제 잠만 자면 되는데 도대체 잘 생각이 없다. 혹시나 하는 마음에 엄마, 아빠는 침대에 누워 몇 분을 꼼짝도 하지 않고 눈만 감고 있어 보지만 녀석은 "아유~ 왜 이렇게 잠이 오지 않지. 잠이 안 온다. 잠이 안 온다"라고 말한다. 그러다 "이럴 땐, 책에서 이렇게 하라고 했지"라며 "별 하나, 별 둘, 별 셋..."을 더한다. '설마 백까지 세는 건 아니겠지'하는 마음에 조금 불안하지만 다행히 열까지만 센다. 그렇게 또 한참을 기다리는데 녀석의 뒤척임이 느껴진다. 녀석에게 "아들, 이러다 제일 늦게 자겠어. 아빠는 잠이 막 들려고 하니까 엄마가 일등, 아빠가 이등, 아들이 삼등으로 잘 것 같아. 이제 아빠 잔다"라고 말한다. 녀석이 잠들면 모처럼 영화라도 한 편 볼까 했는데 어쩌면 그 마음을 눈치 챘나 보다. 똘똘한 녀석! 그래 아빠, 엄마도 진짜 잔다!

네 번째 계절

보고서 검토 부탁드립니다

　　퇴근 후 샤워를 하고 기분 좋게 밥을 먹는다. 녀석과 몇 가지 놀이를 하고 녀석과 몇 권의 책을 읽고 조금의 시간이 더 지나면 녀석은 잠을 자러 간다. 그때부터 서재에서 책도 읽고, 글도 쓰고, 강의도 보고, 또 아주 가끔은 음악도 듣는다. 녀석과 첫 번째, 두 번째 책을 읽고, 아내가 세 번째이자 마지막 책을 읽어주는 사이 서재에서 전화기의 푸른 깜빡임을 확인하고 전화 또는 문자가 왔음을 알았다. '누구지? 밤에는 전화 올 일이 없는데'라는 마음으로 확인해보니 '다음 주에 회의가 예정되어 급하게 보고서 보내드리니 세부내용 검토 부탁드립니다'라는 업무용 연락이었다. '아직 퇴근도 못하고 보고서를 작성하고 있구나'라는 생각과 '2주간의 출장 복귀 후 아직 피로가 사라지지 않았는데 다시 보고서를 작성하려면 간단치 않겠구나'라는 생각이 순차적으로 들었다. 거기에 '모처럼 녀석이 일찍 자는 날이라 아내와 영화 한 편 보려 했는데'라는 생각도 더해졌다. 보고서 검토, 어쨌든 우리 가족에게 맛있는 밥과 편안한 집을 제공하는 일이다. 달콤한 유혹들을 뒤로하고 책상에 앉아 컴퓨터를 켰다.

크리스마스 선물

"그거 줄까?"라는 아내의 작은 물음에 "그래도 될 거 같아"라고 살짝 답했다. 크리스마스를 앞두고 녀석에게 몇 가지 선물을 준비했다. 다른 것들은 크리스마스 아침에 줘도 될 것 같은데 '스파이더맨 부츠'는 신어 봐야겠기에 어제, 오늘 고민하다 먼저 주기로 했다. 아내가 "아들, 아빠랑 엄마가 크리스마스 선물을 준비했어"라고 말하니 녀석은 신이 난 목소리로 "엄마, 나는 선물이 진짜 좋아. 진짜"라고 받았다. 선물포장을 뜯으며 스파이더맨 부츠를 확인하고는 신어 보기에 바빴다. "아들, 혹시 크기가 맞지 않으면 바꿔야 할지도 몰라"라고 말은 하지만 이미 그렇게 할 수 없는 분위기였다. 녀석은 거실에서 부츠를 신고 다녔고 동화책 몇 권을 읽을 때까지 끝내 벗지 않았다. 그러더니 "엄마, 나 이거 신고 잘 거야. 그리고 내일 어린이집도 일찍 갔으면 좋겠어"라고 더했다. 침대 머리맡에 부츠를 올려두고 곤히 잠든 녀석, 문득 '내 어린 시절에도 이런 날들이 있었나... 그랬다면 정말 좋았을 텐데'라는 생각이 스쳤다. 다행이다. 아이가 좋아하는 크리스마스 선물을 건넬 수 있는 아빠가 되었으니까. 그럼, 됐다.

네 번째 계절

그때, 육아휴직 하길 정말 잘했다

　　온 나라가 코로나19로 어수선하다. 당연히 그 어수선함은 아이에게도 영향을 미친다. 이제 얼마 남지 않은 어린이집은 정상보육과 긴급보육을, 아직 얼마 다니지 않은 태권도장은 열기와 닫기를 반복한다. 그러니 아이도, 엄마도, 아빠도 이래저래 혼란스럽다. 이런 상황에서 지금 다시 돌아보니 아이가 다섯 살 때인 2018년, 1년 동안의 육아휴직은 정말 잘한 선택이었다. 만일 2019년에 휴직을 했다면 복직 시점에 코로나19로 인해 마음이 불편했을 것이고, 또 2020년에 휴직을 했다면 코로나19로 인해 꼼짝도 할 수 없으니 아이와 추억 만들기도 쉽지 않았을 것이다. 무엇보다 지난 휴직을 통해 아이를 더 많이 이해할 수 있게 되었다. 이제는 아이와 퇴근 후 매일같이 함께 해도, 또 주말마다 집 안에서 하루 종일 함께 지내도 즐겁게 시간을 보낼 수 있다. 2년 전 휴직을 시작했을 때, 아이는 어린이집을 다니지 않았기에 하루 종일 함께 지냈다. 그때는 문득 이유 없이 힘든 날도 많았다. 하지만 2년이 지난 지금은 요령껏, 재주껏 서로 잘 지낸다. 이미, 연습은 충분했다. 다시 생각해봐도 그때, 육아휴직 하길 정말 잘했다.

영유아건강검진, 대답하지 못한 질문들

순간 망설였고 잠시 멈칫했다. 영유아건강검진 문진표는 아이의 성장과 발달에 대한 다양한 질문들로 구성되어 있었다. 언어, 수리, 인지, 자조, 사회성 등등. 아이와 비교적 많은 시간을 함께 했기에 쉽게 답할 수 있다고 생각했다. 문진표 작성에 골똘히 고민하는 아내에게 "너무 어렵게 생각 말고 쉽게 직관적으로 답해야 해"라고 말했다. 아내는 "이게 생각처럼 쉽지가 않아. 그럼, 지금부터 나 대신 작성해 봐"라며 문진표를 건넸다. 그때부터 주어진 질문에 답을 하는데 정확히 기억나진 않지만 '혼자 씻고 혼자 머리를 감는다'라는 물음에 당황했다. 대부분의 경우 아이와 함께 샤워를 하기에 이런 질문이 어려웠다. 고민 끝에 '하지 못하는 편이다'라고 답을 하려는데 아내는 "우리 아들, 혼자서 잘 해. 지난번에도 혼자 했어"라고 더했다. '엄마, 아빠의 전화번호를 알고 있다'라는 질문도 있었지만 사실 아이에게 전화번호를 알려준 적이 없었다. 그러니 '전혀 할 수 없다'라고 답을 하면 아이는 억울할 것 같았다. 그렇게 몇 가지 질문에는 대답하지 못했다. 아빠는 진짜 몰랐다. 꼭 그렇게 해야 하는지.

네 번째 계절

영유아건강검진

'아동의 발달 상태는 또래와 비교해 볼 때, 정상적으로 잘 이루어지고 있습니다.' 짧은 문장 하나에 기분이 좋아졌다. 코로나19로 인해 아이의 마지막 영유아건강검진을 미룰까 하다 그래도 초등학교 입학 전에는 받아야겠기에 아동전문병원을 방문했다. 키와 몸무게를 확인하고 시력 검사를 하는데 아이의 목소리가 씩씩해 깜짝 놀랐다. 검사 전, '혹시나 어색하다고 잘 알고 있는 것도 대답을 하지 않으면 어쩌지'라고 잠시 걱정했다. 작은 방으로 이동해서도 선생님의 이런저런 물음에 아이는 '알아요! 쓸 수 있어요! 할 수 있어요!'라고 자신 있게 답했다. 그 모습을 지켜보며 흐뭇 아니 뿌듯했다. 마지막으로 의사선생님의 검진이 있었고 잠시 후, '아주 잘 크고 있네요'라는 말을 들었다. 아이의 건강과 성장을 확인하는 일은 엄마, 아빠가 반드시 해야 할 일이지만 사실 엄마, 아빠라고 모든 것을 정확히 알고 있지는 않다. 그래서 어떨 때는 걱정되고, 또 어떨 때는 그 정도가 심해져 불안하다. '양호'로 가득한 건강검진 결과통보서를 보니 '장한 아빠&엄마 상'이라도 받은 것처럼 느껴졌다. 이런 날은 마냥 좋다.

건강검진

　　한 번 더 미룰까 고민했지만 잠깐의 망설임 끝에 그냥 받기로 했다. 코로나19 상황이 내년이라고 크게 달라질 것 같지 않았다. 그래도 걱정스러운 마음에 장소는 바꿨다. 지난 9월에는 서울에서 진행하기로 했지만 이번에는 대전으로 변경했다. 그렇게 '건강검진'을 받았다. 대부분의 경우 회사원이 되면 매년 건강검진을 받는다. 보통의 건강한 성인이라면 딱히 걱정할 일 없는 정기검진. 매년 비슷한 달에 매번 비슷한 검사를 진행한다. 의사선생님의 '어디 불편한 곳 있나요?'라는 물음에 '아니요. 없습니다'라는 답을 시작으로 몸무게와 키를 확인하고 피도 뽑는다. X-레이를 찍기도, 자기공명영상법이라는 MRI(Magnetic Resonance Imaging) 촬영을 하기도 한다. 때로는 머리를, 때로는 목을, 또 때로는 허리를. 여전히 '건강검진 하는 날=오후에 쉬는 날'이라는 생각이지만 아이의 아빠가 되고부터 '별다른 문제가 없다면 좋은 날, 남들보다 건강하다면 더 좋은 날'이라는 마음이 더해진다. 더도 말고, 덜도 말고 아이들 동화의 주인공처럼 '오래오래, 건강하고 행복하게 잘 살았으면' 좋겠다.

네 번째 계절

마니또(MANITO)

　　퇴근을 하고 집에 들어서니 아무도 없었다. 보통은 아내가 "수고했어. 얼른 씻고 밥 먹자"라고 하는데 조금 이상했다. 잠시 후 아내와 아이가 들어왔고 아내는 "내일 어린이집에서 마니또(MANITO, 비밀친구 또는 제비뽑기 등을 해서 선정된 상대방에게 자신의 정체를 숨기고 편지, 선물, 선행 등을 제공하는 사람) 한다고 해서 선물 사 왔어. 이거 봐. 선물 받는 친구가 엄청 좋아할 거야"라고 말했다. 저녁밥을 먹고 선물을 포장하며 아이에게 "아들은 누구의 마니또가 되면 좋겠어?"라고 물으니 아이는 "OOO이 선물 가져갔으면 좋겠어. 왜냐하면 그 친구는 내가 준비한 선물(종이접기와 새총)을 엄청 좋아하거든"이라 답했다. 다시 "그럼, 누가 마니또가 되면 좋겠어? 혹시 생각해 둔 친구 있어? 전에 좋다고 한 AAA? 아니면 BBB?"라고 물으니 "지금 생각나는 친구는 없어"라고 받았다. 그러더니 슬쩍 엄마의 무릎에 앉았다. 아이에게 엄마, 아빠와는 조금 다른 결의 비밀친구, 어쩌면 수호천사 같은 친구들이 많이 생기면 좋겠다. 기쁠 때, 슬플 때, 힘들 때, 외로울 때 곁에서 힘이 되어주는 진짜 친구들!!

엄마, 미안하지만...

　가끔 그런 일, 그런 날이 있다. 아내에게 전해들은 얘기가 너무 재밌는 일, 너무 재밌는 날일 때. 아내가 말했다. "오늘 어떤 일이 있었는지 알아?" 무슨 일이 있었기에 그러지 하는 마음에 "글쎄, 뭐 재밌는 일이라도 있었어? 요즘 텔레비전을 볼 일이 없으니 세상이 어떻게 돌아가는지 알 수가 없네." 아내가 더했다. "아니, 세상 돌아가는 거 말고, 우리 아들 얘기야." 일곱 살 아들이 또 엉뚱한 일을 벌였구나 싶어 "뭐 걱정거리는 아니지?"라고 물었다. 아내는 "아니, 그런 건 아니고, 오늘도 역시나 아침에 늦게 일어났거든. 그래도 밥은 먹여야겠기에 서둘러 계란프라이를 했는데, 한참이 지나도 안 먹는 거야. 그래서 그냥 쳐다보고 있다가 '아들, 왜 입맛이 없어?'라고 물었는데, 얘가 뭐라는지 알아?"라고 말했다. 뭐라고 했을까 잠시 생각하는데 아내가 알려줬다. "나를 빤히 바라보더니 '엄마, 미안하지만 맛이 없어서 못 먹겠어'라고 하는 거야. 다른 말이면 뭐라고 하겠는데 맛이 없다니 별 수 없지 뭐. 참 어이없지?" 무슨 말을 할까 잠시 고민하다 "고생 많았네. 그런데 녀석, 다 컸는데!!"라고 답했다.

네 번째 계절

꼭 먹어야만 해??

녀석이 말했다. "아빠!! 꼭 먹어야만 해??" 아빠가 답했다. "아니... 꼭 그런 건 아니지만... 아빠가 먹어봐야 무슨 맛인지 알려 줄 수 있으니까... 아빠도 정확히 무슨 맛인지 모르니까..." 다시 녀석이 말했다. "그건 내가 얘기해주면 되는 거야! 나는 이미 무슨 맛인지 알고 있다고! 그런데 아빠가 하나를 먹은 거야!" 다시 아빠가 답했다. "미안해. 몰랐어. 사실은 아빠도 맛있어 보여서 맛도 보고, 그래서 그 맛을 알려주려 한 거야." 녀석이 알려줬다. "아빠, 사실은 그거 내가 보호하고 있었던 거야. 다른 거 먼저 먹고 그건 제일 마지막에 먹으려 했던 거야. 그런데 아빠가 그걸 먹은 거라고. 아빠는 다른 반찬도 많은데." 식탁에는 생선가스 열 조각과 고구마치즈돈가스 네 조각이 있었다. 녀석이 생선가스를 열심히 먹기에 고구마치즈돈가스를 하나 먹었다. 그래도 세 조각이 남으니까. 그랬는데, 녀석은 고구마치즈돈가스가 너무 맛있었기에 마지막에 먹으려고 끝까지 남겨두고 싶었던 것이었다. 생각해보니 그랬다. 어릴 적, 제일 맛있는 반찬은 눈으로 즐기다 마지막에 입으로 즐기고 싶었다. 아이의 그 마음을 몰랐다.

밥, 그리고 반찬 이야기

아내는 많은 노력을 했고, 하고, 할 것이다. 그저 그냥 '노력'이라 하기엔 '아주', '정말', '많이' 부족할 정도로. 녀석은 다른 건 괜찮은데(물론 그렇지 않은 것도 있지만) 밥을 열심히 먹지 않는다. 요즘 들어 많이 좋아지긴 했지만 그래도 아직 많이 부족하다. '언젠가는 좋아지겠지'라는 마음으로 지켜보고 있지만 여덟 살이 다 되어가는 지금까지 그다지 좋아지진 않았다. 그렇다고 아이에게 밥과 반찬을 주지 않을 수는 없으니 아내는 녀석이 좋아하는 반찬을 준비하고 동시에 아이의 성장에 꼭 필요한 채소도 함께 먹이려 노력한다. 예를 들면, 녀석이 좋아하는 돈가스나 삼겹살을 먹을 때는 시금치를 함께 준비한다. 돈가스 세 번에 시금치 한 번, 삼겹살 두 번에 시금치 한 번 이렇게. 그럴 때마다 "아들, 이번에는 시금치도 한 번 먹어야지"라고 하거나 "아들, 삼겹살만 먹지 말고 시금치도 먹도록 노력해"라고 한다. 그렇게 겨우겨우 아이가 최소한의 범위에서 채소를 먹을 수 있도록 한다. '흐물흐물 씹는 느낌이 싫어서 그런가?'라는 생각을 반복하지만 '그런데 그 느낌이 왜 싫을까?'라는 생각만 가득하다.

네 번째 계절

취학통지서

　　퇴근 후, '오늘은 아내가 좋아하는 케이크를 사야지'라는 생각에 주변 빵집에 들러 조각 케이크 하나를 골랐다. 15층까지 계단을 부지런히 올라 문을 열고 들어서니 아내와 아이가 거실 한편에 웅크리고 있었다. 보통 때라면 '아빠 왔는데'라고 말하면 '아빠 왔어!'라고 답하는데 아마도 장난을 치는 것 같았다. 아내에게 "케이크 사 왔는데"라고 말하니 아내는 "어떻게 알았어! 안 그래도 오늘 축하할 일 있는데! 딱 맞게 잘 사왔네!"라고 답했다. "무슨 일?"이라 물으니 "이거 봐! 드디어 우리 아들 '취학통지서'가 나왔어!"라고 더했다. 아이가 건넨 취학통지서는 초·중등교육법에 따라 학교에 배정되었으니 예비소집일에 참석해 달라는 것이었고 보호자 유의사항과 예방접종내역 전산등록 확인방법 등도 안내되어 있었다. 아이의 취학통지서를 받으면 아주 많이 뭉클할 것이라 생각했는데 막상 그렇지는 않았다. 아내에게 물으니 "나도 그래"라고 답했다. 아마도 아이가 처음으로 어린이집에 등원했던 날, 그 걱정과 그 긴장과 그 설렘을 이미 경험했기 때문이라 짐작했다. 어쨌든 아이도 초등학생이 되겠다.

도로에는 차도 많고 길 위에는 삶도 많다

출근길이었다. 차에 시동을 걸고 막 출발하려는데 이삿짐차가 길을 막고 있었다. 어쩔 수 없이 원래 다니던 길과 반대 방향으로 차를 돌렸다. 그렇게 조금의 시간을 지체했다. 부지런히 회사로 향하는데 얼마 지나지 않아 경적 소리와 함께 소방차가 급한 듯 제 갈 길을 마구 달렸다. 다시 또 조금의 시간을 지체했다. '어디 불이 났거나 어쩌면 사고가 났거나 아니면 누가 다쳤나 보구나'라고 생각하며 가던 길을 계속 달렸다. 그렇게 한참을 가다 정지신호에 정차를 하고 잠시 순서를 기다리는데 경찰차에서 내린 경찰관이 어떤 운전자와 얘기를 나누고 있었다. 사고가 난 것 같지는 않았다. 조금씩 늦어진 출발에 '혹시 지각하는 것은 아닐까'하는 마음이 더해져 별달리 신경 쓰였다. 그러다 문득 다양한 차들처럼 아이는 어떤 삶을 살게 될까 궁금했다. 특정 직업을 말하려는 것이 아니라 청소차처럼 새벽을 밝히는 삶, 이삿짐차처럼 아침 7시를 여는 삶, 대부분의 승용차처럼 아침 8시 또는 9시를 달리는 삶, 어쩌면 소방차, 경찰차처럼 지정되지 않은 시간을 기다리는 삶까지. 생각해보니 도로에는 차도 많고 길 위에는 삶도 많다.

네 번째 계절

아빠! 아기가 엄청 맛있대!

퇴근 후, 급하게 요청받은 일을 처리하는데 거실에 있는 녀석이 "아빠! 아기가 엄청 맛있대!"라고 외쳤다. '이건 또 무슨 소리야?'라는 생각이 절로 들었지만 일단 하던 일을 마무리해야겠기에 "아들! 조금 있다가 아빠한테 자세히 알려줘!"라고 답했다. '아기를 먹는다고?' '텔레비전에 그런 폭력적인 내용도 나오나?' '저녁 시간에 그런 내용이 나올 리 없는데?'라는 생각들이 머리를 스쳤다. 일을 마무리하고 녀석에게 "아들, 그런데 아기가 맛있다고 한 게 맞아?"라고 물으니 녀석은 "응, 사람들이 그랬어!"라고 답했다. "사람들이? 진짜?"라고 다시 물으니 "응, 사람들이 그랬다니까!"라고 다시 받았다. 그래서 녀석에게 "아빠 생각에는 조금 이상한데. 왜냐면 그건 식인종이나 가능한 일이야"라고 더했다. 그랬더니 녀석은 "아빠가 일하고 있을 때 <생생정보>에서 그랬어! 사람들이 '아기가 엄청 맛있어요'라고 했어!"라고 보탰다. 그제야 알았다. 아장아장 '아기'가 아니라 바닷물고기 '아귀'였다. 녀석은 텔레비전에서 맛있는 음식 정보를 알았고 그걸 아빠에게 친절히 전해준 것이었다. 덕분에 잠시 웃었다.

오락가락, 키득키득

서울을 중심으로 코로나19 환자가 급격히 증가해 600명을 넘어섰다. 사회적 거리두기가 수도권은 2.5단계, 나머지 지역은 2단계다. 이제 또 어떤 세상이 펼쳐질까 걱정 반, 두려움 반이다. 그나마 어른들은 괜찮은데 아이들은 어떻게 지내야 할까? 내년에 초등학교에 입학하는 아이는 괜찮을까? 그래도 올해 입학한 아이들보다는 낫지 않을까? 이런저런 말들로 위로해보지만 쉽지 않은 날들이다. 지난 주말, 녀석이 다니는 태권도장에서 연락이 왔다. 다음 주는 코로나19로 인해 운영하지 않는다고. 그러다 오늘 오후에 다시 연락이 왔다. 다시 운영하기로 했으니 도장으로 나와도 된다고. 그야말로 '오락가락'이다. 어쨌든 오전에 녀석에게 '태권도를 하루 쉬자'라고 했으니 약속은 지킨다. 녀석은 도장에서 형, 친구들이랑 즐겁게 잘 지내면서 막상 가는 것은 싫다고 한다. 여섯 시면 집에 오고, 일주일에 세 번만 가는데도. 집에서 장난감 놀이를 하는 녀석은 기분이 좋다. 엄마, 아빠 생각에는 밖에서 친구들이랑 놀면 더 재밌을 것 같은데 꼭 그렇지는 않나 보다. 녀석은 집이 제일 좋다. 그야말로 '키득키득'이다.

네 번째 계절

39,800원

하루 종일 <미스터트롯>에 푹 빠진 시골 할머니집에서 홈쇼핑 광고를 보던 녀석이 "아빠, 전부 다 39,800원 이래요!"라고 말했다. 그러다 "아빠, 또 다른 것도 39,800원 이래요!"라고 보탰다. 잠시 후 녀석은 "아빠, 그런데 39,800원만 있으면 다 살 수 있는 거야?"라고 물었고 "응, 다 그런 건 아닌데 지금 방송에 나오는 건 그 돈이면 살 수 있다는 소리야"라고 답했다. 녀석이 "그런데 왜 다 39,800원 이에요?"라고 물었을 때, "그러게, 아빠 생각에는 10,000원이나 20,000원은 너무 싼 것처럼 느껴져 그 물건도 그다지 좋지 않다고 생각할 수 있어서 그럴 거야. 또 50,000원이라 하면 좀 비싼 것 같고 그렇다고 40,000원이라 하기엔 어중간하니까 그 중간에 있는 30,000원이라 하면 좋은데 그럼 또 물건을 파는 사람들이 이익을 많이 남길 수 없으니까 40,000원에서 200원을 빼서 39,800원이라 하는 것 같아"라고 받았다. 장황하게 설명하며 가만히 생각해보니 사람의 마음은 참 알 수 없다 느껴졌다. 고작 100원 또는 200원에 누군가는 마음을 움직이려 하고 또 누군가는 마음을 움직인다니.

장수풍뎅이가 죽었다

멋찐이(수컷 장수풍뎅이)가 죽었다. 잠자기 전, 멋찐이를 살펴보는 녀석의 목소리가 심상치 않았다. "아빠! 죽었나 봐!"를 시작으로 "멋찐아! 미안해! 하늘나라 가서 잘 살아야 돼! 그리고 하늘나라에서 이쁜이(몇 달 전 죽은 암컷 장수풍뎅이) 꼭 만나야 돼!"까지. 집이 떠나가라 엉엉 우는 녀석을 보고 있자니 덩달아 마음이 짠했다. 여름부터 기르기 시작했으니 풍뎅이의 평균수명보다 훨씬 오래 키웠다. 혹시나 했는데 이렇게 갑자기 죽게 될 줄은 상상도 못했다. 요 며칠 자꾸만 몸이 뒤집혀 있기에 그때마다 바로잡아 주었고 다음번에는 꼭 잡고 똑바로 일어나라고 놀이나무도 잔뜩 구해줬는데… 녀석의 슬픔과는 비교할 수 없겠지만 슬펐고 눈물이 났다. 크게 우는 녀석을 달래느라 흐르는 눈물을 꾹 참았지만 꼼짝 않는 멋찐이를 보니 기분이 이상했다. 아침에 일어나 항상 멋찐이를 살폈고 출장을 다녀와서도 '멋찐이! 잘 있었어?'라고 인사를 건넸었다. 그렇게 정이 많이 들었는데 여기까지였다. 그동안 장수풍뎅이 두 마리(이쁜이와 멋찐이) 덕분에 우리 가족 모두 행복했고 즐거웠다. 이쁜아! 멋찐아! 정말 고맙다!!

네 번째 계절

하늘에서 '뚝' 떨어졌으면

한 해가 끝나 가는데 연초에 시작된 코로나19는 하루가 다르게 심각해지고 있다. 그러니 무엇을 하든 조심, 또 조심하게 되고 가능하면 가족 단위로만 하게 된다. 밥도, 놀이도, 휴식도 대부분의 경우 아빠, 엄마, 아들 이렇게 세 명이다. 주말에 하루 종일 엄마, 아빠와 지내는 아이를 보고 있자니 녀석에게도 동생이 있다면 얼마나 좋을까 생각한다. 녀석의 주변에 형, 누나, 언니, 오빠 또는 동생이 있는 친구들은 그렇게도 잘 지낸다고 한다. 아이들도 엄마, 아빠보다 또래 형제·자매들끼리 놀면 더 재미있을 것이다. 아내에게 "코로나19를 생각하면 아이가 한 명 더 있으면 좋을 것 같아. 그럼, 아이들끼리 서로 잘 지낼 텐데. 그냥, 하늘에서 '뚝' 떨어졌으면 좋겠어"라고 농담처럼 말해본다. 그 말에 아내는 "욕심이 지나쳐. 남들이 둘째 키운다고 고생할 때 여유롭게 잘 지냈으면서 이제 와서 둘째 있는 사람들 부러워하면 안 되지"라고 답한다. 백 번 천 번 맞는 말이다. 녀석과 똑같이 생긴 조금 작은 아이가 녀석의 곁에 나란히 있다면 어떨까, 상상만 해본다. 그 마음으로 녀석을 쳐다보는데 기분이, 좋아진다.

기적... 기적이라...

　엄마는 없다. 눈으로 보지는 못했지만 귀로는 들었다. 조용히 침대에서 일어나는 소리를. 그리고 잠시 후 아침밥을 준비하는 소리를. 얼마 전 자전거를 타다 넘어져 다친 다리 때문에 아침 일찍 병원에 가려는 것 같았다. 마음속으로 '잘 갔다 와'라고 말하고 조금 더 잤다. 별다른 이유는 없었다. 그저, 그냥 주말이니까. 알람 소리 없이 따뜻한 침대에 누워 이불을 푹 덮어쓰고 자는 둥 마는 둥 하는 기분이 좋으니까. 그렇게 삼십 분 정도를 더 잤더니 눈이 떠졌다. 한 시간은 더 잘 것 같았는데 거짓말처럼 저절로 눈이 떠졌다. 그때 녀석이 "아빠, 기적이야!"라고 말했고 "우리 둘이 동시에 눈을 딱 떴어!"라고 더했다. 녀석에게 "그러게. 오늘은 좋은 일들이 많이 일어날 것 같은데. 아빠랑 아들이랑 동시에 눈을 딱 떴으니"라고 답했다. 아이를 꼭 안고 몸을 일으키며 '기적... 기적이라... 생각해보면 이렇게 자고, 말하고, 일어나고 하는 그 모든 것들이 기적이겠지. 처음 태어나 꼬물거리던 아가가 아무 탈 없이 이렇게 잘 컸으니.' 기적은 멀리 있지 않다. 어쩌면 지금, 이 순간, 너와 내가 기적이겠다.

네 번째 계절

공생관계

단어의 정의를 찾아본다. '공생(共生)'이란 종류가 다른 생물이 같은 곳에서 살며 서로에게 이익을 주며 함께 사는 일이라 하고, '기생(寄生)'이란 서로 다른 종류의 생물이 함께 생활하며 한쪽이 이익을 얻고 다른 쪽이 해를 입고 있는 일 또는 그런 생활 형태라고 한다. 체험학습이 있어 아이를 보통 때보다 한 시간 일찍 어린이집에 데려다주고 아내와 함께 회사로 가는 길, 아내가 알려줬다. "며칠 전 어린이집에서 집으로 돌아오는 길에 아들이 그랬어. 우리는 공생관계라고." 아내에게 물었다. "공생관계? 왜?" 아내가 답했다. "엄마는 자기한테 맛있는 밥을 해주고, 자기는 엄마를 든든하게 지켜주니까 그렇대." 아내에게 한 번 더 물었다. "그럴듯한데. 그런데 아빠는? 아빠는 뭐래?" 아내가 한 번 더 답했다. "몰라. 아빠 얘기는 없었어." '아빠도 나름 하는 일이 많은데'라고 생각하다, '공생관계'면 어떻고 또 '기생관계'면 어떨까 고쳐 생각했다. 아빠, 엄마 그리고 아들이라는 세상에 하나뿐인 '관계'를 맺고 같은 공간, 같은 시간을 함께 살아왔고, 살아가고, 살아갈 것에 감사한 마음, 그거면 됐다.

다, 잘하고 싶다

어제 저녁, 녀석이 "아빠, 오늘은 밥 먹고 책 읽고 딱지접기 하자"라고 말했다. 그다지 어렵지 않은 것이기에 "응, 알았어"라고 얼른 답했다. 하지만 일곱 살 아이가 종이를 반듯반듯하게 접기는 쉽지 않았다. 녀석에게 "아들, 잘 하네. 딱지가 예쁘면 좋으니까 마무리를 잘해 봐. 끝부분을 손으로 꾹꾹 눌려서 모양을 맞추면 돼"라고 말은 했지만 정말 그렇게 하기를 기대한 것은 아니었다. 단지 녀석이 다음에는 지금보다 더 잘 할 수 있도록 방법을 알려주고 싶었다. 그랬더니 녀석도 차츰차츰 제법 그럴듯하게 만들기 시작했다. 이렇게 저렇게 해보더니 자신만의 방법을 찾아 나갔고 그 모습이 보기 좋았다. 녀석은 마지막 여덟 번째 딱지를 만들며 혼잣말처럼 '딱지, 잘 만들고 싶다. 다, 잘하고 싶다'라고 거듭 말했다. 아이의 마음이 이해됐다. 아이가 앞으로 마주하게 될 무수한 일들. 잘하고 싶었기에 잘하게 될 일도, 잘하고 싶었지만 잘하지 못하게 될 일도 있겠다. 오늘 대학수학능력시험을 보는 49만 수험생의 부모님들 같은 마음으로 아이의 땀과 노력도 좋은 성과로 나타나길 언제나 소망한다.

네 번째 계절

크리스마스 트리 만들기

　　주말에 크리스마스 트리를 만들었다. 아직 크리스마스가 꽤 많이 남았지만 딱히 할 일도 없었기에 다른 해보다 조금 서둘러 보았다. 작년에 사용했던 트리와 장신구를 거실에 펼쳤더니 녀석이 올해 장식은 자신이 하겠다며 기다려 달라고 했다. 녀석이 트리를 예쁘게 꾸미는 동안 신나는 캐럴을 몇 곡 들었다. 그랬더니 이미 마음만은 12월 25일, 어쩌면 12월 31일에 닿은 것 같았다. 얼마 지나지 않아 녀석은 트리 장식을 마쳤고 다 같이 전등에 불을 켰다. 깜빡깜빡, 따뜻하게 빛나는 포근한 느낌이 좋았다. 녀석은 트리 한편에 '산타 할아버지 사랑해요. 고마워요. 기다렸어요. 선물:곤충'이라고 간결하지만 강렬하게, 진지하지만 정중하게 자신의 소원을 남겼다. 몇 장의 기념사진을 찍는데 녀석이 "아빠, 산타 할아버지는 선물이 떨어지면 어떡해? 다시 또 만들고 다시 또 포장하고 그러다 보면 선물을 전해줄 시간이 없을 텐데"라고 물었다. 그저, 그냥 "아들, 걱정 마. 산타 할아버지는 항상 조금 넉넉하게 선물을 준비해서 다니시니까. 그리고 아들처럼 착한 아이들 선물은 절대 빼먹지 않으실 거야"라고만 답했다.

엄마가 비밀이라고 했어

출장을 마치고 저녁 10시가 지나서야 집에 도착했다. 밥은 출장지에서 해결했기에 부지런히 짐만 정리하면 됐다. 매달 반복되는 일이라 10분 내외면 마무리할 수 있는 정도였지만 그동안에도 녀석은 곁에서 재잘재잘 끊임없이 얘기했다. 아빠를 일주일 만에 보았으니 그 마음도 이해됐다. 자신에게 있었던 일들을 잠자기 전까지 다 얘기하려면 시간이 부족하겠다. 이미 시간이 많이 늦었기에 녀석과 책만 몇 권 읽고 자려는데 아내의 다리가 불편해 보였다. "어디 다친 거야?"라고 물으니 "자전거 타다가 조금 다쳤어"라는 답이 돌아왔다. 그러더니 "집 근처 내리막길에서 자전거로 달리다가 넘어졌어"라고 더했다. 꽤나 아팠겠다는 생각에 "바로 병원에 다녀왔어야지"라고 말은 했지만 '녀석을 두고 혼자 병원에 다녀올 수 없었겠구나'라고 생각했다. "내일 아침 일찍 병원에 가자"라고 말하고 아픈 아내를 대신해 녀석과 나란히 침대에 누웠다. "아들, 엄마 아픈 거 말했어야지"라고 말하니 녀석은 "아빠, 그거 엄마가 비밀이라고 했어"라고 받았다. 별게 다 비밀이지만, '녀석도 나름 고민했겠구나'라고 생각했다.

네 번째 계절

12월

네 번째 계절

혼자만 갈 수 있는 나라

세수를 하고 있는데 녀석이 소리쳤다. "아빠! 나 급해!" 그러더니 서둘러 문을 열고 들어와 바지부터 내렸다. 그렇게 쉬를 하면서 아직 잠이 덜 깬 목소리로(두 눈도 반쯤 감고 있었다) "아빠, 내가 문제 하나 낼 테니까 맞혀 봐. 혼자만 갈 수 있는 나라는 어디일까?" 뜬금없는 녀석의 질문에 당황스러워 "그런 나라가 있어? 잘 모르겠는데. 너무 갑자기 문제를 내니까 아빠가 생각할 시간도 없잖아"라고 답했다. 녀석은 "아빠, 어린이집 친구들은 '무인도'라는데 그건 정답이 아니야. 정답은 바로 '꿈나라'야"라고 더했다. 그리고 "왜냐하면 무인도는 우리 가족이 다 같이 다녀왔으니까"라고 보탰다. 녀석은 아마 지난달에 다녀왔던 삽시도나 관매도를 무인도라고 생각하는 것 같았다. 그때 여행객들이 거의 보이지 않기에 "아들! 여기 완전 무인도 같은데. 사람들이 안 보여. 우리 가족만 있어"라고 했던 말이 기억났다. 코로나19가 유행하기 전, 그러니까 20여 년 전, 대학생 때는 배낭 하나 둘러메고 다양한 나라를 여행했다. 녀석에게 '배낭여행'은 꼭 한 번 해보라고 말해주려 했는데, 어쩌면 지금부터 20년 후에는 가능할까?

그래, 힘든 하루였어

감기로 고생하는 아내를 대신해 녀석과 나란히 침대에 눕는다. 평상시보다 조금 일찍 자려니 낯설긴 하지만 그래도 녀석에게 "아들, 오랜만에 아빠랑 자니깐 좋지? 아빠는 아들이랑 같이 잘 생각하니까 너무 좋은데. 우리 앞으로도 이렇게 꼭 붙어서 잘까?"라고 말하며 녀석을 꼭 안아 본다. 녀석은 "아빠, 나는 엄마랑 자는 게 열 배, 백 배 더 좋아"라고 짧게 답할 뿐이다. 어쩌면 당연한 대답이기에 "응, 그래. 아빠도 알아. 엄마 나으면 다시 또 같이 잘 수 있으니까 오늘은 아빠랑 자자"라고 받는다. 그렇게 막 잠이 들려는데 녀석이 뜬금없이 "그래, 힘든 하루였어"라고 말하고 "아빠는 하루가 어땠냐?"라고 더한다. 엄마가 아프니 기분이 좀 그런가 싶어 "아들, 요즘 태권도 배운다고 힘들었나 봐?"라고 물으니, 녀석은 "아니, 그냥"이라 다시 또 짧게 답한다. 그러더니 "아빠, 우리 이제 그만 자자. 나 졸려"라고 말하고 한참을 조용히 있다 진짜 잠든다. 엄마가 옆에 없으면 안 잔다고 칭얼거릴 줄 알았는데 짧은 순간 녀석의 말과 행동에 당황스럽다. 생각해 보니 아이라고 왜 힘든 하루가 없을까 싶다. 힘든 하루…

네 번째 계절

소곤소곤

　　몸도, 마음도 반 정도만 깼다. 그러니 또 다른 반 정도는 아직 자고 있었다. 아니 조금 더 자고 싶었다. 주말 아침, 그 여유가 좋아 최대한 오래 누워있어야겠다고 생각했다. 그렇게 기분 좋은 시간을 보내다 혹시나 하는 마음에 녀석을 슬쩍 바라봤다. 아직 자고 있을 것이라 예상했는데 눈이 딱 마주쳤다. 언제부터인지는 모르겠지만 녀석은 이미 깨어 있었고 곁에 있는 엄마가 자고 있으니 멀뚱멀뚱 천장만 바라보고 있었다. 그러다 잠에서 깬 아빠를 봤으니 그냥 있을 리 없었다. 슬금슬금, 그렇지만 재빠르게 곁으로 다가왔다. 그저 말없이 눈인사를 했더니 귀에다 아주 작은 소리로 "아빠, 조용히 하자. 아직, 엄마가 자고 있으니까"라고 받았다. "응, 알았어"라고 답하니 "아빠, 엄마 안 깨게 지금부터 작은 소리로 얘기할게"라고 더했다. 덕분에 녀석과 한참을 '소곤소곤' 얘기를 주고받았다(사실, 99% 녀석의 말에 '응', '아' 정도로 맞장구만 쳤다). 짐작건대, 아마 엄마도 반쯤은 깼을 것이고 그러니 또 반쯤은 녀석과 아빠의 얘기를 엿들었을 것이다. 셋 다 누워있는 주말 아침도 나름 괜찮았다.

오전에 왕창

'세 살 버릇 여든까지 간다'라고 말하듯 습관은 중요하다. 어른들은 누가 말해주지 않아도 이를 경험적으로 안다. 어쩌면, 그러니까 어른이고 살아보니 그랬다. 하지만 일곱 살 아이에게는 반드시 말해 주어야 한다. '습관은 중요하다'라고. 너무도 당연한 이유지만 아이는 아직 경험의 양이 절대적으로 부족하기 때문이다. 물론 아이가 스스로 깨칠 수도 있겠지만 그럴 가능성은 그다지 높지 않다. 이 또한 지금까지의 경험으로 안다. 그러니 가장 좋은 방법은 엄마, 아빠라는 이름으로 아이에게 모범이 되어야 한다. 아이가 경험적으로 알 수 있도록. 이때, 어떤 것이 모범인지 비교적 분명하다면 고민의 정도는 크지 않다. 그저, 그냥 잘 하면 되니까. 문제는 어떤 것을 모범이라 불러야 할지 모호한 것들이다. 그것도 제법 많이. 그럴 때, 어떻게 해야 할까? 사실은 어른인 아빠도, 엄마도 정확히 알지 못한다. 출장 중에 일을 하다가 문득 생각한다. 어떤 일을 오전에 왕창 하고 오후에 쉬는 것이 좋을까? 그렇지 않으면 오전과 오후에 조금씩 나누어 하는 것이 좋을까? 이 또한 습관이겠다. 딱히 정답은 없겠지만.

네 번째 계절

자신이 없어?

아버지인 성철스님을 아버지라 불러보지 못하고 큰스님이라 불러야만 했던 불필스님. 출장지 호텔방에서 스님의 회고록 <영원에서 영원으로(김영사, 2012)>를 읽었다. 400페이지 가까이 되는 제법 두꺼운 책이라 이틀을 함께 했다. 한 해의 마지막 달을 며칠 앞두고 접한 책이라 그런지 잠시 읽기를 멈추고 다시 한 번 읽어야만 했던 내용들이 유독 많았다. 문득 '올 한 해도 잘 살았나?', '내년에는 또 어떤 삶을 살게 될까?', '그런데 지금까지는 잘 살아왔나?'라는 생각들이 잠시, 어쩌면 꽤 오래 머물렀다. 그러다 내일의 출장을 생각해서 잠을 자려는데 문득 아내의 한 마디가 머리를 스쳤다. 꽤 오래전, 어느 날인가 아내가 말했다. "인생이 잘 될 거라는 자신이 없어? 나는 앞으로 더 잘 될 거라는 자신이 있어! 그러니까 믿어 봐!" 정확히 기억나진 않지만 '자신이 없어?'라는 물음, 어쩌면 확신은 또렷이 기억났다. 가끔 그 말이 생각났다. 그래서 혼자 있을 때도 '맞아, 잘 될 거야'라고 다짐했고 아이와 함께 할 때도 '그래, 다 잘 될 거야'라고 확인했다. 2020년은 잘 보내고 2021년을 잘 맞이해야 겠다. 자신 있다!

'마스크' 하나

녀석과 길을 나섰다. 바람이 찼지만 다행히 마스크를 쓰고 있었다. 올 한 해, 바람 걱정은 없다. 언제, 어디를 가더라도 마스크와 함께 했다. 습관처럼 하루 세 번 밥을 먹듯 습관처럼 마스크를 찾았고 습관처럼 마스크를 썼다. 밖에서나 안에서나 혼자 있을 때나 그렇지 않을 때나. 그 어딘가에 마스크가 있었고 그 어디서나 마스크를 썼다. 대부분의 경우 마스크는 귀에 걸렸고 입을 가렸다. 잠시, 마스크를 만지작거리다 문득 생각났다. 녀석의 할아버지는 초겨울에 감기에 걸려도 마스크를 쓰지 않았다. 그렇게 살아왔다. 하지만 녀석은 초봄에도 감기와 관계없이 마스크를 쓴다. 그렇게 살아간다. 지난해는 미세먼지 때문에, 올해는 코로나19 때문에. 그러니 일흔이 훌쩍 넘은 녀석의 할아버지보다 이제 겨우 일곱 살인 녀석이 사용한 마스크가 몇 십 배는 많다. 세상이 그렇게 변하고 있다. 컴퓨터, 스마트폰 같은 정보통신장비들만 그렇다 생각했는데, 이제는 엄마, 아빠도 경험하지 못했던 세상을 일곱 살 아이도 살아가야 한다. 마스크 하나에 많은 생각이 드는 하루다. 내년에는 또 어떤 일이 있을까?

네 번째 계절

밥을 먹다가...

녀석에게 물었다. "아들, 삼겹살이 맛있어? 갈매기살이 맛있어?" 녀석이 답했다. "삼겹살은 계속 달달한데 갈매기살은 그렇지 않아. 그래서 갈매기살이 더 맛있어." 계속 달달하면 더 맛있어야 하는데 이유를 알 수 없었다. 계속해서 밥을 먹는데 녀석이 "아빠, 삼백 더하기 이백은 얼마일까?"라고 물었고 잠시 후 스스로 답했다. "답은 오백이야." 아내가 물었다. "아들, 어떻게 알았어?" 녀석이 답했다. "왜냐하면 삼 더하기 이는 오거든. 그러니까 뒤에 백을 붙이면 되는 거야." 녀석은 이미 숫자의 규칙성을 이해하고 있었고 신이 난 듯 "엄마, 백 천 더하기 백 천은 얼마일까?"라고 다시 물었고 이번에도 스스로 답했다. "답은 이백 이천이야." 뒤바뀐 순서가 살짝 어색했지만 "아들, 멋진데. 더하기 완전 잘하네"라고 보탰다. 잠시 후 녀석은 "아빠, 도서관 갔다 와서 레고로 곤충 만들기 하자"라고 얘기했고 그 말에 "아들, 아빠는 대결에서 다 이길 수 있어"라고 자신 있게 답했다. 그랬더니 녀석이 차분히 말했다. "아빠, 대결 아니야. 우리 둘 다 잘 만들면 돼." 밥을 먹다가 많은 대화가 오갔고 많은 생각을 했다.

엄마! 이가 빠졌다!

외출을 하려고 준비하는데 녀석이 거울 앞에서 이리저리 자신의 모습을 살폈다. "아들, 목 부분의 단추는 밑에서부터 위로 끼우면 돼"라고 말하고 나갈 준비를 마저 했다. 그렇게 얘기하고 잠시 후 다시 보니 녀석은 여전히 거울만 쳐다보고 있었다. '얼굴에 관심이 많을 땐가?'라고 생각하고 있는데 아내가 "아들, 이가 흔들거리면 혼자 빼 봐. 지난번에 치과에서 이 빠질 때가 되었다고 했지? 그치?"라고 말했다. 그제야 상황을 이해했다. 엄마의 말에 녀석은 별일 아니라는 듯 이를 몇 번 흔들더니 "엄마! 이가 빠졌다!"라고 답했다. 아내는 "아들! 형아 된 거 축하해! 우리 파티 해야겠는데!"라고 더했고 "예쁜 표정 지어 봐! 엄마가 기념사진 찍게!"라고 보탰다. 녀석은 웃는 표정을 한 번 지었고, 다시 또 거울 앞에 한참을 있었다. 그러더니 엄마, 아빠가 준비하는 동안 여느 때처럼 책을 읽었다. 이가 빠지면 울고 불고까지는 아니어도 뭔가 심통을 부리거나 기분이 이상하다고 얘기할 줄 알았는데 오히려 신난 표정이었다. 기분 좋은 예상 밖의 상황이지만 이가 하나 빠지니 어쨌든 더 개구쟁이가 되었다.

네 번째 계절

별이 세 개라서...

녀석이 혼자 중얼중얼한다. '이건 좀 쉽고... 이건 좀 어렵긴 한데... 그래도 재밌으니까... 한번 해 봐야겠다... 그런데 별이 세 개라서... 혼자 하긴 어려운데...' 한참을 지켜보다 "아들, 지금 뭐 해?"라고 물으니 녀석은 "응, 페이퍼 애니멀(색종이를 접어 곤충이나 동물을 만드는 방법을 알려주는 책) 보고 있어"라고 답한다. 그러더니 "아빠, 별 두 개짜리는 내가 할 수 있는데, 별 세 개짜리는 혼자 못하겠어. 아빠가 도와줄래?"라고 더한다. 그 말에 "아들, 아빠가 씨름이나 달리기는 잘 할 수 있는데 종이접기는 어렵더라고. 그건 엄마가 잘 하니까 이따가 도와 달라 하자"라고 답하고 별 세 개짜리 종이접기를 확인한다. 거북이를 만드는 것인데 순서에 따라 색종이를 30번 이상은 접어야 한다. 처음에는 그럭저럭 하겠는데 중간 부분은 어떻게 해야 하는지 도대체 알 수 없다. "아들, 우리 둘이 할 수 있는 것까지 열심히 해 놓고, 엄마를 기다리자"라고 말하고 일단 시작한다. 녀석의 말처럼 '별이 세 개라서' 진짜 어렵긴 어렵다. 별 다섯 개짜리는 얼마나 어려울까? 종이가 거북이로 바뀐다니 그저 신기할 뿐이다.

엄마 냄새... 아빠 냄새...

얼마 전 출장지에서 일을 하고 있는데 아내에게 문자가 왔다. 녀석이 "엄마, 엄마한테서 뽀얀 냄새가 나"라고 말했다고. 그 밑에 자는 녀석을 그린 사진 한 장과 제법 긴 글이 함께 쓰여 있었다. 아내가 녀석에게 일기를 쓰듯 이런저런 느낌을 적어 두었다. '자려고 누워 잠시 뒤척이다 얘기하더라. 그게 무슨 냄새인지 모르지만 상투적인 표현, 상투적인 느낌을 모르는 네가 느낀 그대로의 '엄마로서의 나'라는 내 냄새라 기분이 좋더라. 며칠 전 침대에서도 "엄마 냄새가 나" 그러더니... 나도 그대로 얘기해줬어. "너에게선 아주 말랑말랑하고 달콤한, 그리고 포근한 냄새가 나" 아직도 두 손을 모아 기도하듯 자는 너... 사랑한다. 사랑한다. 사랑한다.' 그 문자가 기억나 녀석에게 물었다. "아들, 이리 와 봐. 그런데 아빠는 어떤 냄새가 나?" 그랬더니 녀석은 씩 웃으며 "응, 아빠한테는 말이지... 아주 고약한 냄새가 나!"라고 답했다. 그 말에 "아들! 다시 한 번 진지하게 생각해 봐"라고 물으니 녀석은 "음... 사실은... 사람 냄새가 나!"라고 받았다. 엄마는 뽀얀 냄새... 아빠는 사람 냄새... 둘 다 참 달달해서 좋았다.

네 번째 계절

삶에 대한 기억

　　점심시간에 아주 잠시 노래를 듣는다. 길지도 짧지도 않은 5분. 딱 그만큼만. 매번 같거나 비슷한 노래를. 그 시간이면, 그 노래면 충분하다. 다만 조금의 준비가 필요한데 두 귀에 정성스레 이어폰을 꽂고 크게 숨을 한 번 들이쉬고 아주 천천히 내뱉는다. 잠시 후 눈을 감고 오직 소리에 집중한다. 이미 수천 번을 들어 익숙한 노래지만 흘려보내는 것 없이 두 귀로만 전해지는 음과 가사를 온전히 귀에 담는다. 그 기분이, 그 느낌이 좋다. 그렇게 반복해서 노래를 담는다. 바로 옆자리에 동료가 있지만, 그 또한 무엇인가 하겠지만, 그가 무엇을 하고 있는지, 무엇을 하려 하는지 신경 쓰지 않는다. 아주 짧은 시간에 무심한, 무심해도 될 일들과 그렇지 않은 일들을 구분하고, 구별해서, 구획한다. 녀석이 좋아하는 젤리와 마카롱, 아내가 좋아하는 커피와 팝송. 젤리가 어떤 맛인지, 마카롱이 얼마나 달달한지, 커피가 어떤 향인지, 팝송이 얼마나 산뜻한지 또렷하지 않다. 삶에 대한 기억도 이와 다르지 않다. 분명히 혼자만 오롯이 기억하고 혼자만 선명히 추억하는 것들도 있다. 그러니 삶은 '나름' 재미있다.

다시 한 번, 독후감 공모전

지난 문자를 보다가 문득 생각났다. 내년에 다시 한 번 도전해야겠다고. 작년에 이어 올해도 <전주독서대전 시민공모전> 독서사진 부문에서 장려상을 받았다. 물론 기분이 좋았지만 한편으로는 많이 아쉽고 서운했다. 사실 독서사진보다 독후감 부문에서 상을 받고 싶었기 때문이다. 작년에 우연히 아내와 함께 대전시에서 진행한 독후감 공모전에 참여했고 당연히 상을 받을 것이라 짐작했는데 그렇지 못했다. 그런데 놀랍게도(어쩌면 당연하게도) 아내는 전체 대상을 받아서 시상식에도 다녀왔다. 짧은 시간이었지만 꽤 열심히 썼기에 당시 상실감이 상당했다. 아쉬운 마음이 너무나 컸기에 이번 공모전에서는 꼭 수상하리라 다짐하고 나름 부지런히 썼는데 역시나였다. 아내는 "어떻게 쓸지 감이 딱 왔어! 나는 마지막 날 쓸 거야!"라며 자신 있게 말했지만 이래저래 미루다 마감일에 몸이 갑자기 안 좋아져 끝내 독후감을 쓰지 못해 무척 아쉬워했다. 2021년 어느 가을밤, 녀석이 꿈나라로 가면 엄마, 아빠는 각자 책상에 앉아 침묵 속에 다시 한 번 진검 승부를 펼칠 것이다. 아빠는 그때, '꼭' 상을 받고 싶다!

네 번째 계절

아이스크림

　　"아들! 아빠랑 산책 나가자!"라고 말하고 "돌아오는 길에 아이스크림 사줄게!"라고 더한다. 녀석은 "응! 알았어!"라고 답하고 "그런데 무슨 아이스크림 사줄 건데?"라고 보탠다. 다시 "일단 나가 보자!"라고 말하고 "아들이 좋아하는 거 골라!"라고 더한다. 녀석도 "그래! 좋아!"라고 답하고 "나는 요구르트 아이스크림 먹을 거야!"라고 보탠다. 그렇게 집을 나선다. 사실 아내가 달달한 아이스크림이 먹고 싶다고 말했기 때문이다. 신이 난 듯 아빠 손을 꼭 잡고 길을 걷던 녀석이 "아빠, 그런데 엄마 아이스크림은 내가 고를게"라고 말한다. "응, 그래. 엄마는 초콜릿 많이 들어간 거 좋아해"라고 답하고 "그런데 왜? 엄마 꺼 직접 고르고 싶어?"라고 묻는다. 녀석은 "응, 그냥 그러고 싶으니까"라고 말하고 잠시 후 "내가 엄마 꺼 제일 맛있는 거 골라 주고 싶거든. 그러면 엄마가 엄청 좋아하겠지?"라고 보탠다. 녀석의 머릿속에는 온통 엄마 생각뿐이다. 그러고 보니 녀석의 할머니 생각을 녀석의 반의반만이라도 해야겠다. '비비빅'이라는 아이스크림을 참 좋아하는 녀석의 할머니, 문득 생각난다.

산타를 만나는 방법

출장 중, 저녁을 먹고 있었다. 아내에게 문자가 왔다. 한참을 쳐다봤지만 도대체 무슨 뜻인지 이해할 수 없었다. 그러다 다시 한번 곰곰이 생각했다. 그제야 알았다. 아이의 얘기였고 아내가 문자로 옮겨준 것이었다. 녀석이 말했다. "엄마, 산타를 만나는 방법이 두 가지가 있어. 첫 번째는 홈페이지를 참고하면 되고, 두 번째는 자는 척하다 루돌프가 오면 확 일어나서 놀래키면 돼." 엄마가 답했다. "아들, 그거 참 기발한데. 홈페이지는 아주 참신해." 그랬더니 녀석이 다시 받았다. 아주 뿌듯한 표정으로. "그거 사실은 티브이(텔레비전)가 알려줬어. 그리고 산타가 오면 게임도 할 수 있어." 녀석도 가끔 텔레비전을 본다. 그러니 광고를 통해 '자세한 내용은 홈페이지를 참고하세요'라는 말 정도는 들어 봤을 것이다. 또 어쩌면 엄마, 아빠는 보지 못했지만 '산타를 만나는 방법'이라는 광고도 있었을 것이다. 벌써 산타 할아버지와 루돌프 사슴을 얘기하는 계절이 돌아왔다. 이유야 어쨌든 올해는 아빠, 엄마에게도 산타 할아버지가 슬쩍 다녀가셨으면 좋겠다. 루돌프 사슴과 함께 멋진 선물을 잔뜩 싣고서.

네 번째 계절

기쁜 소식 발생

밥을 먹던 녀석이 느닷없이 외쳤다. "기쁜 소식 발생! 기쁜 소식 발생!!" 순간 어리둥절했지만 잠시 후 그 이유를 알았다. "엄마! 드디어, 이가 흔들려!! 밥을 먹으려고 하는데 이가 흔들흔들해!!" 사실 녀석도 이가 빠질 때가 되었다 생각했는데 아직까지 별다른 얘기가 없어 아주 조금은 걱정했었다. 녀석의 어린이집 친구들 중에 몇몇은 꽤 오래전부터 앞니가 빠진 모습인데 녀석은 아무런 소식이 없기 때문이었다. 이제 녀석도 이가 빠질 것 같다니 조금 더 컸구나 생각했다. 아내는 "아들, 이가 흔들거린다고 일부러 흔들고 그러지는 마. 그냥 두어야 이가 예쁘게 빠지니까"라고 답했다. 다시 밥을 먹으려는 녀석은 조심스러웠다. 앞니는 아주 조금 사용했고, 왼쪽 어금니로 살살 씹어 먹었다. 아무렇지 않은 척하며 그 모습을 지켜보고 있자니 아빠 마음도 살짝 짠해졌다. 아이가 성장하며 반드시 경험해야만 하는 일들이 한편으론 대견하고 또 한편으론 애잔하다. 엄마, 아빠가 이미 경험한 일들과 아직 한 번도 경험하지 못한 일들까지 무엇이 되었건 씩씩하게 잘 이겨내었으면 한다. 아들! 이번에도 화이팅이야!!

4,384일

　2008년 11월 15일, 그날이었다. 아침에 비가 부슬부슬 오던 날. 그렇지만 왠지 기분 좋던 날. 어쩌면 조금 낯설고 어쩌면 조금 긴장되던 날. 그래서 유난히 거울을 자주 보게 되던 날. 그리고 조심스럽게, 하지만 힘차게, 나란히 한 발 한 발 내딛던 날. 그렇게 멋진 턱시도를 걸친 남자와 아름다운 드레스를 입은 여자는 그날부터 4,384일이 지나 일곱 살 남자 아이와 대전의 어느 아파트에 산다. 그날부터 100일이 지나고, 200일이 지나고, 500일이 지나, 1,000일이 되고, 다시 2,000일이, 그리고 또 3,000일이, 마침내 4,000일이 되고, 거기에 조금의 시간이 더 보태져 4,384일이 되었다. 그러니까 오늘은 '결혼기념일'이다. 2003년 8월 31일, 그날부터 1,904일이 지나 결혼을 했다. 주변의 많은 이들 앞에 '부부'라 말할 수 있는 서약을 하고 그들의 축하를 받으며 진짜 부부가 되었다. 많은 일들이, 많은 기억이, 많은 추억이 생각난다. 며칠 전 시골집, 어릴 적 공부하던 좁은 방에 아내와 아이와 나란히 누었다. 이십 년도 더 지난 그때, 그 시절, 상상이나 했을까. 누군가의 남편이 되고, 또 누군가의 아빠가 될 줄이야.

네 번째 계절

그런데, 나 이겨서 뭐 하게!!

요즘 들어 일곱 살 아들과 항상 하는 놀이가 있다. 퇴근 후 저녁 먹기가 바쁘게 한 판(사실 몇 십 판) 대결을 펼친다. 녀석은 일곱 살이 되더니 부쩍 아빠와 대결을 좋아한다. 무엇이 되었건 "아빠! 나랑 대결 한 번 할래?"라고 하거나 "아빠! 이젠 나한테 어림도 없을걸!"이라 말하며 대결에 필요한 이런저런 무기를 만들기도 한다. 그러더니 "왜냐하면 나는 요즘 운동을 엄청 열심히 하거든!"이라 보태고 "그리고 또 내가 아빠보다 발차기를 몇 십 배는 잘 하거든!"이라 더한다. 이래저래 녀석은 자신감이 가득, 아니 철철 넘쳐흐른다. 녀석에게 "아들! 아빠도 만만치 않을걸!"이라 답하고 "왜냐하면 아빠는 오래전부터 합기도를 했거든! 사실 엄청 고수야!"라고 보탠다. 실제 녀석과 대결할 일은 없지만 합기도 3단에 태권도 1단이며 유도를 좋아하고 강원도 수색대대에서 군 생활을 하며 특공무술을 가르치기도 했다. 녀석이 무기를 준비하는 동안 거실에서 푸시업을 열심히 하고 있는데 녀석이 관심 없다는 듯 "아빠! 그런데, 나 이겨서 뭐 하게!!"라고 말한다. 오늘도 녀석에게 한방 먹었다. 그래도 대결이니까. 흐흐.

아름다운재단

지난 메일을 정리하다 눈에 띄었고 다시 생각났다. '아름다운재단'과의 인연이. 대학교 3학년 때로 기억한다. 그때는 학교를 벗어나 많은 일들을 경험했다. 국회에서, 신문사에서, 기업에서, 광고 회사에서 이런저런 일들을 배웠고 이런저런 사람들을 만났다. 그중에 알게 된 형이 '아름다운재단'이라는 곳에 기부를 열심히 하고 있었다. 그 모습이 보기 좋았고, 어쩌면 조금 부럽기도 해서 작은 금액이지만 함께하게 되었다. 이후 졸업을 하고 직장을 다니고 결혼을 해서 아이의 아빠가 된 지금까지 한 달에 한 번씩 기분이 좋아지는 날이 있다. 아주 작은 금액이지만 세상에 조금이나마 보탬이 되고 있다는 생각이 드는 날, 기부 금액이 이체되는 날이다. 'OOO 기부자님. 세상을 바꾸는 작은 변화에 동참해주신 OOO 기부자님께 감사드리며, 변화의 씨앗이 열매를 맺는 날까지 함께 해주시기를 부탁드립니다. 아름다운 사람 OOO 기부자님의 나눔은 지금도 세상을 더 따뜻하게 만들고 있습니다. 참 고맙습니다.' 지극히 과분한 말들이지만 너무나 따뜻한 말들이다. 이제, 녀석과도 함께 할 방법을 고민해 봐야겠다.

네 번째 계절

등, 보지 못하면 어떠랴
언제나 그곳에 있는데

　　물놀이를 핑계로 녀석을 후다닥 씻기고 커다란 수건으로 얼른 몸을 감싼 후 구석구석 닦아준다. 언제나처럼 녀석의 몸은 보송보송하다. 특히 솜털 가득한 등은 귀엽다. 그러다 문득 '인간은 제 자신의 등을 평생 보지 못하는구나'라는 생각이 스친다. 타인의 등은 어렵지 않게 볼 수 있지만 자신의 등은 이리저리 고개를 돌리며 애를 써봐도 볼 수 없다. 거울을 통하고서야 '내 등이 이렇게 생겼구나'라고 겨우 짐작할 뿐이다. 분명 내 것이지만 평생 내 것이 아닌 것처럼 잊고 산다. 그리 지낸다. 내 몸의 전체이자 부분이지만 직접 보지 못한다. 팔, 다리, 손, 발과는 왠지 모를 차이가 느껴진다. 앞으로 나아갈 때도 같이 나아가고 뒤로 돌아설 때도 같이 돌아선다. 그렇게 모든 순간을 함께 하지만 단 한 번도 보지 못한다. 그런 것이 또 무엇이 있을까 생각한다. 가장 쉽게는 죽음이 그렇겠다. 인간의 삶은 유한하기에 반드시 죽음에 직면하지만 그것을 직접 경험하지 못한다. 어쩌다 보니 등 얘기가 너무 무거워져 간다. 이쯤에서 그만둬야겠다. 등, 보지 못하면 어떠랴. 언제나 그곳에 있는데. 그럼… 된다.

넓적 사슴벌레 한 마리, 구입한 후

마트에 사슴벌레가 있었다. 그것도 제법 많이. 녀석과 미리 정해 둔 순서대로 했다. 가격을 확인하고 집으로 돌아왔다(녀석은 "엄마에게 문자를 보내자, 아니면 전화를 하든가"라고 했다. "그게 더 편하고 좋은 방법 같은데, 왜 집으로 가야 돼"라고 물었고, "그래도 얼굴을 직접 보고 얘기해야 돼. 그게 진짜 가족회의야"라고 답했다). 엄마의 의견을 물었고 엄마는 녀석의 생각에 동의했다. 녀석은 할머니가 준 500원짜리 동전 15개를 챙겼고 다시 마트로 향했다. 왼손으로 미리 점찍어 둔 넓적 사슴벌레를 집었고 오른손으로 동전을 건네며 "아빠, 내가 가진 동전 십오 개야"라고 말했다. 약속대로 계산을 마쳤고 녀석은 "아무튼 기분이 좋네"라고, "이 녀석 참 귀엽네"라고 더했다. 집으로 돌아오는 길, '큰턱이'라고 이름을 지었고 얼마 지나지 않아 '넓적이'라고 바꾸었다. 그렇게 몇 차례 뒤바뀌다 "그냥 아빠는 '큰턱이'로, 나는 '넓적이'로 부르자"라고 말했다. 할머니에게 감사 인사는 전화 연결이 되지 않아 작은고모가 전해주기로 했다. 그렇게 멋찐이(수컷 장수풍뎅이)의 친구, 큰턱이(넓적이)가 생겼다.

네 번째 계절

넓적 사슴벌레 한 마리, 구입하기 전

녀석의 할아버지, 할머니, 작은고모를 만나고 집으로 돌아오는 길. 고속도로 휴게소에서 엄마는 잠시 쓰레기를 버리러 갔다. 카시트 안전벨트에 묶여 나른해 하던 녀석에게 "아들, 오늘 마트에 사슴벌레 있는지 가 볼까?"라고 물으니 녀석은 세상 신난 얼굴로 "응, 우리 집에 가기 전에 마트 먼저 가 보자"라고 답했다. "그런데 아들, 엄마는 집에 가서 꼭 해야 할 일이 있다고 했으니까 엄마는 데려다주고 가자"라고 더하니 "응, 그럼 엄마만 내려주고 우린 바로 가자"라고 받았다. 한 시간을 더 달려 집에 도착했고 녀석의 말처럼 엄마만 내려주고 마트로 향했다. 마트로 가는 길, 녀석과 순서를 정했다. 첫째, 사슴벌레가 있는지 찾아본다. 둘째, 없다면 어쩔 수 없고 있다면 가격을 확인한다. 셋째, 다시 집으로 돌아와 엄마와 가족회의를 한다. 넷째, 엄마가 허락하지 않으면 어쩔 수 없고 허락한다면 최선을 다해 사슴벌레를 고른다. 다섯째, 사슴벌레를 사는 돈은 뽑기를 하려고 모아둔 돈(할머니가 준 것)으로 하고 부족한 것은 아빠가 보탠다. 여섯째, 사슴벌레가 생기면 할머니에게 '고맙습니다'라고 전화한다.

콩나물 기르기

딱 3일 지났다. 아침에 일어나 혹시나 하는 마음에 살펴봤다. 그랬더니 수십, 수백 개 되는 아기 콩에 삐죽삐죽 싹이 돋았다. 그 모습이 너무 귀여워 녀석에게 얼른 알려주고 싶지만 쿨쿨 자고 있는 아이를 깨울 수는 없었다. 거실 중앙에 커다란 메모만 남겨두고 출근했다. '아들! 콩나물 봐! 진짜 엄청 자랐어!' 첫째 날 몇 시간 콩을 불리고, 둘째 날 몇 차례 물을 줬더니, 셋째 날 콩은 콩나물이 되려 했다. 오래전에 읽었던 책(이종선, 따뜻한 카리스마, 랜덤하우스중앙, 2004)에서 메모해 두었던 글귀가 생각났다. ' "콩나물에 물을 주면 물은 다 빠져나가지만 콩나물은 자란다"라고 교육의 효과를 비유하던 어느 분의 말씀이 생각난다. 우리는 물을 주자마자 바로 콩나물의 길이를 재려 드는 경향이 있다. 교육이 아닌 마술을 기대한다.' 참 좋은 말이라 생각했는데 이제야 그 의미를 분명히 알겠다. 녀석과 지난여름에 토마토를 길렀고, 이번 여름부터 장수풍뎅이를 기르고, 다시 또 며칠 전부터 콩나물을 기른다. 무엇이 되었건 길러보니 알겠다. '자란다', '키운다', '성장한다'라는 말들의 진짜 의미를.

네 번째 계절

졸업여행

녀석의 어린이집 졸업여행 날, 아내는 아침부터 바빴다. 회의 중간중간 문자로 전해진 두 장의 사진이 모든 것을 말해줬다. 어린이집 등원에 맞춰 점심용으로 보낸 두 개의 도시락에 치즈 주먹밥, 삶은 메추리알, 돈가스, 꽈배기, 핫도그가 예쁘게 담긴 사진 한 장과, 점심이 지나 저녁 간식용으로 다시 만들어진 커다란 그릇 두 개에 소시지가 가득 담긴 또 다른 사진 한 장(녀석의 반에는 16명의 친구들이 있는데 치킨, 피자, 소시지, 그리고 기억나지 않는 하나 중에 4명씩 하나의 간식을 준비한 것). 회사를 마치고 약속된 시간에 녀석을 데리러 가니 어린이집 마당에는 아이들의 엄마, 아빠들이 가득했고 선생님들은 야광봉을 나눠 주며 잠시 후 맞이할 아이들과 함께 해 달라고 말했다. 조금의 시간이 지나 담임 선생님의 소개로 하나, 둘 아이들이 나타날 때마다 '녀석은 어디쯤 있지? 언제쯤 나오려나?'라고 생각하며 기다렸고 "곤충을 좋아하는 OOO"이라는 소개와 함께 녀석이 등장했을 때, 뭐랄까 아이가 하나의 과정을 잘 마치고 다음 단계로 진입하려는 것 같았다. 잠시, 기분이 묘했다.

모종삽 있어요? 모종삽 주세요!

길다면 길고 짧다면 짧은 아들의 일곱 살 인생. 다시 생각해봐도 가슴 뿌듯한 순간들이 있다. 녀석이 처음으로 일어섰을 때, 처음으로 기저귀를 뗐을 때, 처음으로 밥을 먹었을 때, 처음으로 어린이집을 다녔을 때… 셀 수 없이 많은 '처음으로' 일어난 일들. 이제는 자신의 생각을 나름 논리적으로 얘기하는 녀석을 보고 있으면 '많이 컸네… 어쩌면 이제 다 컸어'라는 생각도 든다. 최근에 녀석과 함께 하며 나름 흐뭇했던 기억 하나. 주말마다 산으로 곤충을 잡으러 다니던 녀석은 모래놀이용 장난감 삽으로는 땅이 잘 파지지 않는다는 것을 알았고, 그 모습을 지켜보던 아내는 "아들, 진짜 모종삽 하나 사 줄게"라고 얘기했다. 그때부터 녀석은 외출할 때마다 "엄마, 모종삽 사야지"라고 말했고, 마트에 들릴 때마다 점원에게 달려가 "여기 모종삽 있어요?"라고 물었다. 몇 번의 실패 후 마침내 "엄마, 여기 모종삽 있어!"라고 외치며 점원에게 달려가 "이 모종삽 주세요!"라고 말하며 세상 다 가진 듯 신나했다. 별거 아닌 그 순간, 그때, 녀석의 행동과 표정과 말이 그렇게 보기 좋았고 그렇게 듣기 좋았다.

네 번째 계절

어느 휴일

　　녀석이 태어나기 전, 그냥 쉬는 날이면 모두 휴일(한자로도 쉴 휴(休), 날 일(日)이니까)이라 생각했다. 토요일, 일요일도, 주중에 휴가를 하루 또는 이틀 정도 내고 회사를 가지 않는 날도 별다른 차이가 없는 휴일, 그러니까 쉬는 날이었다. 그런데 녀석과 함께하며 생각이 싹 바뀌었다. 진정한 휴일이란 녀석은 어린이집에 가고 엄마, 아빠만 집에 있는 날이었다. 물론 아이와 함께 하는 것은 의미 있는 일이지만 그 '의미'속에 편안함까지 함께 하는 것은 아니었다. 모처럼 휴가를 내고 집에서 하루를 보내는 '어느 휴일', 동네 도서관에서 대여한 몇 권의 책을 손에 잡히는 대로 읽는다. 그러다 문득 생각난 몇 가지 일들을 정리하고, 미루어두었던 자료들을 살펴본다. 그렇게 시간을 보내고 있는데 운동을 마친 아내가 돌아온다. 녀석과 함께라면 먹을 수 없었던 매운 고추장찌개를 펄펄 끓이고 IPTV에서 지나간 예능 방송을 찾아본다. 아내가 잠시 공부를 하는 동안 볕이 스며든 거실 창가에 앉아 다시 책을 펼친다. 녀석이 집으로 돌아오기 1시간 전, 아내와 동네 산책을 나선다. 손을 꼭 잡고, 천천히 걸어본다. 휴일이니까.

아파트 구하기

어쩌다 보니 집이 없는 '무주택자'가 되었고, 또 어쩌다 보니 집을 구하는 '어느 한 사람'이 되었다. 2019년 2월, 육아휴직이 끝나갈 때쯤(집을 내놓은 지 4개월이 지났을 때쯤) 살고 있던 아파트가 팔렸고, 2019년 3월, 회사 복직을 앞두고 녀석의 어린이집에서 가장 가까운 아파트를 전세로 구했다. 그때는 정말 이럴지 몰랐다. 6개월 후, 대전과 세종의 아파트값이 이렇게 천정부지로 올라갈지. 그렇게 다시 또 일 년이 지났고 중간중간 아파트를 구하려고 청약도 신청했다. 노부모 부양 가구에도, 다자녀 가구에도 해당되지 않고, 2년 전 아파트를 소유했던 적도 있으니 청약 가점제로는 어림도 없었다. 혹시나 하는 마음에 번번이 청약을 넣었지만 결과는 역시나였다. 그리고 다시 한 번 아파트 청약을 넣기 전, 아내와 주변 구경을 다녀왔다. "초등학교는 저기에 있고, 저기는 고등학교가 있고, 녀석이 학교 다니기는 좋겠어." "그런데 중학교는 안 보이네. 다시 찾아보자." 당첨이 된 것도 아닌데 (경쟁률이 몇천 대 일이라는데) 혹시나 녀석이 다니게 될 학교부터 찾고 있다. 아파트 구하기, 정말 쉽지 않다.

네 번째 계절

'안녕하세요'라는 말

저녁을 먹다가 엉뚱하게 치킨 얘기가 나왔고 엉겁결에 그냥 오늘 먹기로 했다. 집을 나서려 준비하는데 아내는 오늘따라 준비가 빨랐고 현관에서 이미 신발까지 다 신고 기다리고 있었다. 그러더니 "아들, 요즘은 엄마 뽀뽀 안 해주는 거야?"라고 말했다. 멈칫하던 녀석은 읽던 책을 독서대 한편으로 정리하고 아내에게 다가섰다. 그리고 별일 아니라는 듯 "이리 와 봐"라고 말하며 뽀뽀해 줬다. 그 모습에 잠시 웃다가 집을 나섰다. 치킨집 앞에서 아내가 느닷없이 "안녕하세요"라며 인사했고 녀석에게도 "아들, '안녕하세요'라고 인사해야지"라고 더했다. 누가 있나 살펴보니 맞은편 꽈배기 가게에 넉넉한 웃음의 할아버지 사장님이 흐릿한 불빛 아래 마감을 하고 있었다. 가던 길을 마저 가려는데 사장님은 우리 가족을 향해 손짓했다. '왜 그러시지?'라는 마음에 가게로 들어섰고 할아버지 사장님은 활짝 웃으시며 녀석에게 작은 꽈배기 하나를 건넸다. "고맙습니다"라고 말하며 가게를 나섰고, 아내는 "아들, 인사를 잘 하니까 꽈배기가 하나 생겼네"라고 보탰다. 꽈배기를 한 입 베어 문 녀석도 씽긋 웃었다.

안개가 가득한 날

창밖에 안개가 가득했다. '밤새 몸이 찌뿌둥했던 이유가 있었네'라는 생각에 '오늘은 조금 일찍 출발해야겠다'라는 생각이 더해졌다. 집을 나서니 5미터 내외의 짧은 거리만 선명했고, 대전에서 세종으로 진입하는 길에 이르니 안개는 조금 더 짙어졌다. 평소에도 '세종은 안개가 심하구나'라고 생각했는데 오늘은 그 정도가 더했다. 그러다 문득 '어차피 대부분의 경우 운전자는 바로 눈앞의 길과 차 정도만 보이면 되는데'라는 생각이 스쳤다. 사실 일정한 속도로 앞서가는 차만 부지런히 따라가면 안전에는 별다른 문제가 없다. 더 많이, 더 멀리, 더 자세히 보면 마음이 조금 더 편할 뿐, 매일 출퇴근하는 익숙한 길에서 달라질 것은 없다. 어젯밤 녀석이 나무젓가락 돛단배를 하나 더 만들자고 했다. 그때 녀석에게 "아들, 아빠랑 약속한 건 2개인데 이미 다 만들었으니 자야지"라고 얘기했고, 녀석은 "하나만 더 만들고 싶은데…"라며 서운해 했다. 너무 많이, 너무 멀리, 너무 자세히 생각 말고 눈앞의 녀석만 바라보며 '그래, 하나 더 만들자'라고 기분 좋게 말했으면 어땠을까 생각한다. 그렇게 말했어도 될 텐데…

네 번째 계절

여기서 질문

바나나가 가득 그려진 옷을 입은 녀석이 "아빠, 여기서 질문"이라 말한다. 그러더니 "아빠, 내가 방금 이긴 거 맞지? 이번에는 내가 아빠보다 먼저 도착한 거 맞지?"라고 더한다. "응, 이번에는 아들이 아빠보다 먼저 도착했어. 그러니까 이번 판은 아빠를 이긴 거 맞아"라고 답한다. 녀석은 "이게 꿈이야 생시야"라고 말하며 신난 표정이다. 잠시 후 녀석은 "아빠, 여기서 질문"이라 다시 말하고 "아빠, 그런데 내가 어떻게 아빠를 이길 수 있었을까?"라고 보탠다. "그거야 아들이 열심히 해서 그런 거 아닐까? 아빠도 열심히 했지만 사실 게임은 어른이라고, 형이라고, 키가 크다고, 힘이 세다고, 머리가 좋다고 반드시 이기는 건 아니니까"라고 답한다. 녀석은 "아빠, 어쨌든 오늘은 아빠를 이겨서 너무 기분이 좋아. 다음번에도 열심히 해서 아빠를 꼭 이길 거야"라고 말한다. 그러다 잠시 후 "아빠, 여기서 질문이 하나 더 있는데... 다음번에도 진짜 아빠를 이길 수 있을까?"라고 묻는다. "아들, 다음에도 최선을 다해 봐. 그럼 다시 또 이길 수도 있어"라고 답하며 '녀석이 질문이 참 많아졌구나'라고 생각한다.

출장벌레, 채소벌레, 어린이집벌레

갑자기 생각났다. 지난 서해안 5박 6일 일주 중에 있었던 일이. 늦은 저녁 부안에서 진도로 가는 길, 아내가 검색한 숙소를 찾아 부지런히 달리고 있는데 언제부턴가 진도가 아닌 엉뚱한 곳으로 가는 것 같았다. 도착 예정 시간을 10분 정도 남겨두고 혹시나 하는 마음에 길가에 차를 세웠다. 역시나 진도가 아닌 똑같은 이름의 펜션이 있는 장흥으로 가고 있었다. "도착 전에 알았으니 그래도 10분은 절약했네"라고 말하며 다시 진도로 향했다. 그렇게 어둠 속에서 한참을 달리는데 뒷자리에서 무료하게 시간을 보내고 있던 녀석이 느닷없이 "엄마! 엄마는 채소벌레야! 왜냐하면 엄마는 채소를 좋아하니까!"라고 말했다. 아내가 "응, 그렇네. 그럼 아빠는?"이라 물으니 "그거야 쉽지! 아빠는 출장벌레! 아빠는 출장을 많이 가니까!"라고 받았다. 그러더니 "그리고 나는, 어린이집벌레야!"라고 더했고 "왜냐하면 나는 어린이집에 가니까!"라고 보탰다. 그 말을 들으며 '올해는 출장을 많이도 다녔구나. 한 달에 보름씩, 벌써 11월이니 아이가 그렇게 생각하는 것도 당연하겠구나'라고 생각했다. 덕분에 잠시 웃었다.

네 번째 계절

11월

무엇을 쓸까?

　처음에는 '육아일기'라는 주제에 맞게 녀석만의 이야기를 썼다. 녀석의 말, 녀석의 행동, 녀석의 느낌, 녀석의 기분, 녀석의 옷, 녀석의 밥, 녀석의 친구, 녀석의 어린이집, 녀석의 장난감 등등. 그렇게 녀석은 주인공이었다. 그러다 슬슬 녀석의 주변을 보게 되었다. 당연히 녀석의 엄마, 녀석의 아빠는 매번 등장했다. 녀석과의 대화, 녀석과의 행동, 녀석과의 놀이, 녀석과의 감정, 녀석과의 여행 등등. 그러다 조금 더 범위가 넓어졌다. 녀석의 할아버지, 녀석의 할머니, 녀석의 외할아버지, 녀석의 외할머니, 녀석의 고모 등등. 녀석을 통해 녀석의 할아버지가 생각났고, 녀석으로 인해 녀석의 외할머니가 느껴졌다. 그렇게 녀석의 말, 행동, 느낌들과 녀석을 둘러싼 말, 행동, 느낌들이 때로는 한껏 겹쳐졌고 때로는 제법 거리를 두었다. 그 모든 것들이 차곡차곡 쌓여 녀석과 관련한 사회적, 국가적 정책, 제도, 환경 등이 눈에 들어왔다. 아이와 관련한 그 모든 것들이 머릿속에 잠시 스쳤고 오랜 기간 머물렀다. 일단 썼고, 다시 생각했고, 한 번 더 고민했고, 여러 번 고쳐 썼다. 그렇게 녀석과 함께 성장하고 있다(고 생각한다).

네 번째 계절

언제 쓸까? 언제까지 쓸까?

　　2020년 1월 1일부터 오늘(10월 30일)까지 하루 한 편, 304개의 육아일기를 썼다. 새해 첫날, 문득 이제 막 일곱 살이 된 아이의 하루하루를 기록해야겠다는 생각이 스쳤다. 처음에는 녀석이 잠들면 서재에서 30분 내외로 원고지 2.5매 분량의 글을 썼다. 그러다 급작스러운 정부부처 파견으로 한 달에 보름씩 출장을 다니면서 생활이 불규칙해졌다. 몸은 피곤했고 마음은 급해졌다. 좀 더 여유가 있을 것이라는 생각에 점심시간에 글을 썼다. 커피를 마시지 않으니 식사 후 30분 내외의 시간은 충분히 확보할 수 있을 것이라 생각했다. 그런데 시간이 문제가 아니었다. 사무실에서 소곤소곤, 때로는 왁자지껄 대화를 나누는 사람들이 있었다. 글쓰기에 집중하기 어려웠다. 그렇게 이런저런 시행착오 끝에 일정한 시간(아침 7시)을 찾았고 다시 편안한 마음으로 글을 쓰게 되었다. 사실 '무엇을 쓸까?'에 대한 고민이 우선되어야 했지만 회사원이기에 '언제 쓸까?'가 보다 중요했다. 아직 '언제까지 쓸까?'는 답하지 못하겠다. 2020년 12월 31일까지는 무조건 쓰겠지만 2021년 1월 1일에도 쓰게 될지는 알 수 없다.

임신... 임신이라...

출장 중, 저녁을 먹고 남은 일을 마저 하려다 아내에게 전화했다. "오늘은 늦어질 것 같아서 숙소 들어가기 전에 전화했어." 그랬더니 화면 가득 얼굴을 들이민 녀석이 "아빠, 좋은 소식이 있어! 어린이집 선생님, 배 속에 아기가 생겼데!"라고 크게 말했다. 녀석은 자신의 동생이라도 생긴 듯 잔뜩 신난 표정이었다(어쩌면 자신의 동생이 아니어서 더 신났을 수도 있겠다). "그래, 진짜 좋은 일이네. 아빠는 선생님 아직 결혼 안 하신 줄 알았는데 결혼하셨었나 보네"라고 답하니, 아내도 "진짜, 나도 결혼하신 줄 몰랐어"라고 더했다. 그렇게 통화를 하고 다시 책상에 앉아 일을 하려는데 아내의 문자가 왔다. "어린이집 선생님 임신 소식 들으니 나도 임신했을 때 생각나서 오늘따라 보고 싶어." 문자 속, '임신'이라는 단어를 잠시 생각하다 "힘내♡♡ 가을이 와서 그런가 봐. 이제 이틀만 지나면 집으로 돌아가니, 다시 또 즐겁게 놀자♡♡"라고 답장을 보냈다. 임신... 임신이라... 일곱 살 녀석에게 동생이 있으면 좋겠다는 생각. 왔다... 갔다... 다시 왔다... 다시 갔다... 그렇게 왔다, 갔다 한다. 임신... 임신이라...

네 번째 계절

조금만 기다리면 될 텐데...

　　아내가 슬며시 다가와 귓속말로 "고생이 많아"라고 얘기하며 돌아선다. 진짜 고생 아닌 고생이 많다. 녀석이 떼를 쓰고 있기 때문이다. "아빠, 물이 묻었잖아! 이건 물이 묻으면 안 되는 거라고! 물이 묻으면 안 된다니까!" 물이 묻어도 될 것 같은 상황인데 이럴 땐 정말 난감하다. 녀석은 거실 창가에 커다란 흰 종이를 펼쳐두고 그 위에 이런저런 장난감을 옮기고 있었다. 무엇을 만들려는지 알 수 없지만 제 나름 신난 표정이었다. 그 모습을 그저 지켜봤다. 그러다 욕실에 있는 녀석의 장난감을 볕이 좋을 때 말려야겠다는 생각에 거실 창가로 하나, 둘 옮겼다. 그 과정에서 흰 종이 가장자리에 몇 방울의 물이 떨어졌다. 잘 놀다가 그것을 본 녀석이 그때부터 원래 상태로 돌려놓으라고 말했다. 볕이 좋은 날이니 가만히 두면 5분이면 마를 텐데, 조금만 기다리면 될 텐데 녀석에게 찬찬히 설명해 보지만 소용없었다. 아빠가 모르는 녀석만의 이유도 있었을 것이다. 그렇게 녀석은 계속 떼를 썼고, 아빠는 잠시 설명했고, 물기는 스스로 사라졌다. 언제 그랬냐는 듯 다시 녀석도 잠잠해졌다. 조그만 기다리면 될 텐데...

엄마의 생일

다행인 것 같기도 하고, 또 한편으론 그렇지 않은 것 같기도 하다. 올 한 해는 매달 보름씩 출장을 다니는데 녀석의 생일날, 그리고 어린이날은 출장 기간이 아니라 함께 할 수 있었다. 그러니 다행이다. 반면에 엄마, 아빠의 생일날은 출장 기간과 겹치고, 결혼기념일은 출장이 예정되어 있다. 그러니 그렇지 않은 것 같다. 출장 기간 중 맞이하는 엄마의 생일, 출장으로 집을 나서기 전 녀석에게 "아들, 이틀 밤 자고 나면 엄마 생일이야! 그러니까 아침에 일어나면 아빠 몫까지 엄마 생일 꼭 축하해줘! 알겠지!"라고 당부한다. 그리고 생일 하루 전, 출장을 마치고 숙소에 돌아와 다시 한 번 녀석에게 "아들, 내일 엄마 생일이야! 그러니까 아침에 일어나면 엄마 생일 축하해줘! 알겠지! 아빠 출장 복귀하면 주말에 맛있는 거 먹자! 알겠지!"라고 얘기한다. 녀석은 잠시 듣더니 "아빠, 나 지금 가방 만드느라 바빠!"라고 말하며 영상에서 사라진다. 생일이라고 딱히 무엇을 하는 것은 아니지만 녀석이 아빠 몫까지 두 배로 엄마의 생일을 축하해 줬으면 좋겠다. 아무튼 HAPPY BIRTHDAY!! 멀리서나마 축하! 축하! 축하다!!

네 번째 계절

진짜 소원입니다!!

그 어딘가에 전지전능한 신이 있다면 이 정도 간절함이면 들어줄 때도 되었다. 이번 주도 곤충을 잡으러 나가려는데 준비 중인 엄마를 잠시 기다리는 동안, 녀석은 거실 바닥에 누워 "예수님, 공자님, 부처님, 소원입니다. 제발 아무거나 잡게 해주세요"라고 외치더니 "진짜 소원입니다. 제발 멋찐이(집에서 기르는 수컷 장수풍뎅이, 얼마 전에 '이쁜이'라는 암컷 장수풍뎅이가 죽어 지금은 혼자다) 친구 생기게 해주세요"라고 더한다. 그러다 "벌써 한 달 쨉니다. 메뚜기나 공벌레라도 잡게 해주세요"라고 보탠다. 생각해보니 주말마다 곤충을 잡으러 이 산, 저 산을 다닌 지가 꽤 되었다. 그동안 사마귀, 방아깨비, 개미, 딱정벌레는 많이 잡았는데 녀석이 제일 좋아하는 장수풍뎅이나 사슴벌레는 구경도 못했다. 녀석을 지켜보던 엄마가 "아들, 소원은 조용히 마음속으로 빌어야 하는 거야"라고 말해 보지만 녀석은 "벌써 여덟 번째입니다. 장수풍뎅이나 사슴벌레, 꼭 하나만 잡게 해주세요. 멋찐이 친구 생기게 해주세요. 진짜 소원입니다"라고 더 크게 말한다. 이쯤 되니 아빠도 풍뎅이 딱 한 마리만 잡았으면 진짜 좋겠다.

산에 한번 가 볼까?

"절대로 가기 싫어." "나는 진짜로 가기 싫어." 거실에서 놀고 있는 녀석에게 "아들, 우리 산에 한번 가 볼까?"라고 말하니 1초의 망설임도 없이 돌아온 답이다. 다시 녀석에게 "아들, 그런데 산에 가는 게 왜 싫어? 아빠는 우리 가족 모두 산에 갔으면 좋겠는데. 엄마랑 아빠가 연애할 때 아주 큰 산(지리산)에 가서 산속(산장)에서 잠도 자고 거기서 맛있는 것도 해 먹고 그랬어. 그때 엄청 재밌었거든"이라 더한다. 녀석은 잠시 고민하는 듯하더니 "첫째, 아빠랑 가면 재미가 없잖아. 둘째, 산에 나무가 너무 많아. 그래서 어떤 위험이 있을지 몰라. 셋째, 나무에 다쳐 뼈에 금이 갈 것 같아"라고 받는다. 다시 녀석에게 "아들, 그런 이유라면 아빠 말을 잘 들어 봐. 첫째, 지난번에 아빠랑 바다 갔을 때도 재미있었지? 둘째, 그때 바다에서 물속에 뭐가 있는지 몰랐지만 우리 안전하게 잘 놀았지? 셋째, 어떤 물건이 많다고 해서 꼭 그것에 다치는 것은 아니지? 조심하면 되는 거지?"라고 보탠다. 언제쯤이면 가족 모두가 산에 가 볼 수 있을까? 산이 아니어도 좋지만 그냥 산이라 좋을 때도 있다.

네 번째 계절

'내 손자'

녀석의 어린 시절을 떠올리면 아름다운 날들이 참 많다. 녀석 자체로도 그렇지만 녀석으로 인해 경험했던 소중하고, 의미 있는 기억들 그리고 추억들. 녀석이 태어난 지 얼마 되지 않았을 때 녀석의 할아버지와 영상통화를 했다. 녀석의 할아버지는 일을 마치고 집으로 돌아오는 길이었고 차에는 함께 일하는 동료들이 있었다. 그때 녀석의 할아버지는 별다른 말없이 "봐라! 내 손자다! 내 손자야!"라며 큰 소리로 얘기했다. 무뚝뚝한 경상도 할아버지라고만 생각했는데 전화기로 전해지는 음성에는 기쁨이 가득했다. 녀석이 태어나고 할아버지가 되었다. 그러니 당연히 누가 봐도 '내 손자'가 맞다. 그런데 가만히 생각해보니 '내 손자' 이전에 '나의 아들'이다. 하지만 '내 손자'라는 말의 여운은 강렬했고 그 말에 자식이라는 이름으로 부모에게 할 수 있는 모든 일을 다 한 듯한 착각마저 들었다. 녀석으로 인해 관계 맺어진 많은 사람들. 또 관계 맺어질 더 많은 사람들. 그중에 녀석에게 '내 남자친구'라고, '내 남편'이라고, '내 사위'라고 말할 사람도 있겠다. 그렇게 생각하니 그냥 재밌어 그저 실실 웃음만 난다.

장수풍뎅이와 사슴벌레

녀석이 좋아하는 장수풍뎅이와 사슴벌레를 잡기 위해 지난 토요일에는 예전에 살던 아파트 주변의 산을 올랐다. 곤충 채집통, 모종삽, 돋보기를 들고. 그리고 이번 토요일에는 지금 살고 있는 아파트 주변의 산을 올랐다. 그것도 밤 9시가 넘어 플래시를 들고. "아빠, 곤충들은 야행성이야. 그러니까 이번에는 참나무 수액이 많은 나무가 있는 산을 밤에 가야 돼"라는 녀석의 말에. 다시 일요일에는 아쉬워하는 녀석에게 "좀 더 큰 산에 가면 있을 거야"라고 말하고 계족산 황톳길을 걸었다. 사실은 볕이 좋은 날 오붓하게 외출을 하고 싶었다. 그렇게 생각하며 나란히 걸었지만 현실은 장수풍뎅이와 사슴벌레가 있을 것 같은 나무만 각자 쳐다봤다. "아들, 남들이 보면 우리 가족은 나무를 연구하는 사람들인지 알겠어"라고 말하며. 그렇게 나름 열심히 노력했지만 녀석이 목표했던 장수풍뎅이와 사슴벌레는 끝내 잡지 못했다. 그래도 어쩌다 보니 딱정벌레, 방아깨비, 노린재(비슷하게 생겼다), 사마귀, 그 밖의 작은 곤충들 또는 이상한 벌레들은 잔뜩 잡았다. 아마 예상컨대 다음 주에도 어느 산엔가 있을 것 같다.

네 번째 계절

무용지용(無用之用)-쓸모없는 것의 쓸모

녀석이 과자를 오물오물 먹는 모습에 문득 이런 생각을 했다. 이는 알고 있을까? 지금 씹고 있는 것들이 어떤 과정으로 소화되고 마침내 무엇이 되는지? 이는 식도, 위, 소장, 대장, 항문의 존재를 알고 있을까? 비교적 가까이에 턱이 있다는 것을, 조금 멀리 입술이 있고, 그 근처에 코가 있고, 그보다 조금 더 멀리 눈이 있다는 것을. 어쩌면 이런 것들에 전혀 관계없이 제 할 일만 하는 것일까? 지금껏 한번도 해본 적 없는 생각들이 왜 갑자기 머리를 채우게 되었는지 알 수 없지만 그저, 그냥 궁금했다. 이에게 식도가 없다면, 식도에게 위가 없다면, 위에게 소장이 없다면, 소장에게 대장이 없다면, 대장에게 항문이 없다면 이의 역할이 달라져야 하는 것은 아닐까? 이 상황에 적합하지 않을 수 있지만 장자(莊子)에 나오는 '무용지용(無用之用)' 즉, 쓸모없는 것의 쓸모가 생각났다. 제 혼자 스스로 완벽한 것은 없다. 앞으로 녀석이 무엇을 하든 언제, 어디서나 '함께'라는 단어가 있음을 마음에 새기고 조금 겸손하고 겸허한 마음을 가졌으면 좋겠다. 어쩌다 보니 과자 하나에 이야기가 너무 멀리 왔다.

굳이야! 굳! 베리 굳!!

어디서 듣고 재밌다 생각했는지 녀석은 하루 종일 "굳이야! 굳!"이라 말했다. 엄마가 맛있는 김밥을 싸 주어도 "엄마, 맛이 아주 굳이야! 굳!"이라 말했고 아빠와 놀이를 하다가도 좀 재밌다 싶으면 "아빠, 엄청 신나. 아빠랑 노니깐 굳이야! 굳!"이라 말했다. 짐작건대 어린이집에서 'GOOD'이라는 영어 단어가 칭찬에도 쓰이는 말이라 배웠을 것이고, 아마도 어린이집 선생님 또한 아이들에게 'GOOD'이라는 말을 자주 해주지 않았을까 추측했다. 그렇게 무엇을 하나 '굳'을 달고 다니는 녀석은 동네 운동장에서도 "아빠, 저기 동생이 막 달려오는데 넘어질 것 같은데 또 안 넘어지고 계속 달려. 굳이야! 굳!"이라 말했다. 그 말에 "그래? 동생이 어디 있는데? 다음에 만나서 오빠가 칭찬해주면 동생이 좋아할 거야. 그러면 힘내서 더 열심히 달릴 수도 있어!"라고 받았다. 그랬더니 녀석은 운동장을 한 바퀴 더 돌아 다시 만난 동생에게 엄지손가락을 치켜들고 큰 소리로 "굳이야! 굳! 베리 굳!!"이라 칭찬했다. 그 모습에 녀석에게 슬쩍 다가가 "아들, 멋져! 굳이야! 굳! 동생도 엄청 신났을 거야!!"라고 말했다.

네 번째 계절

태권도장 다니기

집이 최고라던 녀석이 무엇인가 배우고 싶다니 다행이긴 한데, 솔직히 '태권도'는 마음에 들지만 '종이접기'는 그다지 내키지 않는다. 종이접기를 배우는 사람들을 무시하거나 얕보는 것은 절대 아니다. 다만 아빠 마음에 아이가 좀 더 활동적인 것을 했으면 하기 때문이다. 녀석은 바깥보다는 집 안에서 대부분의 시간을 보내려 하고 그 대부분의 시간도 책을 읽으며 지낸다. 그러다 가끔 종이접기나 곤충(장난감) 놀이를 한다. 외부 활동이 부족한 녀석을 위해 어떨 때는 억지로 이런저런 이유를 만들어 함께 산책을 다녀오기도 한다. 그런 녀석이 "엄마, 나 태권도 배우고 싶어. 왜냐면 아빠랑 대결해서 이기고 싶거든"이라 말하고 "엄마, 종이접기 학원도 다녔으면 좋겠어. 지금보다 더 잘 하고 싶어"라고 더한다. 아내는 부지런히 알아보더니 집 앞의 깔끔한 태권도장이 가장 좋겠다며 함께 체험 수업까지 다녀온다. 녀석이 정기적으로 접하게 된 선택 가능한 첫 사설 기관이 공부를 위한 학원이 아니라 몸과 마음을 위한 체육관이라 정말 다행이다. 아들! 공부는 아빠 믿고 운동 열심히 해 봐! 진짜 화이팅이야!!

머리가 지끈지끈

잔뜩 쌓인 서류더미를 보니 '이걸 언제 다 확인하고, 언제 다 정리할까'라는 생각이 든다. 물론 그렇게 생각만 할 뿐 어차피 피할 수 없는 일이라는 것도 잘 안다. 한참을 하나, 둘 서류를 점검하고, 특이한 내용은 표시를 해두고, 다시 추가적인 자료를 요청한다. 몇 날 며칠을 작은 책상에 앉아 서류와 함께 한다. 때로는 관련된 사람들에게 전화를 하거나 이메일을 보내고 가끔은 직접 마주해 필요한 말들을 주고받는다. 그렇게 하루를 마칠 때면 머리가 지끈지끈하니 두통이 오기도 한다. 문득 '언제까지 이런 일을 해야 하나'라는 생각도 들지만 나무를 심고, 자르고, 정리하는 녀석의 할아버지를 보면 '그래도 이 일은 할 만 하다'라고 생각한다. 녀석의 할아버지는 평생을 몸을 써야만 하는 일들을 했고, 지금도 하고 있다. 언젠가 "너무 덥거나, 추울 때는 힘들지 않냐?"라고 물은 적이 있었다. 그때 녀석의 할아버지는 "힘들지. 왜 안 힘들어. 그런데 니가 하는 일도 힘들지. 그거 아무나 못 해. 차라리 이게 편해"라고 답했다. 녀석은 어떤 일을 하게 될까? 머리를 좀 더 쓰는 일? 그렇지 않으면 몸을 좀 더 쓰는 일?

네 번째 계절

서해안 일주 5박 6일 못다 한 이야기

　　5박 6일의 서해안 일주는 끝났지만 못다 한 이야기가 몇 가지 남았다. 창밖으로 바다를 바라보던 녀석은 '생각금지 중'이라며 "아빠, 지금 뇌에서 뭔가 일어나고 있거든. 그러니까 잠시 기다려야 돼"라고 말했다. 서해로 떠나기 전 이곳저곳 모기에 물려 가렵다던 녀석에게 정성스레 준비해 간 '주방세제를 먹일 뻔' 했다. 작은 약통에 투명한 액체는 물약과 비슷했다. 엄마는 보령의 숙소에서 진행한 이벤트에 후다닥 글을 써 '김 한 세트'를 받았고 그걸로 마지막 한 끼까지 잘 먹었다. 부안의 갯벌 이후 자동차는 지독한 시궁창 냄새로 가득했다. 녀석이 잡은 '열네 마리의 게, 그리고 두 주먹 정도의 개펄'때문이었다. 진도의 관매도에서는 관절염이 있는 할머니가 파는 '관절염에 정말 좋다는 쑥막걸리'를 사 먹었다. 찐한 맛은 정말 좋았고 녀석은 '나비'라는 고양이와 잠시 즐거운 시간을 보냈다. 서해안 일주 동안 함께 한 김언수의 <캐비닛(제12회 문학동네소설상 수상작)>은 끝내 30페이지도 채 읽지 못했다. 매일 10시간 이상, 많게는 12시간을 잤지만 "왜 더 안 잤어?"라는 말을 주고받았다.

여섯째 날, 진작 왔어야 했는데...

서해안 일주 마지막 날. 관매도에서 돌아와 다시 진도 팽목항에 닿았다. 진작 왔어야 했는데... 엄마, 아빠가 경험한 가장 비극적인 일인데... 부모가 되어보니 그 고통을 겨우 짐작할 수 있을 것 같은데... 머릿속에 많은 장면들이 스쳤고 어떤 것들은 오래 머물렀다. 혼자 팽목항을 느리게 걸었고 그러다 마음이 찡해져 빠르게 돌아섰다. 이제 한글을 문단 단위로 읽고 그 의미를 꽤나 진지하게 묻고 정확히 이해하려 하는 녀석은 엄마에게 많은 질문을 하고 있었다. 녀석에게 어떻게 설명해야 할까, 어디부터 설명해야 할까 고민했지만 그저 짧게 대답할 뿐이었다. 그렇게 팽목항을 뒤로하고 운림산방에 잠시 들렀고 우리나라에도 세계에 자랑할 만한 미술 명문가가 있음을 알게 되었다. 야경을 보기 위해 진도타워로 가는 길, 이제는 집으로 돌아갈까 고민하다 녀석이 좋아했던 펜션에 다시 전화했다. 혹시라도 방이 있다면 여행을 하루 더 이어갈까 하는 마음에. 한글날 연휴의 시작이라 빈 방은 없었고 덕분에(?) 진도타워를 마지막으로 5박 6일 서해안 일주를 마치고 저녁 10시가 지나 대전집으로 돌아왔다.

네 번째 계절

다섯째 날, '진짜 섬'이다

　　부안에서 늦게 출발했기에 저녁 8시가 다 되어서야 도착한 진도는 숙소 선택의 범위가 넓지 않았다. 처음에는 숙소를 잘못 선택한 것이 아닐까 잠시 걱정했지만 동네 아저씨 같은 친근한 모습의 사장님을 만난 후부터 마음이 편안해졌다. 이번 여행 동안 녀석이 가장 좋아했던 숙소는 2층에 작은 방이 있었고 녀석은 여행 중 처음으로 아빠와 2층에서 같이 잤고 엄마는 1층에서 혼자 잤다. 아침에 자고 있는 아이 곁에서 '진도에서는 무엇을 할까?' 잠시 고민했지만 이번에도 가까운 섬에 가보기로 했고 진도 지도를 살펴보니 주변에 조도와 관매도가 눈에 들어왔다. 별다른 이유 없이 관매도로 결정했고 출항하기 10분 전에서야 겨우 터미널에 도착해서 필요한 것들을 양손 가득 챙겨 배를 탈 수 있었다. 조도를 지나 도착한 '걷고 싶은 매화의 섬'이라는 관매도는 작아서 더 아름다운 섬이었다. 여름 성수기가 아니었기에 조용했고 평일이었기에 한적했다. 녀석의 말처럼 '진짜 섬'에 들어온 기분이었다. 숙소에서 간단하게 늦은 점심을 먹고 아내와 아이의 손을 잡고 이곳저곳 걸었고 그게 정말 좋았다.

넷째 날, 숙소의 조건

저녁 늦게 도착한 부안의 숙소에서는 밖을 봐도 바다가 잘 보이지 않았다. 창밖은 어둠만이 가득할 뿐 태안의 만리포해수욕장, 보령의 대천해수욕장과는 사뭇 다른 느낌이었다. 이번 여행에서는 달리는 자동차에서 목적지로 이동하며 그때그때 숙소를 결정했다. 엄마, 아빠의 기준은 가격도 중요하지만 깨끗함이 우선이었다. 숙소 선택에 관한 대화를 듣고 있던 녀석이 말했다. "아빠! 숙소는 바다가 잘 보이고, 놀 때 재밌고, 잘 때 조용하면 됐어." 생각해보니 우리 가족에게 딱 맞는 조건이었다. 이후부터는 녀석이 말한 숙소의 조건에 적합한 곳을 찾으려 했고 다행히 그런 곳에서 잠을 잘 수 있었다. 부안의 숙소도 아침에 일어났을 때는 창밖으로 넓은 갯벌과 푸른 바다가 한눈에 보였다. 아쉽게도 코로나19의 확산 방지를 위해 갯벌체험은 운영되지 않았지만 운 좋게도 마음씨 따뜻한 아저씨의 배려로 갯벌을 천천히 걸어볼 수는 있었다. 이후 전나무 산책길로 유명한 내소사를 둘러보며 집으로 돌아갈까 다시 또 잠시 고민했지만 '끝까지 가 보자'라는 생각으로 조금 늦은 시간이었지만 서해안의 끝인 진도로 출발했다.

네 번째 계절

셋째 날, 그냥 가 보자!

아침에 눈을 떠 숙소에서 바라본 대천항은 아름다웠다. 먼 바다 위에는 몇 척의 배가 보였고 문득 섬으로 가야겠다고 생각했다. 딱히 목적지가 있었던 것은 아니지만 어제는 파도가 높아 배가 없었다. '오늘은 가능하겠구나'라는 확신으로 어디를 갈지 고민했다. 원산도는 결혼 전에 가족여행으로 가본 적이 있는 섬이었다. 익숙하기도 하지만 제일 큰 섬이라 그리로 갈까 망설였지만 왠지 모르게 '삽시도'로 가야겠다고 생각했다. 아내에게 "삽시도 가자! 뭐가 있을지는 모르겠는데 그냥 가 보자!"라고 말했고 녀석에게는 "아들! 배 타고 싶다고 했지? 우리 오늘 배 타자!"라고 더했다. 이제 아내나 녀석은 익숙한 듯 "응, 그래"라고 짧게 답했다. 배표를 끊었지만 숙소를 정하지 못해 일단 차는 가져가기로 했다. 삽시도는 생각만큼 조용한 섬이었고 어디를 가더라도 우리 셋 뿐이었다. 대부분은 그 느낌이 좋았지만 문득 낯선 세상에 고립된 것 같은 기분은 괴이했다. 그 고립감에 숙박을 포기하고 대천으로 돌아왔고 어디를 갈까 고민하다 집이 아닌 부안으로 가기로 했다. 그렇게 여행은 하루 더 길어졌다.

둘째 날, 바다가 좋아하겠다

다행히, 아침에는 날씨가 좋았고 바다에는 사람이 없었다. 잠시 바다가 남겨둔 모래밭에서 녀석은 모래놀이를 하는 것인지 소라게를 잡는 것인지 아니면 그저 그냥 좋은 것인지 커다란 모래놀이용 삽을 들고 이리저리 뛰어다녔다. 아내는 그 모습을, 그리고 바다를, 파도를, 하늘을, 구름을 몇 장의 사진에 담았다. 그 곁에서 잠시 '오늘 집으로 돌아갈까? 아니면 바다에 조금 더 있을까?'를 고민했다. 그때 아내가 동네 친한 언니에게 온 문자라며 '바다가 좋아하겠다'라고 소리 냈다. 미처 생각하지 못했는데 그 말이 참 좋았다. 넓은 바다를 우리 가족만 가졌다 생각했는데 '바다도 좋아해 주면 더없이 좋겠다'라고 생각했다. 아내와 녀석에게 "바다 구경 더 할까?"라고 말했고 "응"이라는 짧은 대답에 어디로 갈지 잠시 고민했고 조금 멀지만 채석강이 있는 부안으로 결정했다. 고속도로를 달리다가 문득 몇 번 가 봐서 익숙한 보령의 대천해수욕장으로 목적지를 바꿨고 아내가 고민 끝에 선택한 숙소로 향했다. 바다는 생각했던 모습과 많이 달랐지만 오히려 그게 더 좋았다. 이번에도 역시 숙소도, 바다도 모두 옳았다.

네 번째 계절

첫째 날, 바람은 거셌다

　　4주 연속으로 주말마다 방문한 태안의 만리포해수욕장. 익숙한 듯 3주 연속으로 주말마다 이용한 숙소에 원래 그 자리에 있었던 것처럼 가져온 짐들을 정리하고 이내 바다로 나섰다. 만리포의 바다도 이제는 똑같은 모습을 보여줄 때도 되었다 생각했는데 역시 바다는 바다였다. 바람은 더 거셌고 파도는 더 높았다. 녀석은 모래놀이를 못해 아쉬운 눈치였지만 지난주에 잡아서 일주일 동안 집에서 관찰했던 소라게를 다시 바다로 보내줄 수 있음에 잠시나마 신나했다. '저녁에는 바람이 잠잠해지겠지'라는 생각으로 숙소로 돌아와 밥을 먹었고 잠시 후 다시 찾은 바다는 예상과 달리 몸이 휘청일 듯 사나운 바람으로 가득했다. 아내에게 "태풍이 다가올 때 현장에서 날씨 전하는 기자들이 어떤 기분인지 알겠어"라고 말했고, 녀석은 강한 바람에 날리는 모래가 따가운 듯 "엄마, 다리에 장미 가시가 박히는 것 같아"라고 더했다. 그렇게 말하는 녀석을 보니 그래도 처음 접하는 이 상황이 재밌는 얼굴이었다. 녀석에게 "아들, 펜션으로 돌아가자. 아마도 내일은 날씨가 좋을 거야"라고 말하며 숙소로 돌아왔다.

서해안 일주 5박 6일

1박 2일 또는 2박 3일 정도를 생각했는데 어쩌다 보니 5박 6일이 되었다. 추석과 한글날 연휴를 피해 아이와 아내와 조용히 시간을 보내야겠다고 생각했고 다시 또 보름 동안의 출장이 예정되어 있기에 녀석이 좋아하는 바다에 한 번 더 다녀와야겠다고 다짐했다. 아내에게는 '혹시 하루 또는 이틀 정도 길어질 수 있으니 아이 옷은 조금 넉넉히 준비해서 가자'라고 얘기했다. 그렇게 시작된 서해안 5박 6일 일주는 첫째 날 태안의 만리포해수욕장, 둘째 날 보령의 대천해수욕장과 삽시도, 셋째 날 부안의 상록해수욕장과 두포갯벌체험장과 내소사, 넷째 날 진도의 관매도, 다섯째 날 진도의 팽목항과 운림산방과 진도타워를 마지막으로 마무리되었다. 숙소는 펜션, 리조트, 민박 등에 다양하게 머물렀고, 이동은 대부분 자동차를 이용했고, 섬(삽시도, 관매도)으로 오갈 때는 당연히 배를 탔고, 섬에서는 아내와 아이의 손을 잡고 뚜벅뚜벅 걸었다. 가장 중요한 식사는 가끔 숙소를 정하기 전, 시간이 애매할 때는 빵을 먹기도 했지만 대부분 직접 만들어 먹었다. 자세한 이야기는 지금부터 하루씩 남겨보겠다.

네 번째 계절

'해낼 수 있는 최고'라는 말

책에서 읽었는지, 신문에서 봤는지, 강연에서 들었는지 정확히 기억나지 않는다. 좋은 말이라 생각해 메모해 두었고 지금 다시 봐도 참 멋진 말이라 생각한다. '해낼 수 있는 최고'라는 말, 곰곰이 생각해보고 이리저리 곱씹어 봐도 메모해 두길 잘했다. 이런 재미에, 어쩌면 이런 감동에 순간순간 하던 일을 멈추고 짧게라도 옮겨 둔다. 그런 까닭에 많은 경우 단어의 초성들만 기록되기도 하고 맞춤법에 맞지 않는 해괴한 글자로 남겨지기도 한다. '해낼 수 있는 최고'라는 메모 아래 '1등이 아닐 수도 있다'라는 개인적 의견 또는 느낌과 '1등이 아니어도 괜찮아'라는 문장이 나란히 기록되어 있다. 짧지도 길지도 않은 삶을 살아보니 진짜 그랬다. 감당할 수 있는, 때로는 감당할 수 없는 일들에 최선을 다하면 남들은 몰라도 자신은 안다. 해낼 수 있는 최고를 추구하는 삶, 간단치 않은 삶이지만 나름대로 의미 있는 삶이라 생각한다. 아이가 다양한 이유로 엄마, 아빠와 삶을 함께하지 못할 때 그저, 그냥 '해낼 수 있는 최고'라는 말을 생각하며 제 갈 길을 뚜벅뚜벅 나아가길 바란다. 그렇게 한 걸음씩 옮기면 된다.

해돋이와 해맞이, 안보와 보안

한글날은 '훈민정음(訓民正音), 곧 오늘의 한글을 창제해서 세상에 펴낸 것을 기념하고, 우리 글자 한글의 우수성을 기리기 위한 국경일'이라고 한다. 하루 쉬는 날이니 좋기는 한데, 우리나라 고유의 글자 또는 문자인 한글은 어떨 때는 정말 훌륭하다 생각되지만 또 어떨 때는 정말 난해하다 생각된다. 그 이유가 한글 때문인지는 정확히 알 수 없지만 해가 막 솟아오르는 때 또는 그런 현상을 의미하는 '해돋이'라는 단어가 일상적으로 쓰이다가 최근에는 해가 뜨는 것을 구경하거나 맞이하는 일을 의미하는 '해맞이'라는 단어가 더 익숙해지는 것을 보면 전달하고자 하는 의미를 간단하게 표현할 수 있는 한글의 우수함 또는 한글 사용의 편리함을 느낀다. 하지만 책을 읽던 아이가 "아빠, 안보와 보안은 어떻게 다른 거야?"라고 물으면 궁색하지만 사전에 쓰인 데로 "안보(安保)'는 편안히 보전됨 또는 편안히 보전함을, '보안(保安)'은 안전을 유지함을 의미해"라고 답할 수밖에 없어 답답함을 느낀다. 의미는 알겠는데 정확히 설명하기가 쉽지 않다. 어쨌든 오늘은 한글날이다. 우리 말, 우리 글을 사랑하자!

네 번째 계절

버저 비터(Buzzer Beater)

우연히 농구황제 마이클 조던(Michael Jordan)의 전성기 시절 영상을 보았다. 박빙의 경기에서 종료를 알리는 신호와 함께 이리저리 수비를 피해 맹렬하게 골대를 향해 몸을 던져 슛을 성공시키는 모습. 마지막 순간에 심리적 부담을 이겨내고 동료들이 건넨 공을 과감하게 던질 수 있는 선수. 그랬기에 그는 위대한 농구황제가 될 수 있었다. 농구에서 경기 종료를 알리는 버저 소리와 함께 성공된 골. 버저가 울리는 순간 공이 슛하는 선수의 손을 떠나 있어야 유효한 슛으로 인정되는 버저 비터. 그 누구보다 많은 버저 비터를 남겼던 농구 선수. 한편으로는 그 누구보다 많은 실수를 할 수밖에 없었던 농구 선수. 동료들이 경기 내내 흘린 땀이 한순간의 실수로 무위로 돌아갈 수 있음을 알고 있지만 던져야만 하는 순간, 이미 지친 몸으로 극도의 심리적 부담까지 감내하며 공을 던져야만 하는 선수. 결과에 관계없이 다음날 또다시 경기장으로 돌아와야 하는 운명까지. 영상을 보는 내내 녀석도 앞으로 많은 일들을 경험하게 될 것이라는 생각이 교차한다. 그때, 그저 담담히 잘 견뎌내고, 묵묵히 잘 이겨내면 좋겠다.

싸나이! 싸나이! 완전 싸나이!!

따끈한 치킨을 한 마리 포장해 왔다. 좀 더 정확히는 양념 반, 후라이드 반이었다. 녀석은 후라이드를, 아빠는 양념을 먹었다. 치킨을 좋아하지 않는 엄마는 구경만 했다. 아빠와 엄마는 맥주 한 캔을, 녀석은 요구르트 하나를 들고 '짠~'하며 건배도 했다. 나름 부지런히 먹고 있는데 엄마가 "아들, 먹는 모습이 완전 싸나이야!"라고 말했고 "이제 다 컸네! 닭다리를 아주 야무지게 먹는데!"라고 더했다. 녀석은 입가에 치킨 부스러기를 잔뜩 묻혀 가며 제 나름 최선을 다해 먹었다. 흐뭇한 마음으로 녀석을 보며 "아들, 아빠가 보기에도 이제는 진짜 잘 먹네! 뭐든지 잘 먹으면 앞으로 쑥쑥 클 거야!"라고 보탰다. 그 말에 녀석이 가만히 쳐다보더니 "아빠, 아빠는 완전 맹수다! 맹수야!"라고 말했다. "맹수? 아빠는 살만 잘 발라 먹고 있는데? 뼈째 먹어야 맹수지"라고 답하니 녀석은 "아냐, 그렇게 먹는 맹수도 있어! 아빠가 뼈까지 먹으면 이가 다 부러질 거야!"라고 받았고 슬쩍 엄마를 바라보며 '씩~' 웃었다. 그렇게 녀석은 조금씩 싸나이가 되어 간다. 싸나이! 싸나이! 완전 싸나이!!

네 번째 계절

꿈이라 다행이다

"어휴~ 꿈이라 다행이다." 눈이 반쯤은 감긴 녀석이 말했고 "아들, 무슨 꿈꿨어?"라고 물었다. "응, 꿈꿨어." 녀석은 아직 일어날 생각이 없다는 듯 뒹굴뒹굴 곁으로 다가왔다. "꿈에 어린이집이 나오는 거야. 그리고 아주 높은 계단이 있었어. 그런데 그 계단 끝에 이쁜이(집에서 길렀던 암컷 장수풍뎅이)랑 멋찐이(수컷 장수풍뎅이)가 있더라고. 그래서 그리로 막 올라가려는데 어린이집 선생님이 있었어. 선생님이 나한테 멋찐이 수술한다고 얘기하고 막 울었어. 그래서 내가 선생님한테 '괜찮아요. 선생님'이라 말했어. 그런데 나도 이상하게 슬퍼지는 거야. 그래서 같이 쫌 울었어." 그 말에 "아들, 슬펐겠네. 아빠 옆에 와서 쫌만 더 자"라고 말하며 녀석을 살짝 안아줬다. 일곱 살 녀석은 이제 꿈 이야기도 비교적 <기-승-전-결>이 있다. 물론 꿈이라는 것이 허황되고 황당한 경우가 많지만 얼마 전까지만 해도 도대체 무슨 이야기를 하는지 알 수 없었다. 실현될 가능성이 아주 적거나 전혀 없는 헛된 기대나 생각을 의미하는 '꿈'. 문득 꿈이라는 글은, 꿈이라는 말은 참 예쁘다고 생각했다. 어쩌면 그저, 그냥 '꿈'이니까.

그러니 녀석은 섭섭했겠다

어떤 말이 목 안에서 간질간질할 때가 있다. 그것을 밖으로 꺼내고 싶은 마음의 크기만큼 그 말은 더 깊숙이 안으로 들어가 버린다. 아내가 알려 줬다. 녀석과 마트에 가는 길에 있었던 일을. 아내는 "아들, 집에만 있다가 오랜만에 밖에 나오니 좋지?"라고 물었다. 녀석은 신나하며 "응, 집에만 있을 때는 바깥공기가 안 들어와서"라고 말하다가 갑자기 말을 멈췄다. 무엇인가 골똘히 생각하는 것 같은데 마음처럼 되지 않는 눈치였다. 그러더니 마침내 답을 찾았다는 듯 "엄마! 집에만 있을 때는 바깥공기가 안 들어와서 섭섭했어!"라고 말했다. 아내는 "우리 아들이 섭섭했구나. 그리고 바깥공기가 안 들어와서 답답했지"라고 답했고 녀석은 "응, 답답했어!"라고 보탰다. 녀석은 아마도 '답답했어'라고 말하고 싶었겠다. 아내는 "그런데 생각해보니 '섭섭했어'라고 말해도 맞는 것 같아. 답답한 마음이 섭섭한 마음일 수도 있으니까"라고 말했다. 그러고 보니 그랬다. 어떤 말이 되었건 자신의 생각이나 느낌을 정확히 표현하면 된다. 답답하면 서운하고 아쉽고 애틋하니 안타깝겠다. 그러니 녀석은 섭섭했겠다.

네 번째 계절

사마귀 네 마리, 메뚜기 두 마리, 딱정벌레 두 마리

뜬금없이 녀석이 "우리 사마귀 잡으러 가자"라고 말할 때, 느닷없이 아내가 "응, 그래. 엄마가 마트 가는 길에 많이 있어"라고 답할 때 '이건 무슨 상황이지'라고 생각했다. 사마귀를 잡으러 가자는 아들이나 사마귀를 잡을 수 있다는 엄마나 도대체 이해할 수 없었다. 녀석은 자신의 가방에 곤충백과, 채집통, 부채, 핀셋을 챙겼고 망원경까지 더했다. 녀석이 그 어느 때보다 설렘과 기대로 가득찼기에 '이러다 사마귀를 못 잡으면 어쩌지'라는 걱정이 순간 밀려왔다. 언제나처럼 씩씩하게 길을 나선 아내는 '자신만 믿으면 된다'라고 강조했다. 그렇게 10분 정도 걸었더니 딱정벌레 한 마리가 보였고 녀석이 냉큼 잡았다. 다시 5분 정도 걸었더니 이번에는 메뚜기가 보였고 아내가 채집통 뚜껑으로 간단하게 잡았다. 다시 10분도 지나지 않아 마침내 사마귀 한 마리를 찾았고 일회용 봉지로 어렵지 않게 잡았다. 그렇게 순식간에 사마귀 네 마리, 메뚜기 두 마리, 딱정벌레 두 마리를 잡았다. 마흔두 살에 처음 잡아 본 사마귀로 인해 절대로 안 될 것 같은 일도 생각보다 쉽게 될 수 있음을 새삼 느꼈다. 새삼...

정신없이 놀았다

　모처럼 녀석과 오붓이 앉아 놀이방에서 놀이를 했다. 엄마는 요 며칠 무리했는지 아침밥을 챙겨주고 다시 잠을 잤다. 거실에서 놀 때와는 사뭇 다른 느낌이었다. 사다리를 타고 올라가 도착한 놀이방에는 녀석이 미처 정리하지 않은 다양한 장난감들이 눈에 띄었다. 몇 달 전까지만 해도 한창 잘 가지고 놀던 것들이 어디 갔나 했더니 놀이방 구석구석에 숨어 있었다. 녀석도 다시 보니 반가운지 "아빠, 이것들 다 한 번씩 가지고 놀자"라고 말했다. 어차피 명절 연휴에 집에 있으니, 그리고 아직 하루해가 많이 남았으니 "응, 아빠도 오랜만에 놀이방 오니까 좋네. 하고 싶은 놀이가 있으면 다 한 번씩 해 보자"라고 답했다. 그렇게 공룡놀이부터 시작해, 팽이놀이, 로봇놀이, 낚시놀이, 블록놀이까지 하나씩 하는데 녀석이 "아빠, 우리 이번에는 윷놀이 한 번 해"라고 말했다. 녀석은 윷놀이 규칙을 정확히 알지 못하지만 그저 나무 막대기 4개를 하늘로 던진다는 것이 재미있는 눈치였다. 세상에 하나뿐인 윷놀이가 되었지만 오히려 신나고, 즐겁고, 유쾌했다. 그렇게 두 시간을 정신없이 놀았다.

네 번째 계절

추석 그리고 지문처럼 선명히 새겨진 삶의 방식들에 대해

추석이지만 추석 같지 않은 추석이다. 설 또는 추석이면 항상 녀석의 할아버지, 할머니가 계신 영주와 외할아버지, 외할머니가 계신 인천을 다녀왔다. 누가 그렇게 하라고 강제한 것은 아니지만 항상 그래 왔으니 항상 그렇게 살았다. 그렇게 엄마, 아빠에게는 너무나 익숙한 것이 이제 녀석에게는 전혀 익숙하지 않은 것이 되어 간다. 어쩌면 녀석에게 익숙한 것이 아빠, 엄마에게 익숙하지 않은 것처럼. 코로나19의 감염 및 확산을 방지하기 위해 대통령까지 나서 고향 방문을 자제해 달라고 했다. 이번 한 번은 그렇다 하더라도 내년 설에는 어떻게 될까? 그때까지 코로나19가 지속된다면 역시나 고향 방문을 하지 말아 달라고 할 텐데 그럼 이제 명절이라고 친가로 또는 외가로 가는 일들이 사라질까? 엄마, 아빠에게는 지문처럼 선명히 새겨진 삶의 방식들을 하나, 둘 바꿔야만 하는 날들이 계속될까? 앞으로 무엇을, 어떻게, 어디까지 바꿔야 할까? 코로나19를 통해 삶을 다시 한번 진지하게 생각해 본다. 지금까지 그래왔던 것들은, 지금까지 왜 그랬을까? 앞으로는 어떻게 해야 할까? 한 번 더 고민하게 된다.

풍뎅아, 잘 가! 이쁜아, 잘 가!

아파트 놀이터 한쪽 나무 옆에 아주 작은 구덩이를 파고 조심스레 묻었다. 아주 잠시 아이에게, 그리고 우리 가족에게 좋은 추억을 만들어 줘서 고맙다고 마음속으로 얘기했다. 그렇게 이쁜이(암컷 장수풍뎅이)는 곤충으로서의 생명을 다했다. 언젠가는 우리 가족과 이별할 것임을 짐작은 하고 있었지만 막상 이렇게 떠나보내니 조금 쓸쓸한 마음이었다. 최근에 알을 낳고 보이지 않기에 땅속에서 계속 알을 낳거나 그렇지 않으면 알을 낳느라 지친 몸과 마음을 휴식으로 조용히 돌보는 것이라 생각했다. 그래도 혹시나 하는 마음에 이번 주말까지만 기다렸다가 살펴보려 했는데 아내가 알려줬다. 퇴근길에 장문의 문자로. '이쁜이가 사망했어. 기절할 뻔했는데 정신 붙들고 침착한 모습으로 있으니 조심히 와. 녀석도 내색을 티 나게는 안 하지만 엄청 충격 받은 것 같아. 내가 놀란 가슴 진정하고 아무렇지 않게 아빠 오면 잘 묻어주자고 했는데 녀석이 '응'이라 하면서도 너무 끔찍해하고 잊을만하면 계속 얘기해.' 풍뎅아, 잘 가! 이쁜아, 잘 가! 하루하루 참 좋았어!! 하루하루 참 고마웠어!! 그냥 좀 찡했어!!!

네 번째 계절

10월

"엄마! 집에만 있을 때는
바깥공기가 안 들어와서
섭섭했어!"

"우리 아들이 섭섭했구나.
그리고 바깥공기가 안 들어와서
답답했지"

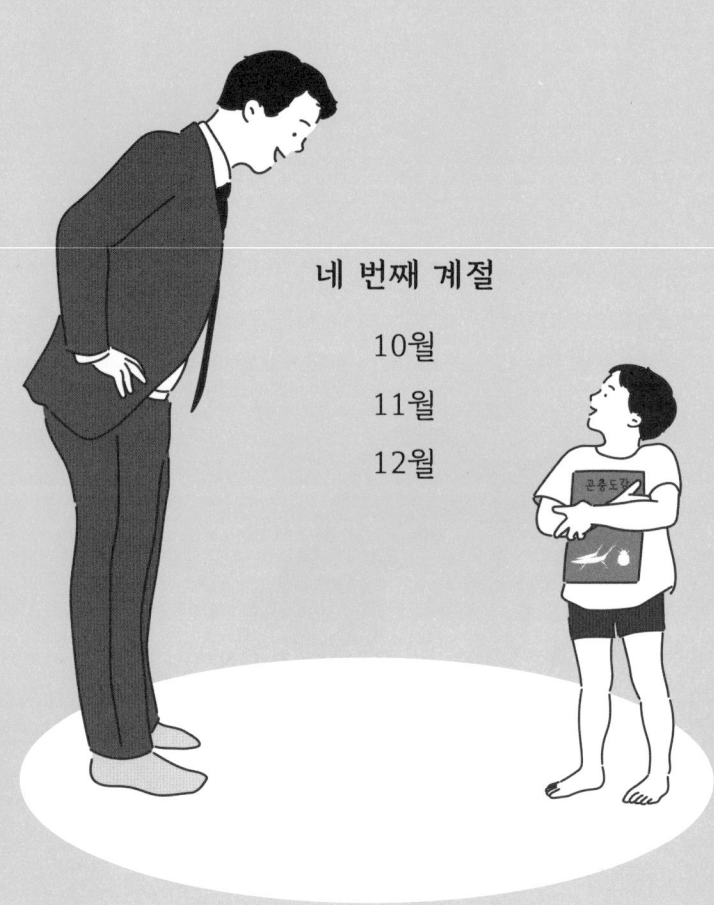

네 번째 계절

10월

11월

12월

세 번째 계절

바다를 함께 한 날들은 추억으로 남겨졌겠다

녀석은 9월 주말에는 한 달 내내 바다에 있었다. 엄마, 아빠도 모처럼 계속되는 휴가 기분이라, 더 솔직하게는 지난 육아휴직 때 느꼈던 여유를 다시 느끼게 된 것 같아 좋았다. 그런데 정작 녀석에게는 어떤 기억으로 남았을까? '그냥 다 좋았어'라고 말하는 녀석을 잠시 바라보니 '녀석도 계속된 바다로의 여행을 통해 조금은 컸겠구나'라는 생각이 들었다. 바다를 처음 맞이한 첫째 주에는 그저 바다를 바라보고, 마냥 바다에 돌멩이를 던지는 정도였다. 물론 동해의 바다는 깊었고 파도는 높았다. 둘째 주에는 서해의 바다에서 엄마가 잡아준 소라게에 신나했고 소라게를 위한 집을 함께 만들고 모래성도 함께 쌓았다. 엄마, 아빠의 손을 잡고 밀려오는 파도에 함께 장난을 치기도 했다. 셋째 주에는 높아진 파도에 계획과 달리 먼저 모래성만 쌓았고 다음날 파도가 낮아졌을 때 소라게를 잡았다. 자연스레 기다림도 알게 되었다. 마지막 주에는 갯벌이 아닌 바다에서 혼자 소라게 한 마리를 잡았고 다음날에는 바다에 들어가서 혼자 정신없이 잘 놀았다. 9월, 녀석이 바다를 함께 한 날들은 추억으로 남겨졌겠다.

엄마만 있으면 돼

집과 달리 펜션의 침대는 세 명이 나란히 자기에는 좁았다. 녀석은 엄마와 침대에서 자고 아빠는 조금 떨어져 바닥에서 잤다. 녀석이 뒹굴뒹굴하면서 잠을 자는 까닭에 혹시나 익숙하지 않은 높은 침대에서 떨어지면 어쩌나 걱정되기도 했지만 아직은 엄마가 곁에 없으면 잠을 자려 하지 않기 때문이었다. 그렇게 어영부영 불편한 듯 편안한 듯 밤늦게 잠을 잤고 눈을 뜬 듯 눈을 감은 듯 아침 일찍 일어났더니 엄마는 바닥으로 내려와 "혼자 좀 더 자야겠다"라고 말했다. 그 말에 "아들, 아빠랑 자면 되겠네"라고 답하며 침대에 누웠다. 그랬더니 녀석이 엄마를 따라 다시 바닥으로 내려와 꼬물꼬물 엄마 곁으로 쏙 들어갔다. 그 모습에 "아들, 이번에는 아빠랑 같이 자자. 아직 조금 더 자도 돼"라고 말했더니 녀석은 이불 속에서 얼굴만 빼꼼 내밀고 "아빠, 나는 엄마만 있으면 돼"라고 받았다. 그 말에 "그럼 아빠는 책이나 봐야겠다"라고 말하고 조용히 책을 펼쳤더니 이번에는 녀석이 "그럼, 나도 책이나 봐야겠다"라고 답하며 다시 침대로 올라왔다. 그렇게 아침은 밝았고 그렇게 하루는 시작되었다.

세 번째 계절

생각해보니까, 그냥 다 좋았어!

　　　　지난주, 지지난 주에 이어 태안에 위치한 만리포해수욕장을 다녀왔다. 보름 동안의 출장을 완전히 마무리한 후 기분 좋게 하룻밤을 자고 맞이한 주말, 녀석과 무엇을 할까 잠시 고민했지만 이제 곧 떠나갈 햇볕이 아쉬워 바다에 가기로 했다. 익숙한 듯 필요한 것들을 준비해 집을 나섰고 3주에 걸쳐 똑같은 펜션에서 제 집인 듯 짐을 정리하고 바다로 향했다. 처음에는 녀석이 좋아하는 소라게가 보이지 않았지만 얕은 바다 속에서 한참을 집중하니 순식간에 열 마리 정도를 잡을 수 있었다. 혹시나 못 잡으면 어쩌나 했는데 하늘이 도왔다. 숙소로 돌아와 준비해 온 반찬으로 밥을 먹으며 아내가 녀석에게 물었다. "아들, 바다에 오면 뭐가 제일 좋아?" 녀석이 답했다. "소라게 잡는 게 좋았어." "모래놀이도 좋았어." "그리고 엄마랑 아빠랑 치킨을 먹는 것도 좋았어." "또 밤에 불꽃놀이도 재미있었어." 그 말에 아내는 "엄마는 이렇게 방에서 저녁노을을 보는 것도, 밤에 아빠랑 아들이랑 손잡고 산책을 하는 것도 좋았어"라고 받았다. 잠시 후 녀석은 "엄마, 생각해보니까... 나는 그냥 다 좋았어!"라고 말했다.

습관

외출을 하려는데 녀석이 "아빠! 지갑, 전화기, 열쇠 챙겼어!"라고 묻는다. "응! 당연히 챙겼지!"라고 답하며 생각한다. 녀석이 어떻게 알았을까. 서재에서 작은 소리로 혼자 중얼중얼 하는데. 그저 그렇게 몇 번 되뇌면서 눈으로, 손으로 살폈을 뿐이데. 그랬는데 녀석이 그대로 따라 한다. 대학생 때도 그랬지만 정확히는 직장인이 되어 생긴 습관이다. 왜냐하면 학생 때는 '열쇠'를 챙길 일이 많지 않았다. 집을 나설 때 정해진 순서가 있다. 먼저 '속옷, 양말, 바지, 벨트, 상의'를 책상 위에 두고 샤워를 한다. 옷을 입고 '지갑, 전화기, 열쇠(자동차), 시계(실제 사용하지 않지만 습관이 되어 반복적으로 말한다), 신분증(대부분 사원증)'을 하나하나 꺼내어 책상 위에 정리하고 눈으로 다시 한 번 살핀다. 그런 다음 서재를 나서기 전 '지갑, 전화기, 열쇠, 시계, 신분증'이라 반복해서 말하며 손으로 주머니를 한 번 더 확인한다. 거기에 읽을 책을 몇 권 더한다. 아마 녀석도 아빠의 이런 모습을 수백 번 아니 수 천 번 봤을 것이다. 습관이 참 무섭다. 그런데 한편으론 참 편하다. 순서대로 착!착!착! 하면 되니까.

세 번째 계절

닭강정을 먹으면서 드는 생각

매주 목요일이면 산책을 나갔고 집 주변을 조금 크게 걸었다. 녀석이 나가기 싫어하는 경우도 있었지만 "아들! 산책 갔다가 오는 길에 닭강정 사 먹자!"라고 하면 녀석도 "응! 알았어!"라고 말하며 나설 준비를 했다. 그렇게 닭강정을 핑계로 일주일에 한 번 산책을 했다. 그런데 언제부턴가 닭강정을 파는 청년 사장님이 보이지 않았다. 아내는 청년 사장님에게 아파트 길가에서 작은 트럭을 이용해 장사를 하다 보니 주변에서 신고가 많이 들어와 힘들었다는 얘기를 들었다고 했다. 참 맛있었는데 아쉽다 생각했다. 그런데 몇 주가 지나 청년 사장님이 닭강정을 팔던 자리 근처에 작은 닭강정 가게가 생겼다. 아내와 '세상 참 야박하다. 야박해'라고 얘기하다 그래도 녀석이 좋아하니 한 번 사 먹어 보기로 했다. 가게 문을 여는 순간, "안녕하세요! 어서오세요!"라고 크게 외치며 유쾌하게 맞이하는 청년 사장님들. 가게는 작지만 깔끔하니 편안했다. 무엇보다 녀석과 길가가 아닌 가게 안에서 기다릴 수 있어 좋았다. 집으로 돌아와 맛있게 닭강정을 먹으며 사람은 참 알 수 없는 존재라 생각했다.

주민등록 인구통계

    2020년 8월 행정안전부 주민등록 인구통계 기준, 대한민국 전체 인구는 51,839,953명이며, 그중에 남자는 25,851,388명이다. 그리고 대전광역시 인구는 1,469,431명이며, 그중에 남자는 733,547명이다. 참고로 서울특별시는 9,708,247명, 부산광역시는 3,401,072명, 인천광역시는 2,943,491명, 대구광역시는 2,428,228명, 광주광역시는 1,454,154명, 울산광역시는 1,140,310명, 세종특별자치시는 347,232명이다. 다시 대전광역시 인구 중에 10세 미만 어린이는 117,415명이며, 그중에 남자는 60,287명이고, 만 6세 어린이는 12,782명이며, 그중에 남자는 6,542명이다. 그리고 대전광역시 만 6세 어린이 중 유성구에 거주하는 어린이는 3,887명이며, 그중에 남자는 1,975명이다. 다시 만 6세 유성구 어린이 중에 OO동에 거주하는 어린이는 284명이며, 그중에 남자는 169명이다. 그렇게 녀석은 행정안전부 주민등록 인구통계에 기록된 가장 작은 단위인 169명 중에 1명이다. 잘까 말까 잠시 고민하다 그냥 문득 녀석을 둘러싼 숫자가 궁금했다. 이렇게 쓰고 보니 별게 다 궁금했다

세 번째 계절

외할머니, 따뜻함 그리고 포근함

일주일 동안의 출장을 마치고 집으로 돌아왔다. 조금은 늦은 저녁, 서둘러 짐을 정리하고, 샤워를 하고, 저녁밥을 먹었다. 역시 집이 좋았다. 녀석도 오랜만에 보는 아빠의 얼굴에 신이 난 듯 끊임없이 말을 걸었다. 이런저런 장난감들을 들고 와 마치 신기한 '그 무엇'을 알려주듯 "아빠, 이건 알파벳 로봇이야! 이렇게 하나, 둘 합치면 커다란 로봇이 되는 거야! 멋지지! 또 가재로 변신하기도 하고, 공작새로 변신하기도 해!"라고 말했다. "멋진데!"라고 짧게 답하니 이번에는 작은 레고 장난감을 들고 와서는 "아빠, 이건 뽑기 해서 생긴 거야!"라고 더했다. 다시 "선물이 잔뜩 생겼는데!"라고 받았고 "아들, 외할머니랑 외할아버지가 다녀가시니까 진짜 좋지!"라고 보탰다. 그렇게 녀석은 한참을 외할머니가 주신 선물들을 자랑했다. 그 모습에 '아빠도 외할머니, 외할아버지가 살아 계신다면 얼마나 좋을까'라는 생각이 잠시 머물렀다. '외할머니'라는 단어가 주는 왠지 모를 따뜻함 그리고 포근함. 세상에는 상상만으로도 흐뭇한 일들이 있다. 외할머니와 엄마와 녀석이 기분 좋게 나란히 누워 있는 모습처럼.

집에는 참 많은 엄마가 있다

뜬금없다. 녀석이 혼잣말하듯 "집에는 참 많은 엄마가 있다"라고 말한다. 궁금하다. 녀석에게 "아들, 집에 엄마가 많아?"라고 묻는다. 녀석은 "봐봐. 웃는 엄마가 있지. 그리고 자는 엄마도 있지. 예쁜 엄마도 있고, 또 요리하는 엄마도 있어"라고 받는다. 그렇게 녀석이 말하는 것들을 재미있게 듣고 있는데 "봐봐. 내 말이 맞지. 엄마가 인터넷에 빠졌잖아"라고 더한다. 그 소리에 슬쩍 돌아보니 아내는 재미있는 동영상을 보는지 웃고 있다. 녀석의 말처럼 집에는 참 많은 엄마도 있고, 참 많은 아내도 있다. 녀석이 생각하는 것처럼 웃는 아내도 있고, 자는 아내도 있고, 예쁜 아내도 있고, 또 요리하는 아내도 있다. 그렇게 생각하니 녀석에게 아빠는 어떤 모습일까 호기심이 생긴다. '아들, 집에는 참 많은 아빠도 있지 않아?'라고 물으려다 혼자 생각해본다. 웃는 아빠도 있고, 자는 아빠도 있고, 멋진 아빠도 있고, 또 요리하는? 이건 아니다. 요리는 못한다. 겨우 두부를 굽고, 계란프라이를 하고, 라면을 끓이는 정도다. 어쩌면 책 읽고 글 쓰는 아빠는 있겠다. 그렇게 집에는 참 많은 엄마, 참 많은 아빠가 있다.

세 번째 계절

일벌과 일개미

　　한창 모래놀이를 좋아하는 녀석을 위해 바다로 갔다. 이번에는 잊지 않고 모래놀이 세트도 챙겼다. 그동안 욕실에서 물놀이할 때만 몇 번 쓰고 정작 해변에서는 사용하지 못했다. 그렇기에 '꼭 챙겨 갈 것'이라고 메모까지 해 두었다. 엄마가 필요한 것들을 준비하는 동안 먼저 몇 가지 짐들을 차에 옮겨 싣기로 했다. "아들, 아빠 차에 먼저 옮기자!"라고 말하니, 녀석은 "응, 알았어!"라고 답하며 자신의 가방은 메고 모래놀이 장난감들이 담긴 양동이는 들었다. 그렇게 주차장으로 걸어가는데 녀석이 "어휴~ 아빠, 나 힘들어. 나 이러다 일벌 되겠어"라고 말했다. 그 말에 "힘들어? 그런데 지금 들고 있는 건 모래놀이에 필요한 거니까 조금 힘들어도 가져가야 돼"라고 답하며 "그런데 아빠 짐이 더 많은데?"라고 다시 물었다. 녀석은 잠시 쉬면서 "그러니까 아빠는 일개미 하면 되고, 나는 더 많이 일하니까 일벌인 거야"라고 받았다. 잠시 후 "일벌이 일개미보다 더 많이 일해. 지금 나는 일을 백 개 하고 있어. 그러니까 진짜 일벌인 거야"라고 더했다. 그렇게 잠시 녀석은 일벌이, 아빠는 일개미가 되었다.

조금, 어쩌면 많이 변했다

어쩌다보니 이번 달 주말은 매주 바다에 있다. 지난주에 이어 이번 주도 태안에 있는 만리포해수욕장이다. 정부부처 파견으로 출장을 보름씩 다니니 주말에 집으로 돌아올 때면 아내와 녀석과 무엇을 할까 고민하게 된다. 가능하면 모두가 좋아하는 곳에서 모두가 좋아하는 것을 하려 한다. 그러다 보니 자연스럽게 바다로 간다. 지난주에 경험했던 만리포의 갯벌이, 그곳에서 잡았던 소라게가, 함께 쌓았던 모래성이, 시원한 바람이 가득했던 밤바다가, 그러니까 모든 게 다 좋았다. 볕이 더 좋은 날, 일주일 만에 다시 찾은 바다는 이번에는 생각지도 못한 커다란 파도를 데려온다. 그저 바다를, 그저 파도를 보고만 있어도 마음까지 시원하다. 지난주에 묵었던 펜션에서 파도 소리를 들으며 하룻밤을 기분 좋게 자고 다시 또 갯벌에 나가 소라게를 잡는다. 녀석은 민챙이(달팽이 비슷하다)도 몇 마리 보탠다. 녀석이 태어나기 전에는 바다를 생각하면 언제나 커다란 파도가 있는 동해만 떠올렸는데 요즘 들어 녀석과 갯벌에서 다양한 놀이를 할 수 있는 서해를 더 찾게 된다. 녀석으로 인해 조금, 어쩌면 많이 변했다.

세 번째 계절

육아는 축구? 농구? 배구? 어쩌면 골프?

육아를 스포츠에 비유하면 어느 종목이 적당할까? 먼저 축구. 전·후반전 45분, 15분의 하프타임이 있고 상대적으로 많은 인원인 11명이 자신의 위치에 충실하게 움직여야 하는 축구가 적당할까? 다음으로 농구. 10분씩 4쿼터로 진행하며 한 쿼터가 끝나면 2분의 휴식(전반전에 해당하는 2쿼터가 끝나면 15분)이 있고 상대적으로 작은 인원인 5명이 공격과 수비를 쉴 틈 없이 반복하는 농구가 적당할까? 아니면 배구. 경기의 제한시간 없이 1~4세트까지는 25점을, 5세트에서는 15점을 선취하면 이기고 세트 간 휴식시간은 3분으로 정해져 6명의 선수가 상대방과 접촉 없이 자신의 위치에 충실한 배구가 적당할까? 어쩌면 골프. 1번 홀부터 18번 홀까지 차례로 규칙에 따라 혼자서 정지된 공을 다양한 골프채로 쳐서 홀에 넣는 골프가 적당할까? 육아는 어떤 날은 격렬한 축구의 전반전이, 어떤 날은 이미 승부가 결정된 농구의 4쿼터가, 또 어떤 날은 끝없는 공격과 수비를 반복하는 배구의 3세트가, 그리고 또 어떤 날은 이제 겨우 시작된 골프의 1번 홀이 아닐까? 육아는 축구? 농구? 배구? 어쩌면 골프?

뜨거워? 안 뜨거워!

표정이 모든 걸 말해 준다. 누가 봐도 알겠는데 아닌 척한다. 그래도 혹시 모르니 물어는 본다. 조금은 태연하게 "아들, 뜨거워?"라고 물으니 녀석은 "안 뜨거워!"라고 짧게 답한다. 그러더니 잠시 후 "사실 조금 뜨겁긴 해. 그래도 이미 먹은 건데 어쩔 수 없잖아!"라고 보탠다. 그 마음 이해한다. 뜨겁긴 한데 뱉기 싫을 만큼 맛있는 느낌. 엄마와 서점에 다녀오는 길, 녀석은 좋아하는 치즈돈가스를 사 왔다. 엄마 말로는 원래도 좋아하는 건데 그동안 못 먹어 본 것이 있어 몇 종류 더 샀다고 한다. "엄마, 사실은 나 저거 지난번에 먹고 싶었는데 말 안 했어"라는 얘기에 엄마가 안 사줄 사람이 아니다. 그렇게 녀석은 후후 불어가며 치즈돈가스를 입에 한 가득 넣는다. 지금보다 조금 더 어렸다면 녀석이 먹기 전, 뜨겁지는 않은지 항상 확인하고 건넸을 텐데 일곱 살이 되고부터는 그냥 둔다. 그저 "아들, 뜨겁나 안 뜨겁나 잘 보고 먹어. 모르겠으면 김이 나나 눈으로 봐도 되고 손끝으로 살짝 만져 봐도 돼"라는 말과 함께. 녀석도 할 줄 아는 건, 하고 싶은 건 어떻게든 한다. 그렇게 하나, 둘 그냥 둘 건 그냥 둔다.

세 번째 계절

풍뎅이 할아버지

조금은 나른한 기분으로 일을 하고 있는데 아내에게 문자가 왔다. '경축! 풍뎅이 할아버지 된 걸 축하해! 다행히 수컷도 아직 건강해! 이쁜이가 알 낳느라 그동안 톱밥 안에 있어 얌전했나 봐!' 문자와 함께 갈색 발효톱밥 위에 작은 모래 알처럼 생긴 흰색 알 사진을 보냈다. 아내에게 '생명은 신비한 것 같아'라고 답을 보내고 잠시 생각해보니 단순한 호기심으로 시작했던 일이 이렇게 커질 줄은 몰랐다. 한 달 전쯤, 일주일 동안 출장을 다녀왔더니 아이가 장수풍뎅이를 키우고 싶다고 했다. 가족회의 후 암컷 장수풍뎅이(이쁜이)를 한 마리 구했지만 풍뎅이의 습성을 정확히 알지 못해 하루 만에 풍뎅이는 집에서 사라졌다. 아쉽지만 잊고 지냈는데 우연히 이쁜이를 다시 찾았다. 그러다 이쁜이가 외로울 것 같아 수컷 장수풍뎅이(멋찐이)를 한 마리 더했다. 둘은 며칠간 사이좋게 지내다 이내 따로 놀았다. 이쁜이는 땅속에만, 멋찐이는 땅밖에만 있었다. 한동안 그러더니 이쁜이가 알을 낳았다. 녀석들이 아이의 친구 어쩌면 동생이니 덕분에 풍뎅이 할아버지가 되었다. 이러다 증조할아버지까지 되지는 않겠지?

생각이 안 난다. 끙! 끙!

그럴 때가 있다. 하루 종일 생각해도 문제가 쉽게 풀리지 않을 때. 며칠을 고민해도 방법을 찾기 어려울 때. 잘 놀던 녀석이 풀썩 주저앉아 머리를 감싼다. 그러더니 "생각이 안 난다. 끙! 끙!"이라 말한다. '끙끙'이라는 표현이 재미있어 얼른 물어보고 싶지만 이럴 땐 잠시 기다리면 된다는 것을 알기에 딴짓하는 척하며 시간을 보낸다. 얼마 지나지 않아 녀석은 "아빠, 이제 생각났어"라고 더하며 다시 폴짝폴짝 뛰어다닌다. 이제는 물어봐도 되겠다 싶어 "아들, 그런데 무슨 생각을 한 거야?"라고 말하니 "응, 변신할 로봇을 기억해 두고 있었는데 아빠랑 놀다가 갑자기 까먹었어. 그래서 혼자 생각하려고 노력한 거야"라고 답한다. 살다 보면 그럴 때가 있다. 하루 종일, 몇 날 며칠, 한 달 내내 끙끙 거려야만 하는 시간들. 머릿속에 적당한, 마땅한, 타당한 것들이 떠오르지 않는 시간들. 아빠는 그럴 때 진짜 열심히 고민해 보거나 그래도 안 되겠다 싶으면 엉뚱한 사진, 그림을 구경하거나 무작정 밖으로 나가 한참을 걸었다. 그렇게 더듬더듬 길을 찾았다. 그러니 아들, 무엇이 되었건 너만의 방법을 찾길 바란다.

세 번째 계절

슬픈 꿈

시골집에서 잘 준비를 하는데 녀석이 작은 소리로 말한다. "할아버지 슬픈 꿈 꾸나 봐." 꿈에 표정이 있을 것 같지 않아 이유를 물어보려는데 녀석이 먼저 답한다. "표정이 안 좋아 보여." 왜 그럴까 궁금해 녀석의 할아버지를 슬쩍 본다. 차고 쓸쓸하다. 그러니 처연하다. 볕에 그을린 얼굴에 하얗게 샌 머리에 낡은 셔츠에 틀니를 빼고 꾹 다문 입까지. 거기에 천장의 등은 꺼져 어둡고 이리저리 휘적거리는 선풍기 소리까지. 녀석의 뽀얀 얼굴과 솜털 같은 머리와 바나나 무늬의 셔츠와 작고 또렷한 입과는 사뭇 다르다. 생각해보니 녀석의 할아버지는 녀석이 알고 있는 가장 나이 많은 사람이다. 운명처럼 같은 성씨를 나란히 쓰는 3대, 녀석의 할아버지와 그의 아들과 그의 아들의 아들. 몸속에 똑같은 DNA가 1%라도 있다면 다른 길을 가더라도 조금은 닮아 가겠다. 그렇게 서로의 삶의 기록도 흔적도 차곡차곡 쌓아 가겠다. 아들! 어쩌면 할아버지는 지금 제일 행복한 꿈을 꾸고 있을지도 몰라. 할아버지 곁에는 그의 아들도 있고 그의 아들의 아들도 있으니. 그게 행복인 거야. 그러니 행복할 거야.

'돌팔이'와 '죽' 이야기

밥을 먹고 있는데 녀석이 묻는다. "아빠, 그런데 팔이 돌이면 어떻게 해?" 먼저 물음에 충실하게 "아마도 팔이 엄청 무거워서 움직이기 불편하지 않을까? 또 어떻게 생각하면 팔이 돌이니까 엄청 힘이 세져서 천하무적이 될 것 같기도 하고"라고 답한다. 그런 다음 "아들, 그런데 팔이 돌이라는 건 어떻게 생각한 거야? 그런 사람이 나오는 책이라도 읽은 거야?"라고 묻는다. 그랬더니 녀석은 "아니, 책에 '돌팔이'라고 나오더라고. 그런데 그 말은 내가 처음 보는 말이거든"이라 답한다. '음... 그럴 수 있겠네. 돌팔이... 팔이 돌...' 다시 밥을 먹고 있는데 녀석이 말한다. "아빠, 그런데 죽을 왜 만들어 먹어?" "무슨 죽? 아빠는 미역국에 밥을 말아서 먹고 있는 거야"라고 받는다. 이번에도 녀석은 "아빠, 밥이 축축하면 죽이야. 지난번에 엄마가 그랬어. 그러니까 아빠는 지금 죽을 먹고 있는 거야"라고 더한다. 돌팔이도 그랬는데 미역국이 죽이라니. 딱히 뭐라 답하기도 애매하다. 국이랑 죽이랑 길게 설명하면 차이를 구분할 수 있겠는데 짧게는 쉽지 않다. 우리말은 참 어렵다! 어려워!!

세 번째 계절

작은 비는 큰 바다를 당해내지 못했다

 부슬부슬 비가 왔지만 길을 나섰다. 지난주에 울진의 동해바다가 너무 좋아 이번 주는 태안의 서해바다를 보러 갔다. 이번에도 지난번처럼 딱히 계획한 것은 아닌데 어쩌면 계획한 것보다 더 잘 다녀왔다. 작년까지만 해도 아이와 함께 하니 먼저 계획하고 다음에 움직였다. 그러다 문득 먼저 움직이고 다음에 계획해 보기로 했다. 목적지만 결정하고 무엇을 할지, 무엇을 먹을지, 어디서 잘지 아니면 다시 돌아올지 등은 도착해서 고민하기로 했다. 그랬더니 지난주도, 이번 주도 더없이 멋진 여행이 되었다. 물론 아내는 출발 전부터 몸도 마음도 바빴고 이동 중에도 부지런히 의견을 주었다. 아이와 무엇을 하면 좋을지, 주변에 어떤 먹거리가 있는지, 숙소는 어디가 괜찮은지 등등. 2시간을 부지런히 달려 도착한 태안의 만리포해수욕장은 조용하고 깨끗했다. 바다로 달려가 녀석과 순식간에 소라게 다섯 마리를 잡았다. 비에 조금 젖은 녀석은 작은 통에 소라게를 담고 그 옆에 모래로 길을 만들어 준 다음 "탈출해 봐! 내가 얼마든지 잡아줄 테니!"라고 외쳤다. 그렇게 작은 비는 큰 바다를 당해내지 못했다.

종이는 힘이 세다

느닷없이 "아빠, 그런데 종이는 힘이 셀까? 안 셀까?"라고 묻는 녀석. 무엇인가 꿍꿍이속이 있는 것 같은 질문이지만 그저 그냥 차분하게 "아니. 일단은 힘이 안 셀 것 같은데"라고 답한다. "왜냐하면 지금 아빠 눈에 보이는 색종이는 하늘하늘 날리고, 팔랑팔랑 나부끼는 모습이 그다지 힘이 세 보이지 않거든"이라 더한다. 녀석은 예상했던 것처럼 "아니야. 종이는 힘이 세. 왜냐하면 책을 20권이나 올릴 수 있거든"이라 말한다. 태연하게 "왜? 어떻게 그럴 수 있는데?"라고 다시 물으니 녀석은 "응, 그건 내가 지금부터 알려 줄게"라고 답하고 "첫 번째, 색종이를 이렇게 둥글게 말아. 그런 다음 두 번째, 고무줄로 이 모양이 변하지 않게 묶어. 중요한 건 이렇게 2개를 만들어야 한다는 거야. 마지막으로 그 위에 책을 올리면 돼. 이렇게 하면 책을 20권도 쌓을 수 있어. 진짜야. 내가 실험해 봤어"라고 보탠다. 무엇을 말하려는지 살짝 예상했지만 녀석의 설명을 차근차근 듣는 것도 나름 재미있다. 일곱 살이 되더니 부쩍 '첫 번째', '두 번째', '마지막으로'라는 단어들을 많이 쓰는 아이. 몸도 머리도 조금 더 컸다.

세 번째 계절

작은고모와 목공예 그리고 피아노 연주

뜻밖의 일이다. 예상치 못했다. 녀석의 작은고모가 목공예를 배우고 피아노 연주를 연습한다. 그것도 경상북도 영주의 작은 시골마을에서 칠십이 넘은 녀석의 할머니, 할아버지와 함께 지내면서. 안산에서 회사를 20여 년 이상 다니던 녀석의 작은고모는 직장을 그만두고 고향집에 잠시 쉬러 갔었다. 그때 녀석의 할머니가 과수원 일을 하다가 허리를 다치면서 일 년 이상을 시골집에 머무르고 있다. 부모와 자식임에는 분명하지만 인생의 절반 이상을 떨어져 살았기에 익숙하면서도 낯선 것들이 가득한 일상. 사실 무엇을 하나, 어떻게 시간을 보내나, 다시 안산으로 돌아가야 하는 건 아닐까 항상 궁금했는데 틈틈이 목공예를 배우고, 부지런히 피아노 연주를 연습하고 있다니 그저 신기하고 놀랍다. 녀석의 작은고모와 목공예 그리고 피아노 연주는 전혀 생각지 못한 조합이지만 한편으로는 그게 또 삶이라는 생각도 든다. 녀석이 작은고모 나이가 되면 엄마, 아빠는 팔십이 넘는다. 그때 녀석과 목공예든, 피아노 연주든, 그 무엇이든 함께 할 수 있다면 좋겠다. 다치지 말고, 아프지 말고, 즐겁게, 신나게.

함께 운동을 한다

보통은 저녁을 먹고 몇 가지 놀이를 하고 몇 권의 책을 읽고 잠시 후 잠을 잔다(녀석은). 그러다 며칠 전부터 녀석이 엄마와 책을 읽는 동안 다른 책을 보지 않고 거실 바닥에서 운동을 했다. 처음에는 간단하게 푸시업을 몇 차례 했다. 하루, 이틀 반복하니 녀석도 따라 했다. 운동인지 장난인지 알 수 없지만 제 나름대로 열심히 했다. 아빠 등에 올라와 매달리기도, 바닥을 뒹굴뒹굴 구르기도 했다. 그러다 엄마까지 같이 했다. 엄마는 꽤 오랜 기간 운동을 하고 있기에 다양한 동작을 어렵지 않게 척척 해냈다. 부지런히 따라 하던 녀석이 "나 힘들었어"라고 말했다. 사실 아빠도 힘들었지만 먼저 말하지 않았다. 그때부터 녀석은 운동 코치가 되어 "30초 지났어. 다시 시작이야"라고 말하며 엄마, 아빠의 운동시간을 체크했고 어린이집에서 배운 스트레칭 시범까지 보여줬다. 엄마는 곧잘 따라 했지만 아빠는 유연함이 부족해 부들부들 몸이 떨렸다. 축구에, 수영에, 골프에, 등산에, 합기도까지 곧잘 했는데 '아~옛날이여~'를 외쳐야만 했다. 그래도, 그렇지만 함께 운동을 한다. 다음날도, 그 다음날도.

세 번째 계절

코로나도 일회용이었으면 좋겠다

구석구석 둘러본다. 하나라도 더 찾아낸다. 쓰레기는 정리해서 버리고 재활용품은 분리해서 배출한다. 슬라임('액체괴물'이라 불리는 끈적끈적한 물질)이 눈에 띈다. 녀석이 며칠 가지고 놀다 책장 위에 올려놓은 것인데 버릴 때가 되었다. "아들, 이리 와서 냄새 맡아 봐. 아빠 생각에는 버려야 할 것 같아"라고 말하니 녀석은 슬쩍 냄새를 맡아본다. 그러더니 "아빠, 냄새가 좀 이상하긴 하지만 이거 더 가지고 놀고 싶은데"라고 말한다. 그 말에 "그래, 알았어. 아빠 생각을 말했으니까 한 번 더 고민해봐. 이거 계속 가지고 놀기는 힘든 일회용인 것 같으니"라고 답한다. 그렇게 쓰레기와 재활용품을 마저 분류하고 있는데 녀석이 "아빠, 그런데 어린이집에 있는 스포이트는 왜 한 번만 쓰고 버리는 거야?"라고 묻기에 "액체를 담아서 그럴 수도 있고, 처음부터 일회용으로 만들어서 그럴 수도 있을 것 같아"라고 답한다. 그 얘기를 듣고 있던 녀석이 혼잣말하듯 "코로나도 일회용이었으면 좋겠다"라고 더한다. 맞다. 세상에는 재활용하면 좋은 것도 있지만 코로나19처럼 진짜 딱 한 번만 있어야 할 것도 있다.

곳곳이 멍이다

아침에 일어나 샤워를 하고 몸을 구석구석 닦는데 팔뚝에 몇 개의 멍이 보인다. 왼쪽 팔에 한 개는 호두 크기로 제법 선명하고, 오른쪽 팔에 두 개는 포도 크기로 이젠 희미하다. '이게 언제 생긴 거지? 어디 부딪혔나?'라고 잠시 생각한다. 그러다 '누구와'인지는 알겠고, '언제쯤'인지만 모르겠다. 며칠 전에 침대에서 씨름놀이를 할 때 녀석이 팔에 매달리면서 생긴 것인지, 거실에서 달리기 시합을 하다가 녀석이 갑자기 멈추는 바람에 부딪히면서 생긴 것인지, 아니면 소파에서 책을 보고 있는데 녀석이 와락 달려와 피하면서 생긴 것인지 이래저래 생각해보지만 정확히 언제, 어떤 상황인지는 알 수 없다. 녀석이 일곱 살이 되면서 자연스레 몸무게는 늘고 속도는 빨라졌다. 결과적으로 과학에서 말하는 힘(무게와 속도에 비례)은 커지고 또 세졌다. 그러니 살짝만 부딪혀도 곳곳이 멍이다. 이것도 다 남자아이와 함께하는 아빠라서 그런 거니까 그러려니 하고 산다. 다 그런 건 아니겠지만 녀석이 만일 여자아이였다면 어쩌면 인형놀이나 공주놀이를 해야 할 텐데. 그것보다는 멍이 백 배, 천 배 낫다.

세 번째 계절

입술을 잡으려고 하잖아!

　　국수, 떡볶이, 어묵, 만두가 한상 가득하다. 분명히 저녁은 간단하게 먹기로 했는데 '간단'이라는 표현이 무색하다. 어쨌든 아빠는 국수를, 엄마는 떡볶이를, 아들은 어묵과 만두를 중심으로 먹는다. 그렇게 국수 한 그릇을 꽉 채워 먹고 떡볶이도 몇 개 집어먹는다. 엄마도 떡볶이를 넉넉하게 먹고, 녀석도 국수, 어묵, 만두를 야무지게 먹는다. 셋 모두 충분히 먹었다 싶어 "아들, 식탁 정리할까 하는데, 혹시 뭐 더 먹고 싶은 것 있어?"라고 물으니 "응, 만두는 더 먹을 거야"라고 답한다. 그러더니 만두 하나를 입 안 가득 밀어 넣는다. 그 모습에 "아들, 천천히 먹어. 체하겠어. 아빠가 끝부분 잡아 줄 테니까 조금만 뱉어 봐"라고 말하고 만두 끄트머리를 잡는다. 아들이 먹는 거니까 손에 기름을 묻혀 가며 만두를 받아 내는데 녀석이 흘깃 원망스러운 눈빛으로 쳐다본다. 엄마가 "아들, 왜?"라고 물으니 "아빠가 입술을 잡으려고 하잖아!"라고 받는다. 문득 '물에 빠진 놈 건져 놓으니까 내 봇짐 내라 한다'라는 속담이 생각난다. 아빠 마음도 몰라주고 억울하다 억울해!! 너도 나중에 아빠가 되어보면 알 거야!!

바다는 오래 머물다 갔고
바다에 잠시 머물다 왔다

바다를 보고 싶었다. 파도를 보고 싶었다. 파도소리를 듣고 싶었다. 계획에 없던 길을 나섰다. 마치 오래전부터 준비한 것처럼 그 바다에, 그 파도에, 그 파도소리에 닿을 수 있는 곳으로. 아내와 아이와 경북 울진을 다녀왔다. 영덕을 지나며 잠시 바다를 보았고, 파도가 보고 싶고, 파도소리가 듣고 싶어 다시 울진으로 향했다. 눈앞에 펼쳐진 바다와 파도, 귓가에 울리는 파도소리를 기억 속 깊은 곳에 담아두고 싶었다. 눈으로 오래 본 것을, 사진으로 한 번 더 기록하고, 영상으로 다시 한 번 녹음했다. 언제나 아쉬움이 가득했기에 이번에는 하루를 더 함께 하기로 했다. 오래지 않아 아내는 바다와 파도가 보이고, 파도소리가 들리는 곳을 찾았다. 창 밖의 바다를, 파도를, 파도소리를 곁에 두고 싶었다. 숙소의 창을 활짝 열어두고 오래 보고 오래 들었다. 아내와 아이와 나란히 바닥에 누웠고 창에 머무는 바람과 창 안으로 스민 바다를, 파도를, 파도소리를 느꼈다. 이번 여름은 이렇게 끝나가지만 이걸로 됐다. 바다는, 파도는, 파도소리는 오래 머물다 갔고, 바다에, 파도에, 파도소리에 잠시 머물다 왔다.

세 번째 계절

아가가 많이 컸어

아내는 항상 '아가'라고 불렀다. 아이는 항상 '아기 껀대'라고 말했다. 그렇게 항상 아가라고 부르고 아기라고 말하는 모습을 곁에서 지켜봤다. 그 소리가 듣기 좋았다. 녀석의 외할아버지도 그랬다. "그래, 아기 꺼다. 아기 꺼. 니 꺼 맞다. 니 꺼 맞어. 다 니 꺼 맞다." 그렇게 말하는 외할아버지는 웃음이 떠나질 않았다. 그 모습이 보기 좋았다. 언제까지나 마냥 아가라고 불릴 줄 알았던 아이가 엄마 무릎을 베고 누웠다. 거실에서 한참을 혼자 놀다가 자연스레 엄마에게 다가섰다. 졸린 듯 졸리지 않은 듯 반쯤은 웃는 듯 또 반쯤은 진지한 듯 이래저래 다양한 표정이었다. 아내가 말했다. "우리 아가가 많이 컸어. 이제 다리도 늘씬하고 허리도 길쭉하고 얼굴은 또 얼마나 잘 생겼는지. 다 컸네. 다 컸어." 아이가 답했다. "엄마, 나 이제 다 컸지. 그치? 근데 앞으로 더 많이 클 거야." 몇 번을 들어도 기분 좋은 말들을 엄마가 말했고 아이가 답했다. 아이를 아가라고 불렀던 그 많은 순간들, 그 많은 기억들. 이제 다시 그렇게 부를 일이 없어 문득 그때가 생각났다. 아가. 아가. 아가. 참 몽글한 말.

땀의 역할

녀석이 묻는다. "엄마, 땀의 역할이 뭔지 알아?" 엄마는 답한다. "노폐물을 배출하는 것, 그리고 몸의 체온을 조절하는 것이지." 녀석이 더한다. "아냐. 내가 좀 더 정확히 알려줄게. 땀의 역할은 첫째, 찌꺼기를 밖으로 보냈다는 거야. 그리고 둘째, 씩씩하게 잘 놀았다는 거야." 그러더니 씩 웃으며 다시 보탠다. "엄마, 이건 엄마가 전에 나한테 얘기해준 거야!" 글자를 읽고 책을 보기 시작하면서 녀석은 알고 싶은 것도 알려주고 싶은 것도 많다. 엄마와 아빠가 대화를 하고 있으면 쪼르륵 달려와 "아빠, 그런데 무궁화가 뭔지 알아?"라고 묻는다. "무궁화는 우리나라를 상징하는 꽃인데 사실 자세하게는 잘 모르겠네. 아빠한테 설명해 줄래?"라고 답하면 "응, 알았어. 무궁화는 말이지..."라며 책에서 본 것을 한참 얘기한다. 그러다 또 "아빠, 그럼 태극기는 뭔지 알아?"라고 다시 묻는다. "태극기는 우리나라 국기로..."라고 좀 더 자세히 답해본다. 그랬더니 녀석은 "아빠도 많이 알고 있네. 그래도 내가 더 알려 줄게"라고 말하고 꽤 오래 설명한다. 그렇게 또 조금 더 알아가고, 그렇게 또 조금 더 성장한다.

애독자 엽서

서재에서 책을 읽고 있는데 녀석이 "아빠, '꼭 다루었으면'이 무슨 말이야?"라고 묻는다. 물음에 답을 하고 "아들, 지금 뭐 하는데?"라고 더한 후 곁으로 간다. 녀석은 '애독자 엽서'를 쓰고 있다. 주어진 질문을 하나씩 꼼꼼히 읽고 골똘히 자신의 생각을 정리 중이다. 물음 1. '정글에서 살아남기'는 어디에서 구입했나요? 답 1. 얼라딘(알라딘 중고서점). 물음 2. '살아남기' 시리즈 중에서 가장 재미있던 책은? 답 2. 곤충세계(곤충세계). 물음 3. '정글에서 살아남기'에서 꼭 다루었으면 하는 곤충은? 답 3. 바퀴벌레. 물음 4. '살아남기' 시리즈로 꼭 보고 싶은 소재는? 답 4. 절지동물. 물음 5. 현재 소장하고 있는 '살아남기' 시리즈는? 답 5. 많이(너무 많아 다 쓸 수 없다며). 녀석은 물음에 충실하게 최선을 다해 또박또박 자신의 생각을 모두 옮긴다. 뿌듯한 마음으로 응모기간을 함께 확인하는데 세상 황당하게도 '2011년 9월 5일부터 10월 14일까지'라고 쓰여 있다. 거기에 '절호의 기회를 놓치지 마세요'라는 친절한 설명까지. 2011년이면 녀석이 태어나지도 않았을 때다. 이럴 땐 그냥 웃는다. 하하! 하하하!!

무지개 꽃이 피었습니다

　일찌감치 저녁을 먹고 모두 함께 놀기로 한다. "아들, 오늘은 무슨 놀이할 거야?"라고 물으니 녀석은 "응, 오늘은 엄마랑 아빠랑 '무궁화 꽃이 피었습니다' 놀이할 거야"라고 답한다. 술래는 가위 바위 보로 결정하기로 하지만 어쩌다 보니 공평하게 한 번씩 돌아가며 한다. 녀석이 술래를 할 때 아내가 막 달려가다 멈칫한다. "아들, 엄마 움직였으니까 엄마가 술래야!"라고 말하지만 녀석은 "아니야. 엄마는 봐줄거야!"라고 받는다. "아들, 놀이에서 그런 게 어딨어!"라고 더 하지만 녀석은 "응, 엄마는 특별하니까!"라고 답한다. 그러다 느닷없이 녀석이 "무지개 꽃이 피었습니다"라고 말한다. "아들, 무궁화 꽃이라고 해야지"라고 받으니 "응, '무지개 꽃이 피었습니다'라고 얘기하면 '빨·주·노·초·파·남·보'라고 얘기하면서 뒤로 일곱 번 가는 거야"라고 답한다. 처음 들어 보는 놀이 방법인데 몇 번 해보니 나름 재미있다. 다가서려 하면 다시 돌아가야 하는 놀이 방법. 그렇게 어제, 오늘 집 안에서 즐겁게 놀았다. 무궁화 꽃에 무지개 꽃이 더해지니 그것 참 기발하다. 덕분에 신나고, 유쾌한 시간이었다.

세 번째 계절

도전장

아이가 한글을 쓰면서부터 조금 서툴지만 '사랑해요', '고마워요'라는 말들이 써진 글들을 전할 때면 세상 뿌듯하다. 거기에 아빠 비슷하게 생긴 사람까지 보태지면 뿌듯함은 몇 배 커진다. 그랬던 녀석이 킥킥거리며 책상에서 무엇인가 열심히 쓰더니 뜬금없이 '도전장'을 전한다. 도전장에는 '오늘 로봇 시합이 있다. 대결을 해야 한다. 아이 AAA VS 아빠 BBB'라고 쓰여 있다. 그렇게 녀석과 각자 로봇으로 변신해 대결을 펼친다. 녀석이 청소 로봇을 하면 축구 로봇을 하고, 자르기 로봇을 하면 전투 로봇을 한다. 로봇별 특성에 맞는 공격과 수비를 펼치면 된다. 나름 최선을 다해 공격했더니 녀석이 "엄마, 아빠한테 계속 져"라고 말한다. 그 말에 엄마는 "아들, 훈련하고 대결해야지"라고 답한다. 녀석은 그제야 이유를 알겠다는 듯 <스포츠 과학>이라는 책을 펼쳐 두고 축구, 야구, 던지기, 높이뛰기 등을 연습한다. 덕분에 거실 소파에서 잠시 휴식을 취하는데 녀석이 땀을 뻘뻘 흘리며 다시 도전장을 건넨다. 그 모습을 보니 아빠도 무엇인가 도전할 거리를 찾아 노력하고 연습해야겠다. 삶이 좀 느슨해졌다.

선물-더치커피(Dutch coffee)

예전에는 가끔씩 선물을 했다. 주변 사람들에게 고맙고, 감사한 마음을 담아 간단하지만 의미 있는 것들을 전했다. 누구에게, 어떤 선물을, 언제, 어떻게 줄지를 고민하는 과정은 약간의 부담이 따르는 일이지만 그 나름의 즐거움이 있었다. 아내가 "OO언니가 홈카페를 시작했어"라고 말했다. "커피를 파는 거야?"라고 물으니 "더치커피(Dutch coffee). 한 병 내리려면 10시간 정도 걸리는데 원액에 취향대로 물을 희석해서 마시는 커피야. 커피 좋아하는 사람들 중에 그것만 마시는 사람들도 있어"라고 답했다. 그 말에 커피를 전혀 마시지 않는 사람이지만 어떤 의미인지 어떤 맛인지 어렴풋이 짐작할 수 있었다. 아내의 "언니가 신경 많이 써서 만든 거니까 주변에 선물해도 될 것 같아"라는 말에 "응, 그럼 좋겠네"라고 받았다. 누구에게 선물하면 좋을까 곰곰이 생각해보니 항상 떠오르는 사람들은 정해져 있었다. 그 사람들에게 모두 선물할 수는 없으니 먼저 제주도의 친구 AAA, 강원도 동해의 BBB 형, 경상북도 영주의 CCC 선생님에게 선물하기로 했다. 문득 그들의 따뜻한 관심과 넉넉한 배려가 생각났다.

세 번째 계절

9월

빠른 비

창밖을 보니 갑자기 세차게 쏟아지는 소나기다. 천둥도 번개도 강풍도 없지만 그 기세가 만만치 않다. 시원스레 들이퍼붓는 비를 보니 마음에 먼지가 씻기는 듯 개운하다. 그렇게 한동안 눈높이의 하늘과 눈 위의 하늘과 눈 아래의 하늘을 한 번씩 바라보고 있는데 녀석이 말한다. "아빠, 나는 빠른 비가 좋아. 왜냐면 저런 비는 며칠만 오거든. 계속 안 오니까 좋아. 그러면 놀기도 좋거든." 그 얘기에 "그래, 아빠도 비가 계속 오는 거 싫어. 비가 계속 오면 바깥에서 활동하기도 불편하고 습기가 너무 많아서 기분도 별로야"라고 답한다. 그러다 곰곰 생각해보니 녀석의 '빠른 비'라는 표현이 참 재미있다. 아마 녀석도 '소나기'라는 표현 정도는 알 텐데 '빠른 비'라니. 문득 학창시절 배웠던 시골 농부의 '소 내기 이야기'가 생각나 피식 웃음이 나기도 한다. 녀석의 방식이라면 '비'를 가운데 두고 '느린 비'와 '빠른 비' 세 가지로 구분해도 될 것 같고, '비'와 '빠른 비'로 두 가지로 구분해도 괜찮을 것 같다. 녀석 덕분에 잠깐 보려던 빠른 비, 조금 더 본다. 진짜 빠르긴 빠르다. 그러니 빠른 비 맞다.

세 번째 계절

바다가 그렇다

　　가끔 그럴 때가 있다. 아무런 이유 없이 무엇인가 간절할 때. 바다가 그렇다. 올 한 해 코로나19 때문인지 마음 한편이 조금은 답답하다. 아니 어쩌면 먹먹하다. 언제쯤 끝날지 알 수 없는 무엇인가가 길을 꽉 막고 있는 것 같은 느낌. 그렇게 코로나19와 함께 하는 일상은, 특히나 어린아이가 곁에 있는 부모의 마음은 불편하고, 불안하다. 그런 마음을 아주 잠깐 달래주고 싶을 때 이리 기웃, 저리 기웃할 필요 없이 바다로 간다. 그저 시원한 바다 한 모금이면 충분하다. 그 한 모금 안에 바다가 가득하고, 그 한 모금 안에 하늘이 가득하다. 바다를 향해 마주 서면 귀에는 파도 소리가 전해지고, 눈에는 하늘과 바다가 함께하고, 온몸은 바람이 일깨운다. 아내와 녀석과 이름 모를 바닷가를 한 번, 다시 또 이름 없는 방파제를 한 번 걸어 본다. 그러다 녀석이 바람을 안으며 제 힘껏 달린다. "아빠, 내가 '준비~ 땅~'하면 출발하는 거야!" 작은 등대로 가는 길, 오랜만에 녀석과 달리기 시합이다. 빨리 걷기도 그러다 천천히 달리기도 한다. 조만간 다시 또 와야겠다. 그때도 시원한 바다 한 모금 있겠다.

장수풍뎅이, 짝을 구했다

아내와 이런저런 얘기를 한참 나누고 있는데 녀석이 "아빠, 그런데 마트에 이쁜이(몇 주 전에 구입한 암컷 장수풍뎅이) 먹이 사러 가야 해"라고 말했다. 그러고 보니 20개 이상이던 풍뎅이의 젤리 먹이가 3개 정도 남았다. 아침까지 기억하고 있었는데 깜빡했다. 항상 녀석에게 "아들, 이쁜이는 책임지고 잘 키우는 거야. 먹이도 잘 챙겨주고, 발효 톱밥도 잘 바꿔주고, 동생이다 생각하고 잘 돌봐줘야 해"라고 강조했다. 그랬더니 녀석은 아침에 일어나서 한 번, 어린이집에 가기 전 다시 한 번, 어린이집에 다녀와서 한 번, 중간중간 여러 번, 잠자기 전에 마지막 한 번 풍뎅이를 꼼꼼히 살폈다. 활발하게 움직이는지, 먹이는 잘 먹는지 두루두루 잘 챙겼다. 며칠 전 녀석은 할머니에게 이쁜이를 자랑했고 할머니는 "곤충도 혼자 있으면 외로워. 둘이 있어야지"라고 답했다. 잊고 지냈는데 어쩌다 보니 이쁜이의 먹이를 사러 간 마트에서 할머니의 말처럼 멋찐이(수컷 장수풍뎅이)라는 짝을 구했다. 물론 녀석은 엄청 신났고, 두 마리의 장수풍뎅이를 정성껏 돌보기로 다시 한 번 약속했다. 암컷 이쁜이와 수컷 멋찐이.

세 번째 계절

슬금슬금 파리 한 마리

　　점심시간, 책을 몇 장이나 읽었을까 싶은데 나른하니 스멀스멀 잠이 온다. 다시 정신을 차리고 책을 잡아보지만 책상을 슬금슬금 거니는 파리 한 마리가 눈에 들어온다. '곧 가겠지'라고 생각하며 다시 책에 집중하려는데 녀석은 이리저리 주변을 맴돌며 조금씩 거리를 좁혀온다. 손으로 허공을 휘이휘이 저으니 그제야 휑 날아간다. 정신을 차리고 책을 읽으려는데 얼마 지나지 않아 다시 또 슬금슬금 다가온다. 생김새로 보니 같은 놈이다. 이번에는 좀 더 강하게 책상을 '쿵쿵' 두드려 본다. 더 이상 오지 말라는 마지막 신호다. 겁을 먹은 듯 떠나는가 싶더니 잠시 후 책상 가장자리에 보란 듯이 앉는다. 이미 마음은 책을 떠나 녀석에게 있다. 그렇게 몇 차례 실랑이를 벌이다 문득 '정작 녀석은 나를 신경이나 쓰고 있을까? 녀석은 자신에게 필요한 조금의 공간만 있으면 되는 것 같은데 나도 신경 쓰지 말고 내게 필요한 책을 읽으면 되는 거 아냐'라는 생각이 든다. 그러다 뜬금없이 '아빠, 나랑 놀아 줘.' '아빠랑 놀고 싶은데.' '혼자 놀면 심심해'라고 말하던 아들이 생각나 그저 웃음만 난다.

비가 조금 내리는 날, 참 좋다

　대충 어딘지 알지만 약간 낯설고 새롭다. 목적지를 검색해 따르는 길은 오랜만이다. 특히나 '카페'를 갈 일은 정말 흔하지 않다. 별다른 이유 없이 '커피'를 마시지 않기 때문이다. 그런 까닭에 커피를 좋아하는 아내는 항상 혼자서 카페에 들린다. 사실 그곳에 커피만 있는 것은 아니니 나란히 함께 갈 수도 있지만 '그 밖의 음료'조차 마시고 싶은 생각이 들지 않는다. 그냥 그렇다는 얘기다. 녀석도 아직은 엄마보다는 아빠와 취향이 비슷하다. 어디 먼 여행을 떠나는 것처럼 아내가 알려 준 카페로 출발한다. 도심에 있지만 제주에 온 듯한 느낌이다. 달달한 녹차라떼 한 잔과 더 달달한 케이크 한 조각을 주문한다. 널찍한 의자에 앉아 녀석은 준비해 온 스케치북을 펼치고 제 맘껏 그림을 그린다. 적당히 어울리는 몇 곡의 노래가 흘러나온다. 낯익은 것도 그렇지 않은 것도 있지만 둘 다 좋다. 얼마나 지났을까. 커다란 창밖으로 불빛이 반짝인다. 달 같기도 별 같기도 하다. 꽤 오랜 시간동안 조금은 책을 읽고 조금은 아내와 얘기하고 조금은 녀석을 바라본다. 그렇게 비가 조금 내리는 날, 참 좋다.

세 번째 계절

믿고 보는 배우, 믿고 보는 아이

　　모처럼 휴가에 모처럼 영화를 봤다. 녀석을 어린이집에 데려다주고 무엇을 볼까 고민도 없이 가장 빠른 시간에 하는 것으로 선택했다. 어젯밤 확인해보니 황정민, 이정재 주연의 <다만 악에서 구하소서>라는 영화였다. 영화평도 나쁘지 않았다. 아니 오히려 칭찬 일색이었다. 무엇보다 황정민, 이정재라면 '믿고 보는 배우'였다. 황정민만 나와도 볼 텐데, 이정재만 나와도 볼 텐데, 믿고 보는 배우가 둘이나 나온다면 재미있지 않을 이유가 없었다. 역시나 예상처럼 첫 장면부터 마지막 장면까지 다 좋았다. 영화관에 온 것이 즐거웠지만, 좋아하는 액션 영화를 본 것이 흐뭇했지만, 다른 것 다 떠나서 영화 그 자체가 좋았다. 지금까지 황정민이 나온 영화중에 후회한 선택은 없었다. 최근 들어 이정재가 나온 영화중에 아쉬운 선택은 없었다. 이번 영화를 통해 앞으로는 박정민이 나온 영화도 후회하거나 아쉬움이 남지 않을 것이라는 생각이 더해졌다. 이미 믿고 보는 배우와 앞으로 믿고 봐도 될 배우. 녀석은 주변 사람들에게 '믿고 보는 아이'가 될 수 있을까? 아빠는 답한다. 너는, '믿고 봐도 될 아이'라고.

고추장 한 단지

"오늘 저녁은 비빔밥 해서 먹을 거야"라는 아내의 말에 "응, 좋아. 그런데 뜬금없이 웬 비빔밥?"이라 묻는다. 아내는 "아들! 아빠한테 선물 보여 줘. 그래야 아빠가 알지"라고 보탠다. 거실에서 곤충 놀이를 하던 녀석이 고추장 한 단지를 들고 쪼르륵 달려와 "아빠, 이거 내가 어린이집에서 만든 거야. 선생님이랑 열심히 만들었어"라고 말한다. "응, 잘 했어. 아빠가 열어보니 색도 정말 예쁘고 냄새도 너무 좋아서 진짜 맛있을 것 같아"라고 받는데 그 말을 옆에서 듣고 있던 아내가 "선생님 얘기로는 아빠가 좋아하는 거라고 진짜 열심히 만들었대"라고 더한다. 고추장을 참 좋아했다. 시골에서 자라서 그런지, 그렇지 않으면 그저 그냥 좋아하는지 큰 그릇에 이런저런 반찬을 잔뜩 넣고 고추장 한 숟가락 보태 쓰~윽 비비면 임금님 밥상 부럽지 않았다. 생각해보니 녀석이 태어나고부터 밥상이 조금은 담백해졌다. 가능하면 녀석이 포함된 온 가족이 다 함께 먹을 수 있는 것으로. 녀석 덕분에 당분간은 저녁밥상에 고추장 한 숟가락 더해지겠다. 아들! 고추장 한 단지 정말 고맙다! 진짜 잘 먹을게!

세 번째 계절

여름휴가

"안 가요?"라고 묻는다. "아직이요. 쫌 지나서요"라고 답한다. "왜 안 가요? 아이도 있지 않아요? 아이가 좋아할 텐데"라고 다시 묻는다. "볕을 좋아하지 않아서요"라고 애매하게 답한다. 상대방 표정을 보니 조금 더 설명이 필요한 것 같다. "아이도 더위를 많이 타서요. 우리 가족은 여름휴가를 가지 않아요. 휴가를 가더라도 여름이 끝나갈 때쯤, 대부분은 가을에 잠시 다녀와요"라고 더한다. 학생 때도 그랬고 결혼 전에도 그랬고 녀석이 태어나기 전에도 그랬고 지금도 그렇다. 그러니까 쭉 그랬다. 여름에는 가급적 움직이지 않는다. 사람들로 북적이는 것도 좋아하지 않지만 바다에서 볕과 마주하는 것은 더 싫다. 그러다 보니 자연스럽게 여름에는 조용히 책을 읽거나 이리저리 어슬렁어슬렁 슬금슬금 시간을 보낸다. 그렇게 여름이 끝나갈 때쯤 휴가를 고민한다. 어디로 갈까, 무엇을 할까 녀석에게 물어본다. "아들, 아빠랑 엄마랑 어디 가고 싶은 데 있어? 아니면 뭐 하고 싶은 거 있어?" 녀석이 "왜?"라고 받으니 "우리도 여름휴가 가야지!"라고 더한다.

기차여행 6 : 몇 가지 생각이 더해졌다

지난 육아휴직 때 녀석과 무더운 나라, 베트남과 라오스로 짧은 여행을 다녀오면서 몇 가지 생각했다. 다음번에 다시 무더운 나라로 여행을 간다면 전자모기향은 꼭 챙겨 가면 좋겠다는 생각과 녀석이 우리말이 아닌 외국어가 나오는 만화도 별다른 거부감 없이 잘 본다는 생각이 그것이었다. 그리고 이번에 더 짧은 기차여행을 다녀오면서 몇 가지 생각이 더해졌다. 다음번에 다시 대중교통을 이용한 여행을 한다면 밥 먹을 시간은 반드시 확보해야겠다는 생각과 녀석이 집이 아닌 곳에서 평소에 일어나는 것보다 더 일찍 일어날 수 있다는 것, 그래서 하루가 많이 길어질 수 있으니 좀 더 꼼꼼하게 준비해야겠다는 생각이 그것이다. 그렇게 언제나처럼 이런저런 경험들이 추가될 때마다 자연스레 몇 가지 생각들도 더해진다. '부족하면 부족한 대로', '아쉬우면 아쉬운 대로', '불편하면 불편한 대로'라고 쉽게 말하지만 어쩔 수 없이 부족한 건 아쉽고, 아쉬운 건 불편했다. 여행뿐만 아니라 삶이 그랬다. 그럼에도 다시 또 생각한다. 부족한, 아쉬운, 불편한 여행도 그리고 삶도 나름 괜찮다고. 괜찮을 수 있다고.

세 번째 계절

기차여행 5 : 좋은 기억으로 남았으면 좋겠다

녀석은 볼펜을 꼭 쥐고 삐뚤빼뚤 아직은 서툴지만 한 자 한자 꼼꼼히 썼다. 그러더니 자기가 자는 곳에 방 표시 하나, 비밀번호 하나, 하트 그림 하나 이렇게 세 장의 종이를 붙였다. 녀석은 신났다. 그러다 또 엄마가 불러 준 할머니 이름을 한 글자씩 또박또박 써서 할머니 가슴에 붙여줬다. "할머니! 사랑해요!"라는 말과 함께. 녀석의 할머니는 꽤 오랜 시간 명찰처럼 가슴 한쪽에 종이를 꼭 붙이고 다녔다. 할머니는 흐뭇했다. 저녁에는 고기를 구워 먹었고 불판에 고기가 지글지글 익어 갈 때쯤 녀석의 할아버지는 모두 모여서 건배를 하자고 말했다. 그리고 "자! 우리 모두의 건강을 위하여!"라고 외쳤다. 할아버지는 즐거웠다. 그렇게 별일 없는 소소한 이틀을 보내고 집으로 돌아왔다. 다시 버스도, 다시 기차도 많이 탔고 또다시 많은 일들이 있었다. 이번 여행 동안 녀석은 자신의 가방 하나는 열심히 챙겼다. 차를 탈 때나 내릴 때나 항상 '내 가방'을 찾았고 그 모습이 보기 좋았다. 정말 더웠지만 그래서 쉽지 않았지만 이번 여행이 녀석에게 좋은 기억으로 남았으면 좋겠다. 그렇게 기차여행은 끝났다.

기차여행 4 : 주인공은 따로 있었다

　　다행히 김천역에 이내 도착했고 바로 영주역으로 가는 기차를 갈아탔다. 다시 시작된 2시간의 기차여행. 더 시골로 가는 기차라 더 조용했고 더 한적했다. 다시 또 책을 펼쳐봤지만 이내 책을 덮었고 별다른 풍경도 없는 창밖만 바라봤다. 중학생 때 처음으로 기차를 타고 청량리역으로 갔던 일이 떠올랐고 이런저런 생각들이 머물렀다. 꽤나 많은 역들을 지나고서야 영주역 도착을 알리는 안내방송이 나왔고 아내가 자리를 비운 사이 녀석과 나란히 앉았다. 녀석이 엄마의 핸드백을 꼭 쥐고 있기에 "아들, 아직 시간 조금 남았어. 좀 있다 준비해도 돼"라고 말하니 녀석은 "엄마가 화장실 다녀온다고 그랬어. 그래서 내가 엄마 꺼 꼭 지키고 있는 거야"라고 답했다. '녀석, 이제 다 컸구나'라고 생각하는데 아내가 돌아왔다. 영주역 앞에서 늦은 저녁을 간단히 먹고 마중 나온 녀석의 큰고모, 작은고모와 함께 시골집으로 향했다. 작은고모는 녀석에게 "'할아버지! 할머니! 저 왔어요!'라고 하면 돼. 너만 기다리고 계시니까!"라고 말했다. 그랬다. 어쩌면 아들보다 손자였다. 어딜 가나 주인공은 따로 있었다.

세 번째 계절

기차여행 3 : 그 또한 욕심이었다

　　　　기차 시간을 생각하면 여유가 없었다. 아내와 아이는 대전역으로 가고 혼자 서둘러 서점에 다녀와야 할까? 이번에는 그냥 책 없이 지내볼까? 이런저런 생각이 스쳤지만 딱히 마땅한 선택지는 없었다. "어쩔 수 없지 뭐. 무리하지 말자"라는 아내의 말에 "그래, 어찌어찌 되겠지"라고 답하며 버스에서 내렸다. 그때 건널목 맞은편에 중고서점이 보였고 마침 잠에서 깬 녀석과 하루에 한 권씩 3권의 책을 골랐다. 가벼운 마음으로 김천역까지 가는 기차를 탔고 아내와 아이가 함께 하고 창가 자리에 혼자 앉았다. '1시간 정도 거리니 책 한 권 보면 딱이겠구나'라는 마음으로 기분 좋게 책을 펼쳤는데 덩치가 어마어마한 여성분이 땀을 흘리며 커다란 음료와 다양한 먹거리를 손에 들고 작지 않은 목소리로 전화통화를 하며 두리번거리고 있었다. 예상대로 그녀는 옆자리에 앉아 1시간 내내 통화를 하며 중간중간 음료를 마시고 또 중간중간 만두를 먹었다. 이번 여행에 딱히 욕심을 낸 것도 아니었는데 그저 책 한 권 여유롭게 읽을 수 있을 것이라 생각했는데 그 또한 욕심이었다. 잠시 눈을 감았다.

기차여행 2 : 생각처럼 되지는 않았다

먼저 여행에 필요한 물건들을 챙겨야 했다. 자동차로 가는 여행이라면 이것저것 잔뜩 가져가면 되지만 이번에는 그렇지 않기에 아내와 아들에게 "각자 '진짜' 필요한 것만 가방 하나에 넣어가는 거야"라고 말했다. 그렇게 얘기하고 가방에 속옷, 양말, 잠옷, 치약·칫솔, 면도기, 모자 정도만 넣었고 혹시나 하는 마음에 책도 몇 권 챙겼다. 아내의 가방은 역시나 한가득이었다. 아마도 녀석에게 필요한 것들이 대부분이겠지만. 녀석의 작은 가방도 곤충 장난감으로 가득 채워졌다. 그렇게 가방 하나씩 둘러메고 호기롭게 집을 나섰지만 '역시 덥구나'라는 첫 생각만 머리에 가득했다. 아내와는 지난 육아휴직 때 경험했던 베트남과 라오스의 무더위를 생각하며 다녀오자고 말했다. 10여 분을 걷고 다시 10여 분을 더 기다려 대전역으로 가는 버스를 탔고 녀석은 10여 분도 지나지 않아 잠들었다. 그러다 생각해보니 녀석의 책을 한 권도 가져오지 않았다. 녀석의 할아버지·할머니 집에는 놀만한 것이 거의 없는데... 책을 읽지 않으면 잠을 자지 않을 텐데... 처음부터 생각처럼 되지는 않았다. 머리가 바빠졌다.

세 번째 계절

기차여행 1 : 무모한 여행은 시작되었다

지금부터 2박 3일 동안의 기차여행 이야기를 옮겨보겠다. 녀석과 함께 짧은 기차여행(동해역에서 정동진역, 대전역에서 오송역)은 몇 번 했지만 그때마다 아쉬운 마음에 제법 먼 여행을 다짐했다. 그렇게 생각만 하고 있었는데 아내가 "영주(녀석의 할아버지·할머니가 계신 곳)에 기차 타고 한 번 가자"라고 말했다. 며칠 전에도 얘기했었지만 "힘들 거야"라고 짧게 답했다. 대전역에서 영주역까지 한 번에 가는 기차도 없고, 대전역에서 김천역까지 가서 열차를 바꾸어 타고 다시 영주역까지 가야 했기 때문이다. 집에서 대전역까지 버스로 1시간, 대전역에서 김천역까지 기차로 1시간, 김천역에서 영주역까지 다시 기차로 2시간, 영주역에서 집까지 녀석의 작은고모 차로 20분, 만만치 않은 거리였다. 특히 여행을 계획한 8월 15일부터 17일까지는 이번 여름 최고의 폭염이 예정되어 있었다. 그런데 문득 한번쯤은 엉뚱하고 싶었다. 차로 2시간이면 편안하게 갈 거리를, 내리쬐는 햇볕을 맞으며 걷고-버스타고-기차타고-다시 기차타고-차타고 5시간을 가보는 것으로. 그렇게 무모한 여행은 시작되었다.

이 정도면 참을 수 있어

저녁은 떡볶이를 먹기로 한다. "간단하게 먹자"라는 말은 하지만 그리 '간단'할 것 같지는 않다. 언제나처럼 이런 저런 야채가 잔뜩 들어 있고, 어묵은 냄비에서 넘쳐흐를 것 같고, 빠지면 허전한 라면도 하나 들어 있다. '이게 다야?'라는 마음으로 먹다 보면 중간중간 달걀도 있고, 만두도 보인다. 아직은 매운 음식을 잘 먹지 못하는 녀석에게 "라면 좀 줄까?"라고 물으니 "응, 조금만 줘"라고 답한다. 그릇 두 개에 물을 담아 매운 기운을 순서대로 씻어 내고 "아들, 먹을만해?"라고 다시 물으니 "이 정도면 참을 수 있어. 매운데 냠냠 씹을 정도야"라고 받는다. 그러더니 "아빠, 나 조금 더 줘"라고 말하고 "내가 어린이집에서 비빔밥 먹을 때는 고추장도 비벼 먹어 봤어"라고 더한다. 아내가 "우리 아들 다 컸네. 매운 것도 잘 먹고"라고 말하니 "응, 엄마. 라면 맛있다. 그치"라고 답한다. 매운 라면 앞에 의기양양해 하는 녀석을 보니 살다 보면 '이 정도면 참을 수 있어'라고 말할 순간들이 있겠다는, 그때도 '이까짓 것 잘 해낼 수 있어'라고 말하며 잘 이겨내면 좋겠다는 생각이 든다. 달랑 떡볶이와 겨우 라면 앞에.

세 번째 계절

숫자 '5'가 알려준 것

　　녀석이 "아빠, 우리 물놀이하고 그림책 만들자"라고 말한다. 그동안 몇 차례 녀석의 책 만들기를 경험한 적이 있으니 가볍게 "응, 그래"라고 답한다. 녀석은 색종이를 열 장 정도 가져와서는 "아빠, 여기에 내가 그림을 그릴 테니까 아빠는 내가 모르는 글자 있으면 써 주면 돼"라고 더한다. 녀석은 첫 장에 자신이 생각해 둔 책의 제목을 쓴다. 그런 다음 아래에는 숫자 '1'을 쓰고 색종이를 뒤집는다. 중간쯤에 선을 두 줄 그리고 위아래 칸에 그림을 그리더니 "아빠, 여기에 내가 말하는 거 말풍선해서 써 주면 돼"라고 보탠다. 그렇게 녀석의 주문에 따라 맞춤형으로 글자를 쓰고 중간중간 그림도 구경한다. 다섯 장 정도 그림책이 만들어져 갈 때쯤 녀석에게 "아들, 그런데 숫자 '5'를 반대로 쓴 것 같은데"라고 말하고 "아빠가 제대로 알려 줄게"라고 더하며 숫자 '5'를 똑바로 쓰려는데 이미 녀석의 표정이 좋지 않다. 녀석은 "아빠가 내 그림책을 망치고 있잖아. 이건 내 꺼라고. 내 꺼라니깐"이라며 울먹인다. 순간 '아차 실수했구나'라고 생각한다. 녀석은 지금 자신만의 작품을 만들고 있는 중이다.

장수풍뎅이가 돌아왔다

이런 걸 기적이라 해야겠다. 며칠 전 사라진 장수풍뎅이가 돌아왔다. 혹시나 하는 마음에 풍뎅이의 집은 뚜껑을 닫지 않고 열어두었다. '돌아올 수도 있어'라는 허황된 생각에. 그렇게 하루 정도 기다렸지만 별다른 소식이 없기에 '어디 잘 갔겠지'라고 생각하며 안도했다. 풍뎅이가 사라졌을 때만 해도 아이가 엉엉 울면서 풍뎅이를 찾아야 한다고 떼를 쓰면 어쩌나 걱정했다. 다행히도 아이는 동화책을 통해 풍뎅이는 자연으로 돌아가야 한다는 것을 이미 알고 있었다. 그렇게 머릿속에서 잊힐 때쯤 늦은 밤 서재에서 책을 읽고 있는데 순간 '쓰윽~', '쓰윽~'거리는 소리가 들였다. '혹시 풍뎅이가?'라는 마음으로 서둘러 책 더미를 보니 그 가운데를 풍뎅이가 기어가고 있었다. 정말 깜짝 놀랐다. 재빨리 옷장에서 양말 하나를 꺼내 풍뎅이를 덮쳤다. 발버둥 치는 풍뎅이를 제 집에 넣어주며 그 곁에 잔뜩 쌓인 젤리(풍뎅이의 먹이)를 보니 조금 뿌듯하기도 했다. 그런데 탈출은 어떻게 했는지, 며칠간 어디에 있었는지, 뜬금없이 왜 서재에 나타난 것인지 궁금한 것 투성이다. 풍뎅아!! 말 좀 해다오!! 제발!!

세 번째 계절

어린이집 물놀이-바람을 분다

알림장으로 다양한 준비물이 안내되었다. 물놀이 용품이라는 이름 아래 수영복, 모자, 수건, 물총 등. 녀석의 어린이집에서 물놀이를 한다. 직장 어린이집이니 이래저래 물놀이를 가지 못한 아이들을 위한 것일 수도 있고, 그렇지 않으면 아이들이 여름에 가장 좋아하는 것이 물놀이니까 그럴 수도 있겠다. 그 어떤 이유가 되었건 녀석은 이미 신났다. 엄마는 준비물을 챙기느라 바쁘지만. 슬쩍 살펴보니 어린이집에 가져갈 것은 아니지만 커다란 비치볼이 보인다. 녀석이 "아빠, 이게 뭐야?"라고 묻기에 "기억 안 나? 작년에 아빠랑 엄마랑 물놀이 가서 놀았잖아"라고 답한다. 녀석은 그제야 기억난 듯 "아빠, 나 이거 크게 만들어줘!"라고 받는다. "응, 알았어"라고 답하고 공기를 넣어본다. 몇 번에 나누어 '후~후~' 바람을 불어보는데 곁에서 지켜보던 녀석이 "아빠, 기대기대기대돼!"라고 더한다. 그 말에 신이 난 듯 숨이 끊어질 듯 마저 불어본다. "와! 아빠! 진짜 커졌다! 아빠! 최고!"라고 말하며 두 손으로 비치볼을 꼭 안는 녀석. 아이의 이 말, 아이의 이 모습을 보려고 있는 힘껏 불었다. '후~~ 후~~ 후~~'

11줄

아이와의 일상을 글로 옮겼다. 처음에는 5줄로 쓰다가 어느 날은 7줄로 써 보기도 했다. 그러다 어떤 날은 10줄, 또 다른 날은 20줄 이상의 긴 글이 되었다. 그렇게 하루의 감정을 꾹꾹 눌러 담았다. 아이가 기분이 좋은 날은 덩달아 기분이 좋아져 30줄, 40줄이 되기도 했고, 아이가 이래저래 몸도 마음도 불편한 날은 1줄도 쓰기 싫을 때도 있었다. 그렇게 시간이 지나니 아이의 감정선을 따라 글이, 어쩌면 일상이, 또 어쩌면 삶이 들쭉날쭉 해지는 것은 아닐까라는 생각도 들었다. 그래서 딱 11줄만 쓰기로 했다. 기분이 좋은 날도, 그렇지 않은 날도 11줄만. 그렇게 생각하고 글을 쓰니 마음이 한결 편안했다. 그럼 왜 11줄이었을까? 세상 일이 그렇듯 별다른 이유는 없었다. 언젠가 '칼의 노래'로 유명한 김훈 작가가 '필일오(必日五)'라고 해서 '반드시 하루에 원고지 5장은 쓴다'라는 자신과의 다짐을 소개한 것이 기억났다. 대작가가 5장을 쓴다면 매일 그 절반만 쓰기로 했다. 전업작가가 아닌 회사원이니. 그렇게 아이의 하루는 원고지 2.5장, 11줄이 되었다. 숫자 11처럼 아이와 아빠는 나란히 곁에 있다.

세 번째 계절

가족사진

이리저리 포즈를 취해 보지만 생각처럼 쉽지 않다. "아들, 이거 진짜 신난다. 그치?"라고 말은 하지만 속마음은 그렇지 않다. '왜 사진은 언제나 웃음을 강요할까?'라는 생각이 머릿속을 떠나지 않는다. 그 마음을 아는지 모르는지 아내는 싱글벙글 잘도 웃는다. 책을 사러 서점에 갔다가 맞은편 건물에 있는 사진관에 들렀다. 매번 그저 눈으로만 구경하며 "사진 참 예쁘네. 요즘은 다들 멋쟁이야. 멋쟁이"라고 말할 뿐이었다. 그 말에 아내는 "우리도 다음에 한번 찍어보자"라며 부지런히 보탰다. 녀석이 태어난 후 100일 단위로 집 근처 사진관에서 가족사진을 찍었다. 막상 사진을 찍을 때는 눈치 채지 못했는데 조금의 시간이 지나 우연찮게 다시 볼 때면 "우리 아들 많이 컸네"라는 소리가 저절로 나왔다. 그렇게 녀석이 잘 크고 있음을 눈이 아닌 사진으로 확인했다. 하지만 100일 단위는 1년 단위가 되고 또 언젠가부터는 그마저도 자연스레 잊고 지냈다. 일곱 살 아들과 마흔 살 엄마와 마흔두 살 아빠가 웃으며 함께 한 흑백 가족사진. 가끔 찍어야겠다. 삶의 기록들. 조금 남겨야겠다. 삶의 흔적들.

장수풍뎅이가 사라졌다

　　녀석의 간절한 바람으로 장수풍뎅이 한 마리를 집에서 키웠다. 어른 엄지손가락 정도 되는 암컷이었다. 풍뎅이가 편안하게 쉴 수 있도록 음식물 보관통으로 커다란 집도 만들고, 집 안에는 구석구석 두껍게 발효 톱밥도 깔고, 작은 접시에는 먹이로 적당한 젤리도 하나 올려 두었다. 그렇게 이틀 정도를 보살폈지만 풍뎅이는 야행성이라 얼굴 보기가 쉽지 않았다. 풍뎅이가 움직이는 모습을 보여주려고 아이를 새벽에 깨울 수도 없고, 설령 아이가 깼다 해도 풍뎅이가 움직인다는 보장도 없었다. 그런 까닭에 그저 아침, 저녁으로 한번씩 나무젓가락으로 어디 숨었나 조심조심 찾아보는 것으로 아쉬움을 달랬다. 그렇게 딱 3일 지났는데 풍뎅이가 사라졌다. 아내의 말로는 지난밤 풍뎅이의 집 근처에서 '쓱쓱'거리는 소리가 계속 들렸다고 한다. 발효 톱밥을 딛고 일어선다 하더라도 자신의 몸길이보다 2배는 더 높은 보관함을 탈출했다는 것을 이해할 수 없다. 혹시나 해서 빈 보관함을 버리지 않고 돌아오기를 기다려 보지만 이 또한 어이없는 일이라 그저 헛웃음만 난다. 장수풍뎅이. 참 대단하다. 대단해.

세 번째 계절

생일선물

"아빠! 곤충은?"이라 묻는 아이. 잠결에 "응? 무슨 곤충? 아침부터 곤충놀이 하자고?"라고 답하는 아빠. "아니, 곤충 줘야지!"라고 다시 묻는 아이. "응, 곤충 있나 봐야지!"라고 다시 답하는 아빠. 며칠 간 일곱 살 남자아이 생일선물은 뭐가 좋을까 고민하는데 "그래도 선물이니까 녀석이 제일 좋아하는 것으로 하자"라는 아내의 말에 "응, 그래"라고 짧게 받으니 아내는 "그럼, 곤충으로 한다"라고 답했다. 그렇게 곤충 장난감 여섯 마리 한 세트가 도착했다. 막연하게 머릿속으로 상상했던 것보다 컸다. 거미, 매미, 사슴벌레, 무당벌레 등등 한 마리가 어른 손바닥 크기 정도인데 생일 전날 두 마리만 줬다. 아직 네 마리가 남아있다는 것은 비밀이었지만 녀석은 왠지 알고 있는 눈치였다. 그렇게 생일 전날, 생일날, 생일 다음날까지 3일에 걸쳐 선물을 전했다. 그때마다 기뻐하는 녀석과 다음 선물을 기대하는 녀석이 교차했다. 이런 방법도 나름 괜찮은 것 같다. 크리스마스도 이브가 더 재미있다는 사람들도 많으니. 일 년에 한 번뿐인 생일, 전날도 당일도 그리고 다음날도 쭈~욱 신나고 즐겁고 유쾌한 것도.

삼신상

하루가 길다. 새벽(1시)에 잤다가 새벽(5시)에 일어났다가 새벽(6시)에 다시 잤다가 아침(10시)에 다시 일어났다. 아들의 생일을 맞이하여 삼신상을 준비하는 엄마의 마음을 지켜주는 아빠의 역할을 하자니 하루 종일 비몽사몽 나른하다. 녀석이 일곱 살이 되기까지 한 번도 빼먹지 않고 정성을 다해 삼신상을 준비하는 아내. 매번 "그냥 자도 돼. 내가 혼자 해도 되니까"라고 말하는 아내를 혼자 둘 수 없어 지금까지 꼬박꼬박 새벽에 벌떡 일어나 하자는 대로 한다. 당일 새벽에 준비한 음식들로 상을 차리고, 삼신상 축문을 읽고, 절을 두 번 하고, 아이의 발을 잡고 '우리 OOO 발 크게 해주세요'라고 말하고, 아이를 10분간 혼자 둔다. 누군가 동트기 전 새벽에 왜 그렇게 해야 하냐고 묻는다면 딱히 그 이유를 논리적으로 설명할 수는 없지만 "일 년에 단 한 번이라도 아이의 건강을 간절히 신실하게 기원하는 겁니다"라는 정도로 말하겠다. 잠시 온 마음을 모아, 잠시 온 정성을 다해 소망한다.

세 번째 계절

아들! 일곱 살 생일 축하해!

많이 산 것 같은데 이제 겨우 2,000일 남짓 살았다. 많이 큰 것 같은데 이제 겨우 110cm 내외다. 그렇게 생각하니 아직 꼬마다. 그러다 문득 지난 사진들과 비교하니 이제는 제법 어린아이 같은 느낌도 든다. 팔뚝 하나만큼도 되지 않던 녀석이 팔도 길쭉, 다리도 늘씬해졌다. "아빠, 알아요"라는 말을 달고 다니는 녀석. "아빠, 나 혼자 할 수 있어"라고 자신 있게 말하는 녀석. 알 만큼 알고 할 만큼 하는 아이. 이제 조금 함께 하는 것이 수월해졌다. 이제 조금 쫓아다니지 않고 그저 그냥 곁에 둔다. 때로는 녀석을 조금 멀리 보내기도 하고, 때로는 녀석에게 간단한 일들을 부탁하기도 한다. '아이가 부모의 말을 하나, 둘 행동으로 옮기는구나'라는 생각이 드는 순간들. 아이를 키우는 보람 또는 재미는 사람마다 다르겠지만 이럴 때 흐뭇하니 뿌듯하다. 물론 그때마다 '아빠가 해'라는 말을 더 많이 듣지만. 나이가 들수록 사람이, 사람과 함께 하는 것이 쉽지 않음을 깨닫는다. 그 사람 속에, 그 마음속에 함께 한다는 것은 그의 삶에, 그의 인생에 잠시 스치는 것이 아니라 오래 머무르는 것이기 때문이다.

주황색 싫어!

　　외출을 하려는데 비가 올 것 같아 녀석에게 바람막이 하나 건넨다. 팔 부분이 아직 조금 길지만 아내의 말로는 녀석이 많이 좋아하는 옷이라 한다. 어린이집에서 친구들에게 자랑을 많이 했다고 전해들은 옷이다. 그렇게 잘 차려입고 버스를 타기 위해 아파트 산책길을 나란히 걷는다. 아내는 집에 두고 온 물건이 있다며 버스정류장에서 만나기로 한다. 녀석에게 "아들, 그런데 주황색 옷이 왜 좋아? 아빠는 다른 색 옷이 더 좋은데"라고 물으니 녀석은 "주황색 싫어!"라고 짧게 답한다. '무슨 소리지? 분명히 어린이집 앞에서 찍은 사진에서도 진짜 신나는 표정이었는데'라고 생각하며 "아빠는 (아들이) 이 옷 엄청 좋아한다고 엄마한테 들었는데?"라고 다시 물으니 "응, 엄마가 골라줘서 좋아하는 거야"라고 받는다. "그럼, 무슨 색 좋아하는데?"라고 한 번 더 물으니 "주황색 빼고 다 좋아"라고 답하고 "주황색은 엄마만 좋아해"라고 더한다. 요즘 들어 부쩍 개구쟁이처럼 말장난이 심해진 녀석이라 진짜 마음이 어떤지 알 수 없지만 아내에게 얘기해 줘야겠다. 어쩌면 엄마는 알겠지. 아이의 진짜 마음을.

세 번째 계절

가족회의

"아들, 아빠한테 물어봐." "엄마가 얘기했지. 아빠 출장 갔다 돌아오시면 물어봐야 한다고." 잠시 무슨 소린가 했지만 곧 알게 되었다. "엄마가 우리 가족이 같이 사는 집에서 곤충 키우려면 가족회의 해야 한다고 했지. 이제 아빠에게도 물어보면 돼. 알겠지?"라고 아내가 말했다. '녀석이 곤충을 키우고 싶구나'라고 생각하고 있는데 쪼르륵 달려와 귓속말로 얘기한다. "아빠, 나 곤충 키우고 싶은데, 우리 가족이 같이 사는 집이니까 아빠랑도 얘기해야 한다고 엄마가 말했어." 녀석에게 "아들, 곤충 키우고 싶었구나. 우리 아들이 곤충 진짜 좋아하더니 이젠 집에서 키우고 싶나 보네. 그런데 어떤 곤충?"이라 물으니 녀석은 "응, 개미는 너무 작아서 온 집 안에 개미들이 득실거릴 것 같고, 벌은 침이 있어서 안 될 것 같고, 사마귀도 쉽지 않을 것 같아. 그냥 내가 좋아하는 장수풍뎅이나 사슴벌레 키우고 싶어"라고 답한다. 녀석에게 "아들, 그럼 이따가 마트 가보고 집에서 잘 키울 수 있을지 알아보자"라고 더하며 '앞으로 가족회의 할 일 많겠구나'라고 생각한다. 일곱 살 아이도 제 나름의 논리가 분명하니까.

아이의 일곱 번째 생일을 축하해주세요!!

2014년 5월의 어느 날로 기억합니다. <FM모닝쇼(대전MBC)>를 통해 출산 100일을 앞두고 몸이 많이 불편했던 아내를 위해 '제주도 푸른밤'이라는 노래를 신청했고 들려주신 노래 덕분에 몸은 제주도까지 훨훨 날아갈 수 없었지만 마음만은 오랫동안 제주도를 다녀올 수 있었습니다. 그때 뱃속에서 엄마, 아빠와 노래를 함께 듣던 아이가 8월 8일이면 일곱 번째 생일을 맞이합니다. 내년이면 어느덧 초등학생이 될 아이를 보니 '시간 참 빠르구나'라는 생각과 '더 좋은 아빠가 되어야지'라는 생각을 하게 됩니다. 아이가 좋아하는 '예쁜 아기곰'이라는 노래를 들려주실 수 있을까요? 아이가 좋아하기도 하지만 아이가 지금보다 더 어릴 때 아이와 함께 하면서 '육아'라는 이름으로 몸도 마음도 조금 지치고 힘들 때 이 노래를 들으면 그저 그냥 위로받는 기분이었습니다. 노래 중에 '너만 곁에 있으면 나는 행복해~'라는 가사가 너무 좋았습니다. 노래와 함께 아들의 일곱 번째 생일을 축하해주시면, 아이를 무탈하게 잘 키운 아빠, 엄마도 살짝 격려해주시면 고맙고 감사하겠습니다. 참, 아이의 이름은 'OOO'입니다!!

세 번째 계절

다음 편에 계속

이어지고, 이어지고 또 이어진다. 녀석이 보는 과학만화책은 끝이 없다. 책 읽기를 좋아하는 녀석을 위해 한 번에 종류를 달리해서 몇 권의 책을 구입한다. 그때마다 녀석에게 "아들, 뒤에 이어지는 책은 다음에 보는 거야. 알겠지?"라고 말하면, 녀석은 언제나 그렇듯 "응, 아빠"라고 짧게 답하고 얼굴 가득 신난 표정이다. 집으로 돌아와 책 한 권을 다 읽을 때면 녀석은 "다음 권에 계속이라고 쓰여 있네"라고 들릴 듯 말 듯한 소리를 낸다. 아마도 아빠나 엄마가 들으라고 하는 말이겠지만 "아들, 다음 번 책은 조금 기다려야 해. 아빠랑 다음에 책 사러 또 가자"라고 답할 뿐이다. 녀석은 여전히 풀 죽은 얼굴로 "너무 궁금한데... 무슨 내용이 나올지 궁금해"라고 더한다. 그 마음 충분히 이해한다. 어른들도 주말드라마가 한창 재미있을 때 '다음 편에 계속'이라는 자막과 함께 끝나버리면, 그때 누군가가 '한 주만 기다리면 되는데 뭘'이라고 말한다면 그게 와닿기나 할까? 아이나 어른이나 삶은 기다림을 배우는 것이라지만 그게 말처럼 쉽지 않다. 아들! 아빠가 그 마음 잘 안다. 아빠도 궁금한 것 투성이거든!

책먹는 공룡

시작은 단순했다. 2018년 4월 2일 육아휴직을 했고 그날부터 딱 1년만 육아일기를 써야겠다고 생각했다. 14년 동안 잘 다니던 직장을 육아휴직을 이유로 잠시 거리를 두게 되었을 때 이것저것 뭐라도 부지런히 해야겠다는 욕심이 많았다. 그렇지 않으면 회사로 복직했을 때 아쉽고, 안타까울 것이라 생각했다. "육아일기 한번 써 볼까?"라는 어쩌면 혼잣말 같은 소리에, 아내는 "그래, 하루하루 짧은 느낌을 쓴다 생각하고 해 봐. 이참에 블로그 하나 만들어"라며 응원했다. "블로그? 그건 어떻게 만드는 거야?"라고 더했고, 아내는 "기다려 봐. 내가 멋지게 만들어줄게"라고 받았다. 그렇게 블로그는 만들어졌고 글을 쓰기 전 결정해야 할 것이 하나 있었다. "블로그 이름은 뭐라 하지?"라고 말하며 이것저것 생각나는 것들을 얘기했고, 아내는 "책 좋아하지? 나는 먹는 거 좋아하고, 아들은 공룡 좋아하니까 그냥 '책먹는 공룡'으로 해"라고 답했다. 그렇게 우연, 어쩌면 필연으로 '책먹는 공룡'이 되었고 지금까지 700개가 넘는 육아일기를 썼다. 언제까지 쓰게 될지 알 수 없지만 올해도 하루 1편씩 잘 쓰고 있다.

세 번째 계절

쭈글쭈글? 미로찾기!

있을 만큼 있었다 생각하고 욕조에서 일어나려는데 녀석이 "아빠, 나는 조금 더 놀다 갈 거야. 아빠는 먼저 나가도 돼"라고 말한다. 그 말에 "아들, 더 놀아도 좋은데 물속에서 손 한번 꺼내 봐. 아마도 쭈글쭈글 주름이 생겼을 거야"라고 답한다. 녀석은 이미 잘 알고 있다는 듯 "응, 근데 이거는 손이 쭈글쭈글해진 게 아니야. 이건 말이지... 바로 미로찾기야. 우리가 열심히 놀아서 손에 미로가 만들어진 거야"라고 받는다. 물에 오래 있으면 손가락이랑 발가락이 쭈글쭈글해지는 이유를 약간의 과학 상식을 더해 설명해주려 했는데 생각지도 못한 녀석의 '미로찾기'라는 대답에 순간 말문이 막힌다. 그러다 자세히 엄지손가락을 살펴보니 어쩌면 진짜 미로가 만들어진 것 같다. 이리저리 꼬불꼬불 작은 길들이 마구 생긴 느낌도 든다. 지금까지 수천 번 아니 수만 번 이상은 손가락이 쭈글쭈글해진 모습을 봤을 텐데 왜 그것을 미로라 생각한 적은 한 번도 없었을까? 이리저리 생각하지 말고 그저 눈앞에 보이는 그 모습 그대로, 그 느낌 그대로 생각해 보는 것도 좋겠다. 물론 그게 연습한다고 되겠냐마는...

이벤트에 당첨되신 것을 축하드립니다

　　점심을 먹고 사무실에서 스탠드 불빛 아래 책을 읽고 있는데 문자가 왔다. 지역번호로 시작된 문자였기에 광고성 글이겠구나 짐작했고, 얼른 확인하고 다시 책을 읽어야겠다고 생각했다. 그렇게 슬쩍 본 문자에 가슴이 쿵쿵 뛰었다. 녀석의 생일을 축하하기 위해 출장 중에 급히 참여한 생일축하 이벤트에 당첨된 것이었다. '안녕하세요. 플레이런TV입니다. OOO 어린이의 생일을 축하드립니다! 짝짝짝. 8월 생일축하 이벤트에 당첨되신 것을 축하드립니다.' 서둘러 아내에게 이벤트 당첨을 알려 주고 다시 책을 잡아보지만 흥분된 마음이 진정되지 않았다. 이벤트 공모 사이트에 접속해보니 한 달에 딱 10명만 선정하는 것 같았다. 전국에서 8월에 생일을 맞이한 8세 이하 어린이 중 10명이라니. 이번 달은 이런저런 글들을 참 많이도 썼다. 신문사 칼럼 및 독자의견 3개, 정부부처 기고문 1개, 공공기관 공모전 응모글 1개, 방송국 이벤트 응모글 1개, 매일 쓰는 육아일기 31개까지. 그중에 제일 긴장하고 쓴 글이 녀석의 생일축하 이벤트 응모글이다. 이만하면 이번 달도 해피엔딩이다.

세 번째 계절

8월

"아들, 곤충 키우고 싶었구나.
그런데 어떤 곤충?"

"응, 개미는 너무 작아서
온 집 안에 개미들이 득실거릴 것 같고,
벌은 침이 있어서 안 될 것 같고,
사마귀도 쉽지 않을 것 같아.
그냥 내가 좋아하는
장수풍뎅이나 사슴벌레 키우고 싶어"

아빠! 아무 데도 못 가!

외출을 하려는데 녀석이 "아빠! 아무 데도 못 가!"라고 말하며 크게 웃는 소리가 들린다. 자기가 책을 사러 가자고 해서 어제에 이어 오늘도 서점을 가려는데 도무지 무슨 소리를 하는 건지 알 수 없다. '엉뚱한 녀석이네. 오늘은 또 무슨 장난을 치려나'라고 생각하며 서재에서 서둘러 지갑이랑 전화기를 챙겨 현관으로 향한다. 그제야 녀석의 모습을 보고 그야말로 빵 터졌다. 녀석의 말처럼 '아무 데도 갈 수 없는' 상황이다. 녀석은 한 쪽 발에는 아빠의 운동화를, 다른 쪽 발에는 아빠의 구두를 신고 있다. 서로 눈이 마주치자 "아빠, 이러면 아빠는 산책도 못 가고, 출장도 못 가는 거야. 알겠지"라고 말한다. 그러더니 "아, 맞다. 이것도 해야겠네"라고 보태고 한 쪽 손에는 나머지 운동화 한 짝을, 다른 쪽 손에는 나머지 구두 한 짝을 쏙 밀어 넣는다. "이제는 진짜 아무 데도 못 가!"라고 더하고 "히히. 신난다"라고 보탠다. "아들, 우리 얼른 나가자"라고 얘기하고 운동화를 신으며 '어쩌면 아빠가 출장 다니지 않았으면 하는 마음을 제 딴에는 에둘러 표현한 것일 수도 있겠구나'라는 생각도 든다.

세 번째 계절

'부모님 뭐 하시냐?'라는 질문에 대답해야 한다면

어린 시절, 넉넉지 않은 가정환경이 불편하거나 불만이거나 불행하지는 않았다. 시골에서는 다들 그렇게 살았기에 비교 대상 자체가 없었다. 그런데 초등학교 5학년 또는 6학년 정도 되었을 때 "부모님 뭐 하시냐?"라는 질문은 싫었고, 그것에 "농사지으시는데요"라고 답해야만 하는 것은 그다지 유쾌하지 않았다. 어린 마음에 기껏 생각할 수 있는 좋은 대답은 '회사 다니세요'라고 말하는 정도였지만 그때는 녀석의 할아버지가 농사를 지으시는 것이, 녀석의 할머니가 그 농사일을 돕는 것이 자랑할 만한 일은 아니라 생각했다. 아이가 어린이집에서 받아 온 조사탐구활동지의 '아빠가 다니시는 연구원의 이름은 무엇인가요?', '아빠가 다니시는 연구원은 어떤 일을 하나요?'라는 질문에 답을 하며 그것을 꾹꾹 눌러 받아쓰는 아이를 보니 문득 그때가 생각났다. 녀석이 '부모님 뭐 하시냐?'라는 질문에 대답해야 한다면 무엇이 되었건 당당한 아빠였으면 좋겠다. 돌아보면 녀석의 할아버지, 할머니도 자신들에게 주어진 환경에서 최선을 다했다. 부모가 되어보니 알겠다. 다시 한번 고맙고, 감사하다.

복수할거야

일주일 동안의 출장 복귀 후 처음으로 맞이하는 아침. '역시 호텔보다 내 집이 더 좋다'라는 생각으로 푹 잤다. 샤워를 마치고 슬쩍 보니 녀석도 깬 것 같다. 아마도 아빠나 엄마를 놀라게 하려고 기다리는 눈치다. 녀석 옆에 누워 "아들, 잘 잤어? 아빠 출장 가 있는 동안 뭐하고 놀았어?"라고 물으니 녀석은 생글생글 웃으며 "응, 그냥 잘 놀았어"라고 짧게 답한다. 무슨 꿍꿍이가 있는 표정이라 생각하며 조금 더 누워있는데 느닷없이 "복수할거야"라며 자신의 머리를 아빠의 가슴에 대고 마구 밀어낸다. "아들, 아빠 침대에서 떨어지겠어. 이제 힘이 정말 센데"라고 답해보지만 녀석은 "아빠는 엄마를 괴롭히잖아"라고 받고 "그러니까 가만히 있어"라고 보탠다. "아들, 아빠는 엄마 괴롭히지 않아"라고 말하니 "아냐. 아빠는 엄마 괴롭혀"라고 말하고 "받아라. 강철주먹"이라 외치며 달려든다. "아들, 누가 들으면 진짜 아빠가 엄마 괴롭히는 줄 알겠어"라고 말해보지만 녀석은 관심 없다는 듯 '강철주먹'만 계속 발사할 뿐이다. '아빠랑 많이 못 놀아서 서운한가 보구나'라고 생각하며 꽈~악~ 안아준다.

세 번째 계절

사라진 것들, 사소한 것들

　　길을 걷다 문득 생각났다. 녀석은 '공중전화'를 쓸 일도 없겠지만, 앞으로는 볼 일도 흔하지 않겠다. 백악기 시대의 공룡 화석이 발견되는 것처럼 옛날 사람들이 사용했던 그 어떤 물건이라는 느낌이 강하겠다. 그렇게 생각하니 녀석이 '연탄'의 쓰임을 알고는 있을까라는 생각도 든다. 어쩌면 동화책을 통해 그림으로 몇 번 접해봤을 수는 있겠다. 장작처럼 불을 피워 따뜻하게 할 수 있는 검은색 흙덩이가 있다는 정도로. 지금의 삶의 속도라면 녀석이 익숙하게 사용하는 것들, 일상으로 경험하는 것들도 10년 후면 사라지는 것들이 제법이겠다. 그것이 무엇이 될지 정확히 알 수는 없지만 이내 그 자리를 채우는 또 다른 뭔가가 나타나겠다. 녀석에게도 식당에서 마주 보며 밥을 먹던 모습들, 공공도서관에서 자유롭고 편안하게 동화책을 읽던 기억들. 지극히 사소하다 생각되는 것들인데 어쩌면 이러한 것들도 녀석의 삶에서 사라지거나 희미해져 가겠다. 삶을 돌아보니 '사소한 것들'이 '사라진 것들'이 되면 잠시 '아련'하다. 어슴푸레, 희미, 흐릿한 기억이 추억으로 잠시 머문다.

불안으로 불편하지만 불행하진 않다

아이와 어디를 가더라도 마스크를 쓴다. 아니 써야만 한다. 이제는 마스크를 쓰지 않으면 어색할 정도로 세상이 변한 것 같다. 엘리베이터를 기다리다가도 "맞다. 마스크 안 썼네. 아들, 우리 마스크 쓰고 다시 나오자"라고 말하고 "아들, 엄마한테도 마스크 꼭 가지고 나오라 그래"라고 보탠다. 그렇게 코로나19의 감염 및 확산 방지를 위해 몇 달간 부지런히 마스크를 썼지만 그 '몇 달'이 지나온 '몇 십 년'을 대신할 수는 없다. 머리는 이제 겨우 '마스크'를 기억하려 하지만 몸은 여전히 '마스크'가 없던 삶을 추억하려 한다. 하루 종일 마스크를 쓰고 있는 아이를 보니 녀석은 지난겨울에 눈 구경도 제대로 못했는데. 어쩌면 녀석에게 겨울은 눈이 오는 계절이 아닐 수도 있는데. 이제는 친구의 웃는 얼굴도 볼 수 없는 세상에 살고 있다. 이럴 때 녀석에게 '동생이라도 있다면 좋을 텐데'라는 생각이 스친다. 이래저래 불안으로 이것저것 불편하지만 그렇다고 삶이 불행하진 않았으면 좋겠다. 불안과 불행 사이에 불편이 있지만 그 또한 새로운 차원의 삶의 형태라 생각한다. 아이는 이미 잘 적응해가고 있다.

세 번째 계절

계단오르기

　　언제부턴가 운동이 부족하다고 생각했다. 무엇을 할까 고민했고 녀석과 거실 안에서 달리기 시합도(그래봐야 몇 걸음 되진 않지만 왕복달리기를 하면 그나마 몸을 조금 움직여 볼 수는 있다) 싸움놀이도(이 또한 20kg 정도쯤 되는 녀석과 씨름, 레슬링 등으로 힘을 겨루다가 가끔은 번쩍 들기도 하면 땀이 삐질 나는 정도는 된다) 했지만 부족함은 여전히 채워지지 않았다. 고민 끝에 계단을 오르기로 했다. 15층에 살고 있으니 하루 한 번만 올라도 제법 괜찮은 운동이 될 것이라 생각했다. 그렇게 시작된 계단오르기는 처음에는 15층에 도착하면 숨이 가빴지만 그 또한 몇 차례 반복하니 안정적으로 심장이 빨라짐을 느낄 수 있었다. 오직 운동만 생각하며 부지런히 올랐다. 몸이 익숙해지니 1층 어린이집을 지나 2층, 3층을 오르며 15층에 도착하기까지 다양한 삶이 눈에 들어왔다. 문 앞에 작은 의자 하나를 둔 집도, 아이의 유모차를 둔 집도, 낡은 자전거를 둔 집도, 재활용품을 분리해 쌓아놓은 집도, 택배가 잔뜩 쌓인 집도 있었다. 문득 엘리베이터가 스치는 삶이라면 계단은 스미는 삶이 아닐까 생각했다.

'옷걸이' 하나가 알려줬다

　　버티고, 버티다 쓰러졌다. 멀쩡한 줄, 쓸만한 줄 알았는데 부서졌다. 그냥 버릴까 하다 다시 생각해보니 고쳐 쓰면 되겠다 싶었다. 출근 준비를 하려고 서재로 갔더니 옷걸이가 망가져 있었다. 아내가 알뜰하게 구입한 상품이라 만족도가 꽤 높았는데 바닥에 널린 옷들을 보며 '제 한계를 이겨내지 못했구나'라고 생각했다. 그러다 이내 '제 한계를 이겨내지 못 한 게 아니라 그것에 몇 배 되는 무게들을 오랫동안 견뎌내고 있었는데 미처 눈치 채지 못하고 계속 더하고만 있었구나'라는 생각이 들었다. 무엇이 되었건 적당해야 되는데 간단한 옷 몇 벌만 걸어두면 적당한 것을, 눈에 띄는 옷들을 죄다 걸어두었으니 쓰러지고, 부서져, 망가지는 것이 당연했다. '주인을 잘 만났다면 아직 멀쩡하게 잘 쓰일 텐데'라는 생각도 스쳤다. 집을 나서며 문득 아이의 잠재력 또는 한계가 궁금했고, 부모의 기대치 또는 욕망을 고민했다. 거기에 역경, 시련, 실패를 딛고 일어서는 회복탄력성에 대해 생각했다. '옷걸이' 하나가 알려줬다. 잠재력, 한계, 기대치, 욕망, 회복탄력성... 잠시 잊고 있던 것들에 대해.

세 번째 계절

알락하늘소

"아빠, 여기 곤충이 있어"라는 아이의 말. 집 안에 무슨 곤충이 있을까 싶어 '방충망 밖이겠지'라는 생각으로 "아들, 어떤 곤충인가 구경하고 알려줘"라고 답한다. 잠시 후 녀석이 곤충에게 물을 주려 하기에 "아들, 그럼 곤충이 완전히 날아가 버릴 텐데?"라고 말하니, 녀석은 "여기 봐봐. 집 안에 있어"라고 받는다. 설마 하는 마음에 녀석 곁으로 가보니 거실 창 안쪽에 제법 큰 곤충이 있다. 등에 얼룩덜룩 무늬가 있는 처음 보는 곤충이다. "아들, 곤충이 집 안에 돌아다니면 안 되니 잡아야 할 것 같은데"라고 말하니 녀석은 "아빠, 집에서 곤충 기르고 싶은데"라고 답한다. 녀석의 마음은 이해하지만 곤충을 집에서 기를 수는 없기에 아파트 앞 나무숲에 보내 주기로 한다. "아들, 그런데 이거 이름이 뭐야?"라고 물으니 "응, 알락꼬리하늘소야"라고 받는다. 아무리 생각해도 하늘소 종류는 아닌 것 같아 인터넷에 검색하니 진짜 '알락하늘소'라고 한다. '이걸 어떻게 알았지'라고 생각하며 작은 통에 하늘소를 담는다. 1층 나무에 놓아주니 그제야 제 살길을 찾은 듯 순식간에 사라진다. 알락하늘소야! 잘 살아!

그냥, 하고 싶은 거 하면 돼

　　열심히는 한다. 순서대로 하나, 둘. 어제 저녁 잠자리에 들기 전 녀석과 내일 할 일들을 거실 칠판에 써 두었다. '일어나기', '아침밥먹기', '곤충놀이', '책읽기', '또 곤충놀이' 등 오늘 하루 13가지를 해야 한다. 그렇게 오전에는 나름 부지런히 잘 했는데 '점심밥먹기' 이후 '그냥 또 놀이'부터 영 속도가 나지 않는다. 녀석에게 "아들, 우리 다른 걸 먼저 할까? '만화보기' 먼저 하고 '그냥 또 놀이' 할까?"라고 물으니 녀석은 "응, 괜찮아. 그런데 아빠, 왜 그러는 거야?"라고 받는다. 녀석에게 "응, 아침에 '곤충놀이' 했는데 점심에도 '그냥 또 놀이' 하려니까 다른 것 하고 싶어서"라고 말하고 텔레비전에서 만화를 찾는다. 그랬더니 녀석은 칠판 앞으로 다가가 할 일들의 순서를 정해 둔 숫자를 지우고 "아빠, 그냥 이렇게 해"라고 말하고 "숫자가 없으니까 지금부터 그냥 하고 싶은 거 하면 돼"라고 보태고 "아빠, 그냥 아빠가 먼저 하고 싶은 거, 내가 하고 싶은 거 하면 돼. 알겠지"라고 더한다. 그 말에 "맞다. 아들. 아빠가 엄마한테 자주 하는 말인데. '그냥, 하고 싶은 거 하면 돼'라는 말"이라 답한다.

세 번째 계절

그냥, 그냥, 그냥

　　가끔은 그저 그냥 궁금한 것들이 있다. 시간이 지나 돌아보면 그다지 의미 없는 것들이 대부분이지만 그 당시에는 '그저', '그냥', '궁금'한. 녀석과 잘 놀고 있는데 거실 한편에 어린이집 가방이 눈에 들어온다. "아들, 그런데 어린이집에서 누구 좋아해?"라고 물으니 "AAA 좋아해"라고 답한다. "왜 좋은 건데?"라고 다시 물으니 "그냥"이라 답한다. "그럼, 그다음에는 누가 좋아?"라고 물으니 "BBB 좋아해"라고 답한다. "그 친구는 왜 좋아?"라고 다시 물으니 "응, 그냥 좋아"라고 답한다. 녀석이 '그냥 다 좋다'라고 말하는 건가 싶어 "CCC도 좋아? 아빠가 보기에 CCC가 아들 좋아하는 것 같은데?"라고 물으니 "CCC는 안 좋아하는데"라고 답한다. "왜? 그 친구는 왜 안 좋은 거야?"라고 다시 물으니 "응, 그냥 안 좋아하는데"라고 답한다. "DDD는?"이라 물으니 "DDD도 그냥 안 좋아"라고 답한다. 그렇게 반복하며 생각해보니 '그냥'이라는 짧은 말속에는 엄청난 힘이 있다. 어떤 사람이 그냥 좋기도 하고, 그냥 싫기도 하다. 살아보니 그랬다. 다양한 이유가 숨어 있겠지만 '그냥' 좋은 게 제일 좋은 거다.

플레이런TV 생일파티

숙소로 돌아와 보고서를 정리하는데 아내에게 전화가 왔다. "전에 얘기한 '플레이런TV 생일파티' 이벤트 오늘이 마지막이래. 그러니까 꼭 신청해야 돼. 알겠지!!"라고 말하고 "자세한 건 화면 캡처해서 문자 보낼 테니까 꼭 그거대로 해야 돼!!"라고 보탠다. 영상통화를 한 지 30분도 되지 않았는데 아내의 목소리는 다급함 또는 비장함이 느껴진다. "응, 문자 보고 그대로 할 게"라고 짧게 답하고 작성 중이던 보고서를 잠시 제쳐두고 인터넷 검색창에 '플레이런TV'를 입력한 후 '이벤트' 코너를 찾아 '플레이런TV 생일파티'를 클릭한다. 아내의 말처럼 8월에 태어난 아이의 생일파티 신청은 20일까지, 그러니까 몇 시간 후면 마감이다. 서둘러 축하 인사를 몇 글자 정성스럽게 쓰고 녀석의 얼굴이 큼지막하게 나온 사진까지 첨부한다. 물론 이렇게 한다고 꼭 된다는 보장은 없지만 어쨌든 엄마, 아빠라는 이름으로 아이가 좋아하는 것을 위해 노력해 본다. 아내에게 '보고서 작성보다 더 중요한 일 마무리했어'라고 문자 하나 보내니 '그러게. 진짜 임박해서 절박하게 했네'라는 답장이 온다. 어쨌든 오늘 숙제 끝이다.

세 번째 계절

후다닥 동화책 만들기(제목: 엉덩이 탐정)

　　녀석은 거실 책상에 앉더니 "아빠, 잠시만 기다려 봐. 내가 뭐 만들어 줄게"라고 말하고 후다닥 무엇인가 만든다. 스케치북, 가위, 투명테이프, 볼펜, 연필, 색연필을 준비한 것을 보니 '요즘 부쩍 좋아하는 그림을 그리겠구나'라고 추측해 본다. 소파에 앉아 뒤에서 슬쩍 보니 녀석은 스케치북에 볼펜으로 세로 선을 몇 개 그려서 구분한 후 가위로 잘라낸다. 그런 다음 투명테이프로 잘라낸 종이들을 잇대어 붙인다. 이후 종이들마다 그림을 그리고 색연필로 색을 더한다. 거기에 연필로 각각의 그림에 생각해 둔 글씨를 보탠다. '여름이라고 부채를 만드는 건가?'라고 생각하며 조금 더 기다려 본다. 그랬더니 녀석은 "아빠, 이거 내가 만든 동화책인데 제목은 <엉덩이 탐정>이야"라고 말하고 "한 장씩 넘기면 돼"라며 내용까지 설명해 준다. 스케치북 한 장이 순식간에 여덟 장으로 구성된 동화책이 되었다. 더 신기한 건 있을 건 다 있다. 등장인물이 있고, 이야기가 있고, 대사가 있고, 결말이 있다. 마지막 장에는 '고맙습니다'라는 멋진 마무리도 있다. 처음 보니 그저 신기하고, 다시 보니 나름 재미있다.

아빠는 나한테 배워!

일곱 살 아이들이 그러는지 그렇지 않으면 일곱 살 녀석만 그러는지 녀석은 무엇이든 알려주고, 가르쳐주려 한다. 아내에게 무엇인가 물어보려 하면, 그래서 아내가 무엇인가 설명하려 하면 녀석이 쪼르륵 달려와 "아빠, 아빠는 그것도 모르냐! 아빠는 나한테 배워!"라고 말한다. 그러다 엄마와 아빠가 무슨 얘기를 하나 가만히 듣고 있다가 "그러게, 아빠는 나한테 배워야 해!"라고 보탠다. 그렇게 마무리되나 싶으면 다시 또 쪼르륵 달려와 "아빠, 다음부터는 내가 알려줄게. 돋보기 가지고 봐. 천 무한 개 가지고 봐. 그럼 알 거야"라고 더한다. 일곱 살 녀석과 함께 있으면 하루 종일 읽고, 듣고, 말하고, 쓸 일들이 정말 많다. 동화책은 두 권 이상 꼭 읽어야 하고, 녀석의 머릿속에 있는 지식 또는 이야기들은 꼭 들어야 하고, 녀석의 물음에 답을 하거나 먼저 알려주고 싶은 것들은 꼭 말하기도 해야 하고, 녀석이 궁금해 하는 글자들은 꼭 써 봐야 한다. 여전히 '가르쳐준다'라는 생각이 강하지만 가끔은 '배울 때도 있다'라는 생각도 든다. 어쨌든, 아들! 너도 아빠한테 배워!

세 번째 계절

청개구리

"아들, 밥이랑 반찬이랑 같이 먹어야지." "반찬만 먹으면 안 돼. 알겠지?"라고 말하니 녀석은 "응, 아빠. 반찬만 계속 먹으라고? 알겠어"라고 받는다. "아들, 밥 먹었으면 이 닦고 놀아야지. 그래야 이가 썩지 않는 거야. 알겠지?"라고 얘기하니 이번에도 녀석은 "응, 아빠. 엄청 많이 놀고 이 닦으라고? 알겠어"라고 답한다. "아니, 아들. 아빠가 얘기한 거는 그렇게 해야 하는 이유가 있거나 순서가 있는 거야. 그러니까 얘기해주는 거야"라고 더하니 녀석은 잠시 생각하더니 "아, 맞다. 이가 썩으면 어떡하지? 이 썩으면 안 되는데. 알았어. 이번에는 아빠 말 잘 들을게"라고 말한다. 그렇게 녀석은 이를 닦고 신나게 논다. 그러다 문득 "아빠는 엄청 나쁜 사람이야. 흐흐"라고 하더니 "아니다. 아주 조금 나쁜 사람이야"라고 바꾼다. "아들, 아빠가 얼마나 좋은 사람인데! 왜 나쁜 사람이야?"라고 물으니 "응, 나는 놀고 싶은데 아빠가 나한테 뭘 자꾸 하라고 그러니까. 히히"라고 답한다. 녀석은 요즘 들어 부쩍 청개구리 같은 개구쟁이가 되었다. 하루 종일 하고 싶은 것 많은 청개구리, 딱 그럴 땐가 보다.

예술이 뭐냐고?

오늘도 자르고, 오리고, 떼내고, 묶고, 풀고, 붙이고, 끼운다. 무엇을 하려는지, 무엇을 만들려는지 가위를 찾다가, 풀을 가져오고, 투명테이프를 달라고도 한다. 그러다 또 색종이가 필요하다 말하고, 색연필이 있으면 좋겠다고 한다. 색종이를 펼쳐놓고 한참을 바라보고, 색연필은 뚫어져라 쳐다보다가 크레파스가 더 좋겠다고 말하더니, 다시 또 유성매직처럼 굵게 나오는 펜이 괜찮을 것 같다고 한다. 그렇게 녀석은 한동안 자신만의 작품을 만들고 있다. 거실이, 거실의 책상이 어수선해지긴 하지만 나름 지켜보는 재미가 있다. 거실은 잠시 잠깐 예술 무대가 된다. 녀석은 한번 시작하면 적어도 30분 이상은 집중해서 마무리한다. 머릿속에 설계도를 그리고, 그것을 바탕으로 차곡차곡 일을 진행해간다. 지켜보니 그렇다. 처음에는 무작정 만드는 줄 알았는데 녀석만의 엄격한 순서가 있다. 잠시 후면 녀석은 "짜잔~ 아빠, 이거 봐봐. 멋지지?"라고 말하고 "이건 말이야. 그리고 이건 또 말이야"라며 다시 또 한참을 얘기할 것이다. 예술이 뭐냐고? 그냥 '녀석 자체'가 예술이다!

세 번째 계절

수줍어서 그런가? 수줍어서 그랬다!

잘 시간이 되었다. 하루를 마무리하려고 녀석과 나란히 소파에 앉았다. 언제나처럼 몇 권의 책을 읽으려는데 전화가 왔다. 거실 작은 책상에서 캘리그래피를 하던 아내는 "영상통화데?"라고 짧게 말했고 그렇게 통화는 시작되었다. 화면을 통해 보이는 아이들도 많이 컸다. 한 아이는 녀석보다 한 살 어린 여동생이었고, 한 아이는 녀석보다 네 살 많은 형이었다. 녀석은 어서 빨리 책이나 읽자는 듯 영상통화에는 별다른 관심이 없는 눈치였다. 그때 "오빠! 안녕!"이라는 소리가 들렸다. 그 소리에 녀석은 마음이 흔들린 듯 흘깃 전화기를 바라봤다. 동생이 없는 녀석에게 '오빠'라는 단어는 수줍음 또는 설렘이었다. 녀석은 엄마의 무릎에 얼굴을 묻었다. '수줍어서 그런가?'라고 생각하는데 갑자기 녀석의 목소리가 커졌다. "사람들이 많이 모이는 곳에는 가지 않아요." "밖에 나갈 때는 반드시 마스크를 써야 해요." "밖에 나갔다 오면 손을 꼭 씻어야 해요." 녀석은 언제 그랬냐는 듯 큰 소리로 어린이집에서 나눠 준 책자를 읽었다. 녀석은 잠시 수줍었지만 그렇게 한참을 즐거워했다.

아무거나 놀이

"아들, 오늘은 무슨 놀이할까?"라고 물으니 녀석은 "아무거나 놀이"라고 답한다. 대충 어떤 의미인지 짐작되지만 "아들, 그런데 아무거나 놀이도 무엇을 할지 정해야 되는 거 아닐까?"라고 말하니 "아무거나 놀이는 내가 좋아하는 거 순서대로 하면 되는 놀이야"라고 받는다. 한마디로 다 하고 싶다는 얘기를 제 딴에는 나름 순화시켜 말한 것이다. 속으로 '오늘도 꽤나 많은 놀이를 해야겠구나. 그래도 딱 3개만 해야지' 정도로 선을 그어 둔다. 그러다 요즘 엄청난 인기를 끌고 있다는 지코(ZICO)의 <아무노래>가 생각나 들어본다. "아들, 이거 잘 들어 봐. 뭐라고 나오나"라고 말하고 나란히 앉는다. 노래 중간쯤에 '아무 노래나 일단 틀어. 아무거나 신나는 걸로. 아무렇게나 춤춰. 아무렇지 않아 보이게' 부분에서 녀석은 자신이 얘기한 '아무거나 놀이'와 비슷하다 생각하는지 신이 나는 눈치다. 이때다. 에라, 모르겠다. 녀석과 되지도 않는 막춤을 춘다. 연예인들도 마구 따라 한다는 아무 노래 춤. 우리 부자라고 못 할 것 없다. 그저 즐겁고, 유쾌하게 잠시 몸을 흔들어 본다. 이렇게 아무거나 놀이 시작이다.

세 번째 계절

왕초보

　　오늘도 도로 위를 달린다. 일주일에 다섯 번. 그렇게 반복하면 한 주가 지나간다. 똑같은 길에서 경험하는 똑같지 않은 일들. 어제는 '촉촉한'이라고 해야 할 비가 왔기에 조금의 정체가 있었다면 오늘은 '왕초보'라고 커다랗게 써 붙인 차가 있기에 약간의 지체가 있다. 이럴 땐 차선을 바꾸어 먼저 가 지나치는 것이 가장 좋은 선택이지만 괜한 마음에 뒤를 따라본다. 두 가지 마음이다. '왕초보씨는 어느 정도 운전을 할까?'라는 호기심과 '다른 차들이 빵빵 거리며 재촉하면 안 되니 뒤에서 여유롭게 지켜주어야겠다'라는 어쩌면 쓸데없는 배려심. 몇 번의 신호를 거치며 '나름 잘 달리는데'라고 생각할 때쯤 '저러면 안 되지'라는 생각이 들 만큼 왕초보씨는 운전에 집중하지 않는다. 전화를 받기도, 옆자리에 물건을 만지기도 한다. 스스로 왕초보라고 해놓고 딴짓이라니. 아이 키우는 것도 마찬가지다. 녀석도 이제 일곱 살이니 키울 만큼 키운 것 같고, 어떨 땐 발로도 키우겠다고 생각되기도 하지만 매일매일 커가는 일곱 살 녀석은 하루하루 새롭다. 육아에 경력직은 없는 것 같다. 초보 아니면 왕초보 정도.

승자독식

양치를 하다가 문득 생각났다. "아들, 우리 이 다 닦고 과자 먹자. 아빠가 회사에서 돌아오는 길에 마트 갔었는데 과자 하나 사 왔어." 녀석도 좋아할 것이라 생각하며 양치를 마무리하고 있는데 녀석이 "아빠, 싸움 이긴 사람만 과자 먹기로 하자"라고 제안한다. 왜 그렇게 얘기한 것일까 궁금하긴 하지만 "아들, 나눠 먹는 게 좋지 않을까?"라고 물으니 "아냐, 이긴 사람만 먹기로 해"라고 받는다. "그런데 아빠가 이기면 어떡하지? 그럼, 과자 하나도 못 먹는 거잖아?"라고 다시 물으니 녀석은 "아냐, 어린이집에서 내가 친구들 손싸움 다 이겼어! 나 힘 엄청 쎄!"라고 답한다. 아직은 또래들보다 덩치가 크지 않은 녀석이 손싸움을 다 이겼다니 신기하기도 하지만 싸움놀이의 정체가 서로 상대방의 손을 깍지 끼고 힘을 겨루는 놀이였다는 것도 새롭다. '힘겨루기'라고 해도 될 것을 굳이 '싸움놀이'라고 하다니. 그나마 '싸움' 뒤에 '놀이'가 붙어 있어 정겹기는 하다. 어찌 되었건 승자독식이니 나름 요령껏 최선을 다해 녀석과 대결을 펼쳐야겠다. 싸움 뒤에 놀이가 붙어 있음을 명심하면서.

세 번째 계절

알고도 속고, 모르고도 속는

"아빠, 이거 봐봐"라고 말하며 녀석이 부른다. 흘깃 쳐다보니 세면대 위에, 더 정확히는 세면대 안에 장난감 배가 떠 있다. 물에 잠길 듯 말 듯 애처롭게 버티고 있는 배를 보면서 녀석이 오늘은 또 어떤 장난을 할까 궁금하다. "아빠, 이거 신기하지? 내가 이번에는 다른 것 보여줄게"라고 말하며 욕조에 물을 받는다. 녀석은 이미 욕조에 있으니 물이 채워지는 것만큼 녀석도 잠긴다. 그러더니 "아빠, 이것 봐"라고 말하고 "여기도 배가 잘 떠 있지?"라고 보탠다. '응, 멋져'라고 답을 하려는데 배가 한쪽으로 기울더니 가라앉으려 한다. 그 모습을 지켜보던 녀석은 "아빠, 잠시만 다른 곳 보고 있어"라고 부탁한다. 몇 초가 흘렀을까 싶은데 "아빠, 다시 봐봐. 이번에는 이렇게 물을 많이 틀어도 끄떡없어"라고 말하고 "내가 마술 부린 거야. 이 배 타고 달나라도 가고, 별나라도 갈 거야"라고 더한다. 녀석의 얼굴을 보니, 눈동자를 보니 알겠다. 물속에서 한 손으로 배 밑부분을 꼭 받치고 있다. 알고도 속고, 모르고도 속는 세상이라는데 아들한테 이 정도 못 속아주랴. "아들! 진짜 마술 같은데!"

향기 나는 꽃

녀석은 혼자 조용히 책상에 앉아 부지런히 무엇인가 만들고 있다. 슬쩍 재료를 보니 계란판(계란 한 판을 안전하게 담을 수 있는 종이로 된 보관함), 색종이, 가위, 투명테이프가 보인다. 녀석이 이번에는 무엇을 만들까 궁금하긴 하지만 별일 없다는 듯 각자 제 할 일을 한다. 그렇게 책을 읽고 있는데 녀석이 "아빠, 내 작품을 봐봐. 다 만들었어. 이거 멋있지?"라고 말한다. 계란판이 작품의 무대가 되고 그 위에 알록달록 예쁘게 자른 색종이 세 개가 놓여 있고 구석에는 잠자리도 한 마리 보인다. "아들, 나름 작품 같은 느낌이 있어. 산에, 꽃에, 잠자리에 아주 훌륭해"라고 답한다. 녀석은 "아빠, 이거 엄마 선물이야. 내가 엄마 주고 올게"라고 하더니 "맞다. 잠시만 기다려봐"라고 말한다. 무엇을 하려나 지켜보는데 손목의 모기퇴치 팔찌를 색종이 꽃 위에 하나, 둘 올려놓는다. 그러더니 "아빠, 이거 뭔지 알아?"라고 묻기에 "모르겠는데. 왜 그렇게 둔 거야?"라고 물으니 "응, 이렇게 하면 꽃에서 향기가 나거든"이라 답한다. "엄마는 예쁘니까 향기 나는 꽃을 줘야 해. 아빠도 다음에는 그렇게 해. 알겠지!"

세 번째 계절

회사도 어린이집이야

거실 구석에서 부스럭부스럭하던 녀석이 갑자기 달려와 안긴다. 그러더니 주먹으로 가슴을 마구 친다. 녀석은 "이거 재밌지? 내가 아빠한테 공격하는 거야? 그러니까 피할 수 없어!"라고 말하며 신나한다. 이제 녀석도 제법 힘이 세졌기에 "아들, 그런데 이렇게 갑자기 때리면 어른들도 아픈 거야. 놀이하는 건 좋은데 너무 세게 하면 안 돼. 알겠지"라고 말한다. 물론 그렇다고 그만둘 녀석은 아니지만 알려줄 것은 알려주어야 한다. 그렇게 얘기하고 거실 소파에 어질러진 물건들을 정리하는데 녀석이 "아빠, 소란 피우면 안 돼. 아빠는 지금 소란을 피우고 있어"라고 말한다. "아들, 아빠는 소란 피우는 거 아닌데. 지금 청소하는 거야"라고 답하니, 녀석은 "아냐, 소란 피우는 거야"라고 받는다. "소란은 어린이집 같은 곳에서 말썽꾸러기들이 장난을 심하게 치는 거야"라고 다시 말하니, 녀석은 "아빠도 회사 다니잖아. 회사도 어린이집이야. 그러니까 회사에서도 말썽꾸러기들이 장난쳐"라고 다시 보탠다. 맞다. 어디에나 말썽을 부리는 사람들은 있다. 나이가 적으나 많으나 이래저래 말썽인 사람들.

이 녀석아!

언제부터 그랬는지 얼핏 기억났다. 다섯 살 정도쯤, 아이가 말귀를 대충 알아듣기 시작하면서 "이 녀석아! 장난감을 잘 치워야지"라고 하거나 "이 녀석아! 밥은 먹고 놀아야지"라고 말했다. 달리기를 하면서는 "이 녀석아! 아빠를 두고 가면 어떻게"라고, 씨름놀이를 하면서는 "이 녀석이 넘어지지가 않네"라고 말하기도 했다. 그랬더니 아이는 잘 놀다가도 스스로 생각하고 그렇게 말하는 것 같지는 않는데 "이 녀석! 이번에는 나를 이길 수 없지. 이건 내 비장의 무기니까. 받아랏!"이라고 말하며 신나한다. 그럴 때, 그렇지 않은 경우가 대부분이니 잠시 착각한 것이라 생각하고 그냥 두지만 아주 가끔 "아들, 그런데 아빠한테는 '녀석'이라는 말을 쓰면 안 될 것 같아. 아빠가 예전에 그런 말을 먼저 쓴 것 같은데 그 자리에 '아빠'라고 해야 해. 알겠지"라고 말한다. 문득 생각해보니 언제부턴가, 어쩌면 아주 오래전부터 녀석의 할아버지, 할머니에게 '이 녀석아'로 시작해야 될 것 같은 말들이 사라졌다. 그렇게 조금 더 어른이 되었다. 아이도 그렇게 성장해 가겠다. 조금씩, 조금씩.

세 번째 계절

투명밥

언제쯤이면 녀석이 평균적인 시간에 맞춰 밥을 먹을 수 있을까 생각해본다. 길어도 너무 길다. 그렇게 오늘도 "아들, 어서 먹어야지"라는 말을 반복한다. 그러다 또 한편으로 녀석이 밥을 먹는 동안 딱히 할 일이 없으니 나란히 식탁에 앉아 많은 얘기를 나누게 되고, 또 무엇인가를 먹고 있는 녀석을 보는 것도 나름 재미있다. 오늘도 녀석에게 "아들, 아빠는 밥 다 먹었어"라고 말하고, "아들도 부지런히 먹어야겠어. 그래야 밥 다 먹고 장난감 놀이하지"라고 보탠다. 그랬더니 녀석이 "아냐! 아빠가 아직 밥 다 먹은 거 아냐!"라고 말한다. "무슨 소리야? 아빠 밥그릇 봐!"라고 답하니, 녀석은 "아빠 밥그릇에 투명밥이 잔뜩 있어!"라고 받고, "그러니까 아빠도 밥 계속 먹어야 돼! 그럼 나랑 똑같은 거야!"라고 더한다. 어이가 없기도 하고 녀석 딴에는 요리조리 머리를 쓴 것 같아 나름 열심히 투명밥을 먹어본다. 어릴 때 투명망또 하나면 천하무적이 되어 세상의 악당들을 몽땅 물리칠 수 있다고 생각했는데, 오늘은 어른이 되어 투명밥을 오물오물 먹는 신세다. 흐흐. 히히. 하하.

가족이니까 그렇지

저녁을 먹고 모처럼 집 근처 운동장을 뛰었다. 녀석에게도 운동이 필요했지만 아빠에게도 운동은 필요했다. 처음에는 녀석의 뒤를 슬렁슬렁 뛰었는데 얼마 지나지 않아 나름 부지런히 뛸 수밖에 없었다. 녀석이 제법 빠른 속도로 앞서갔기 때문이었다. 그렇게 뛰다, 걷다, 다시 뛰다, 다시 걷다를 반복해가며 운동장 다섯 바퀴를 돌았다. 기분 좋게 땀을 흠뻑 흘리고 집으로 돌아와 사이좋게 샤워를 하는데 녀석이 갑자기 "아빠, 우리 어린이집 OOO은 100시간 잔대"라고 말했다. 100시간 잔다는 것도 말이 안 되긴 했지만 "아들, 그런데 그걸 어떻게 알았어? 친구가 얘기해준 거야?"라고 물었더니, 녀석은 "응, 나한테만 비밀로 말해준 거야"라고 답했다. "아들, 그런데 아빠한테 얘기해도 돼? 친구가 비밀이라고 한 거 아냐?"라고 다시 받았더니, 녀석은 잠깐의 망설임도 없이 "아빠, 우린 가족이니까 그렇지. 그러니까 아빠랑 나는 괜찮은 거야"라고 말했다. 기껏 '비밀은 소중한 거야'라는 정도로 말해주려 했는데 녀석의 '가족이니까 그렇지'라는 얘기에는 그 어떤 말도 할 수 없었다. 우린 가족이니까.

세 번째 계절

팔뚝에도 작은 산이 있다

언제까지 이런 느낌을 가지게 될지 알 수 없는 일들이 있다. 녀석이 목욕을 하고 물기를 다 닦기도 전에 큰 방과 거실 이곳저곳을 돌아다닐 때면 "아들, 얼른 와. 몸의 물기를 다 닦고 움직여야지. 해야 할 건 하고, 하고 싶은 걸 하는 거야"라고 말한다. 그렇게 말하면서도 일곱 살 아이가 작은 팔, 작은 다리, 작은 엉덩이를 보이며 이리저리 뛰어다니는 모습은 참 귀엽다고 생각한다. 이런 모습에 '부모들이 지치고, 힘든 일도 이겨낼 수 있구나'라는 생각도 든다. 몇 차례 아빠의 부름에 다시 욕실 앞으로 달려와 차렷 자세로 "아빠, 얼른 닦아 주세요! 얼른 닦아 줘야 놀 수 있어요!"라고 말하는 녀석의 눈을 보고 있으면 참 맑다는 느낌도 든다. 몸 구석구석을 닦고 로션을 바르려는데 녀석은 얼른 놀고 싶다는 듯 다시 거실 창가로 달려간다. 그 마음도 이해되어 이번에는 부르지 않고 녀석에게 다가간다. 볕이 좋은 날 창가에 알몸으로 앉아 즐겁게 장난감 놀이를 하고 있는 녀석. 그 작은 몸에도 어린 털들이 보송보송 돋아 이런저런 모양을 만들고 있다. 가만히 보니 등에도, 팔뚝에도 작은 산이 있다.

그게 또 위로가 된다

녀석의 어린이집 앞에서 직장 동료를 만났다. 순간 흐뭇했다. 그러면 안 되는 줄 알지만 그냥 기분이 좋았다. 울고 있는 아이를 달래며 안절부절못하는 직장 동료에게 그저 웃으며 "아이가 오늘은 컨디션이 안 좋은 날인가 봐요. 아이가 참 귀엽네요. 아빠를 닮았나 봐요. 참 똑똑해 보여요"라고 할 수 있는 좋은 말들을 다 쏟아냈지만 속으로는 '저렇게 어린아이를 키우려면 앞으로 눈물, 콧물 쏙 빼겠구나. 고생 좀 하겠네. 고생 좀 하겠어'라고 생각했다. 그렇게 기분 좋은 표정으로 대화를 나누고 있는데 녀석이 다가왔다. 녀석에게 "아들, 아빠랑 같은 회사에 다니는 아저씨야. 인사해야지. 옆에 동생도 있네"라고 말하고 머리를 한 번 쓰다듬어 줬다. 별일 아닌 것 같은데 동료의 아이와 비교되게 훌쩍 커 보이는 녀석, 울고 있는 아이와 비교되게 오늘따라 씩씩해 보이는 녀석, 뭔가 모르게 뿌듯했다. 녀석은 제 걸음으로 조금씩 차근차근 커가고 있는데, 그때마다 웃기도 하고 울기도 했을 텐데 이렇게 곁에 두고 보니 다 큰 아이 같다. 이렇게 스스로 위로하고 스스로 만족하며 산다.

세 번째 계절

오늘 하루

　　지난주에 이어 이번 주도 출장으로 집 밖에 있다. 밖에서 먹고, 자고, 일하니 아무것도 아닌 일에 의미를 둔다. 그 소소한 것들이 쌓이고 쌓여야 집으로 돌아갈 수 있으니. 지극히 사소한 것들을 반복하며 하루가 지났음을 확인하고, 또 다른 하루가 다가오고 있음을 헤아린다. 아침에 일어나 샤워를 할 때면 '이번 출장에는 몸무게가 좀 줄었겠구나'라고, 숙소 앞 식당에서 아침밥을 먹을 때면 '이제 몇 번만 더 먹으면 집으로 돌아가는구나'라고, 동료들과 출장지로 향하는 차를 탈 때면 '이번 출장도 열심히 하고 몸 건강히 돌아가야지'라고, 출장지에서 점심밥을 먹을 때면 '이렇게 밥 먹으러 다니는 것도 몇 번만 더 하면 되는구나'라고, 저녁밥을 먹으려고 자리에 앉을 때면 '오늘도 시간이 잘 가는구나'라고, 숙소로 돌아와 집에서 가져온 책을 읽을 때면 '그래도 잠시 잠깐 책 읽을 시간은 있구나'라고. 그렇게 반복된 하루는 아내, 아들과의 짧은 영상통화와 '오늘도 수고했어. 부인도, 아들도 잘 자♡♡'라는 문자 하나로 마무리된다. 지극히 사적인 오늘 하루다.

자식노릇

가끔 주변을 둘러보면 할 일이 많기도 많다. 어쩌면 안 해도 될 일인데, 또 생각해 보니 언젠가는 해야 할 일이라는 생각도 든다. 그렇게 어제를 돌아보며, 오늘을 살아보고, 내일을 짐작하니, 부모노릇 하기가 간단치도 않고 만만치도 않다. 이유야 어쨌든 부모는 부모노릇을 해야 하고, 자식은 자식노릇을 해야 한다. 그렇게 생각하며 마냥 즐겁게 놀고 있는 녀석을 보니 도대체 '자식노릇'이란 무엇일까 궁금하다. 며칠 전 읽었던 책(최순자, 아이가 보내는 신호들, 도서출판 씽크스마트, 2016)에는 발도로프 교육의 창시자인 슈타이너의 말을 인용하여 '아이는 자신을 가장 잘 알고 자기답게 키워 줄 사람을 부모로 선택했다고 보았다. 여기서 잘 안다는 건 아이의 관심과 흥미, 성격, 기질, 발달의 정도를 잘 이해한다는 의미이다. 발달의 정도란 신체, 운동, 정서, 사회, 언어, 인지 면에서 아이 발달의 모든 부분을 가리킨다'라고 했다. 어쩌면 아이들은 자신의 부모노릇을 가장 잘할 수 있는 엄마, 아빠를 선택해 그들이 수용할 수 있는 범위에서 아들, 딸이라는 이름으로 자식노릇을 하는 것은 아닐까.

세 번째 계절

한 권 더 읽어도 돼

저녁이 되면 마음속으로 '오늘도 하루를 잘 마무리해야지'라고 다짐한다. 녀석이 지금보다 몇 살 더 어릴 때 하루 종일 잘 놀다가도 저녁만 되면 작은 다툼 또는 작은 소동이 있었다. 동화책 읽기로 하루를 마무리하던 녀석은 약속된 책을 다 읽고도 "아빠, 한 권 더 읽어줘"라고 몇 차례 반복했고 그때마다 마음이 불편했다. 그때는 책을 읽기 전부터 '얼른 녀석에게 책을 읽어 주고, 녀석이 잠자리에 들면, 머릿속에 생각해 둔 것들을 해야지'라는 생각이 머리에 가득했다. 책을 읽으면서도, 눈은 책을 향하고 있었지만, 이미 마음은 짧게 주어질 자유시간을 어떻게 더 알차게, 얼마나 더 보람차게 보낼까를 생각했다. 그러니 녀석의 계속되는 책 읽기에 화가 나기도 했다. 아주 작은 자유도 누릴 수 없다는 생각에. 이유야 어쨌든 같은 공간, 같은 시간에서 아빠와 아들이 자신의 기대 또는 바람만 가득했다. 요즘은 책을 읽기도 전에, 책을 읽다가도, 책을 읽고 나서도 '아들, 한 권 더 읽어도 돼'라고 생각한다. 그랬더니 마음이 편안하다. 녀석도 많이 욕심내지 않는다. 그렇게 생각으로 마음을 다스린다.

누가 더 세?

알 수 없는 일들은 그저 미루어 짐작해본다. 녀석이 "아빠, 안킬로(안킬로사우루스, 온몸이 딱딱한 뼈로 된 갑옷으로 덮여 있어 마치 탱크 같은 초식 공룡으로 육식 공룡이 덤비면 꼬리 끝에 달린 단단한 뼈로 된 곤봉을 휘둘러 물리쳤다고 한다)가 스테고(스테고사우루스, 등줄기를 따라 골판이 나 있는 초식공룡으로 꼬리에 뼈로 된 날카로운 가시가 있어 육식공룡을 물리치는 무기로 사용했다고 한다)를 이겨"라고 말한다. 녀석 나름의 근거가 있을 것이라는 생각에 "아들, 그런데 왜 안킬로가 이기는 거야?"라고 묻고 "스테고도 꼬리에 골침이 있어서 만만치 않을 것 같은데?"라고 보탠다. 녀석은 자신 있다는 표정으로 "응, 스테고는 공격만 할 수 있거든. 그런데 안킬로는 공격이랑 방어, 둘 다 할 수 있어"라고 답하고 "그러니까, 하나만 할 수 있는 공룡보다 둘 다 할 수 있는 공룡이 유리한 거야"라고 더한다. 안킬로가 진짜 공격과 방어, 둘 다 했는지는 알 수 없지만 삶도 그렇기는 하겠다. 맹렬하게 앞으로 나아가 공격이 필요할 때도 묵묵히 제자리를 지키는 방어가 필요할 때도 있겠다.

세 번째 계절

7월

세 번째 계절

7월

8월

9월